IMPRESSUM

Im ersten Gang geht's immer rauf
Mit dem R4 durch Frankreich
Anke Steinemann & Jens F. Meyer

Bibliografische Information der Deutschen Bibliothek
Die Deutsche Bibliothek verzeichnet diese Publikation in der deutschen Nationalbibliografie. Detaillierte bibliografische Daten sind im Internet über portal.dnb.de abrufbar.

Redaktion und Lektorat: 360° medien

Satz und Layout: 360° medien

Bildnachweis: Alle Bilder von Anke Steinemann & Jens F. Meyer

Gedruckt und gebunden:
STANDARTU SPAUSTUVE Druckerei | Dariaus ir Girėno g. 39 |
LT – 02189 Vilnius | standart.lt

ISBN: 978-3-947944-10-1

Hergestellt in Deutschland

360grad-medien.de

Anke Steinemann & Jens F. Meyer

Im ersten Gang geht's immer rauf

– Mit dem R4 durch Frankreich –

Voyage en Quatrelle

Am Himmel federn Wattebäusche.
Uns führt ein weites graues Band.
Von allen Seiten Rauschgeräusche.
Und alles, bloß kein Vaterland.

Ein Mittelstreifen folgt dem andern.
Durchbrochenes Geleit in Weiß.
Im Blauen Kumuli mäandern.
Zerfließend wie Vanilleeis.

Links nur Überholmanöver.
Rechts die Welt mit Dörfern, Wiesen,
Manchmal Stadtverkehrsgestöber
Inklusive Ampel-Krisen.

Goldbemehlte Grannen tänzeln
Lüstern nach den heißen Winden.
Auf den Rastplätzen scharwenzeln
Kinder unter jungen Linden.

Landschaften: Wie hübsch sie liegen!
Kirchturmspitzen in der Ferne.
Sehnsucht lässt den Wagen fliegen
Richtung Sonne, Mond und Sterne.

In fantastischen Kaskaden
Auf des Fensters Staffelei
Präsentieren Esplanaden
Sich in schönster Schwärmerei.

Flirrend schwankt die weite Sicht
In dem sommerlichen Kleid.
Senkt sich auch des Tages Licht.
Das Ziel liegt tausend Träume weit.

Inhalt

Wir haben Visionen. Wir haben keine Ahnung. Es ist vollbracht.

Die Idee, mit einem Renault 4 durch Frankreich zu reisen, kam uns in einem dunklen, ewig dauernden Winter. Draußen wehte ein eisiger Wind ums Haus, drinnen träumten wir von strahlendem Sonnenschein, blauem Himmel, malerischen Landschaften und hinreißenden Dörfern. Wir saßen in der Küche und führten die „Man müsste eigentlich mal …“-Unterhaltung. Dabei überkam uns der Wunsch, einfach

Reisevorbereitung mit Karte, Atlas, Büchern

alles hinzuschmeißen – und mit einem alten „Vierer“ durch das Land der Trikolore zu cruisen, bereit anzuhalten, um der französischen Lebensart in Form von salzbutterverwöhnten Croissants, fulminanten Mehr-Gänge-Menüs und edlen Getränken in urigen Bars und bildschönen Restaurants zu huldigen. Ja, so war das damals in der Küche bei Kerzenschein – und dieser Gedanke ließ uns danach nie wieder los.

Die Schwärmerei hatte zwei Gründe: der erste R4 und der zweite R4. Zu Beginn der Studentenzeit hatten sie wackere Dienste geleistet. In unserer Erinnerung war das ein tolles Auto, mit dem komplette Umzüge tadellos erledigt werden konnten.

Ein riesiger Kofferraum, Platz für vier Personen, diverse Tiere und eine Schwiegermutter. Günstig in der Anschaffung und im Unterhalt, verbrauchsarm und so viel praktischer als ein VW-Käfer. Der R4 – er war einfach perfekt! Wir stellten uns an jenem Abend in der Küche also genau vor, wie es sein würde, wenn wir unsere Idee in die Tat umsetzten, vergaßen dabei jedoch großzügig einige Details. Denn erstens hatten wir keine „Quatrelle" (so nennen die Franzosen ihren R4). Zweitens wollten wir nicht in einer heruntergerittenen Schleuder umherreisen. Und drittens hatten wir grundsätzlich keine Ahnung von Autos, woran sich bis heute wenig geändert hat. Wir wussten lediglich, wie man so einen Wagen lenkt und wo das Gaspedal sitzt, aber damit waren unsere Kenntnisse weitestgehend erschöpft. Ach, und einen sicheren Stellplatz für den Oldtimer hätten wir nur gehabt, wenn unser einziges anderes Auto dafür Wind und Wetter trotzen müsse. Die Vorstellung, das über zwanzig Jahre alte Fiat Punto Cabrio auf diese Weise zu degradieren, hätte fast dazu geführt, den R4-Plan aufzugeben. Weil wir aber erst ganz am Anfang, sozusagen in der Ur-Suppe unserer Idee schwammen, wurde auch dieses Hindernis beiseite gewischt.

Die nächsten zwei Jahre gingen ins Land; wir schauten auf einschlägigen Internetseiten und Foren nach gut erhaltenen Quatrelles. Zeitgleich kamen mehrere Bücher über diese Ikone auf den Markt, es war geradezu unheimlich, aber wir werteten es als gutes Zeichen … Letztendlich mussten wir uns dennoch überwinden, beim ersten Händler anzurufen. Im Überschwang trifft man bisweilen ja Entscheidungen, die dann nicht mehr rückgängig zu machen sind.

Die Preise für (fast) rost- und beulenfreie R4 stiegen langsam, aber stetig an. Wir waren uns darüber einig, wie viel Geld wir ausgeben wollten und was die Quatrelle bieten sollte: nicht über 8000 Euro und mit Kopfstützen! Selbstverständlich war auch die Farbgebung essenziell. Am liebsten wäre uns das stylishe Andalusisch-Orange der Siebzigerjahre gewesen, das ab Werk unter der Nummer 318 abgerufen wird. Oder Touareg-Blau (464). Gerne auch Salat-Grün (hieß wirklich so – Nummer 913!). Allesamt strahlende, schöne, auffällige Kolorationen. Aber nichts tat sich. Die Wochen und Monate gingen ins Land, wir sondierten den Markt, und eigentlich war das Thema fast unter einem Haufen von Ausreden und bedauernden Erleichterungsargumenten schon erledigt, als plötzlich doch noch Schwung in die Angelegenheit kam. Denn ganz in der Nähe, rund siebzig Kilometer entfernt, stand ein Exemplar zum Ansehen und Probefahren bereit. Jetzt oder nie! Es gab keine Ausflüchte mehr. Wir riefen den Händler an, vereinbarten einen Termin. Die Probefahrt unternahmen wir an einem Freitag, der Verkehr war dicht gedrängt, der Regen fiel sanft, die Straße schimmerte verheißungsvoll, und das Thermometer zeigte null Grad Celsius. Genau die richtigen Voraussetzungen, um ein altes Auto ohne Bremskraftverstärker und ohne Servolenkung zu testen. Der frohgemute Verkäufer fragte, ob wir uns mit der Revolverschaltung auskennen. „Selbstverständlich!“ Wir taten empört. Warum sollte sich die Erinnerung daran nach fast fünfunddreißig Jahren nicht schlagartig wieder einstellen? Ist doch wie Rad fahren.

Knarrend öffnete sich die Fahrertür. Kaum dass wir Platz genommen hatten, spürten wir die strammen Polsterfedern im butterweichen Sitz unterm Hinterteil. Egal, noch kurz den seltsamen Schaltknüppel ausprobiert, und schon rollten wir vom Hof. Krachend ging der erste Gang rein, aber immerhin: Er ging rein, und eine Oma flüchtete auf den Gehsteig. Der Lüftungsmotor bot winselnd seine bescheidenen Dienste an, die aber nicht ausreichten, um die beschlagene Scheibe freizublasen. Durch den herausgezogenen Choke laut röhrend, brausten wir die Straße entlang. Nicht schlecht – fast einhundert Kilometer pro Stunde schienen nicht das Problem zu sein. Blöd nur, wenn man in die Eisen gehen muss – so ganz ohne Bremskraftverstärker ist das ein Ereignis, das den ganzen Körpereinsatz fordert. Aber irgendwie funktionierte das alles ganz passabel; wir waren unterwegs und kamen unserem Traum ein Stück näher.

Es wurde dämmrig, wir mussten zurück. Die Straße war schnurgerade, es gab nur die Möglichkeit, im nächsten Feldweg zu drehen. Blinker setzen, mit Verve hineinfahren und zurück – aber wie ging das jetzt noch mal mit dem Rückwärtsgang? Wir zogen, drückten und schoben die Schaltstange, kuppelten kräftig, nichts tat sich. Mittlerweile waren wir von zarten, blauen Wölkchen eingehüllt, der Auspuff wusste, was zu tun war. Uns überfiel die Sorge, dass entweder die Feuerwehr zwecks Buschfeuerlöscheinsatz anrücken musste oder dass wir fünfzehn Kilometer in strömendem Regen zurückzulaufen hatten, und alles nur, weil wir das Rätsel um den Rückwärtsgang nicht lösten. Doch der Geistesblitz zündete noch rechtzeitig: Schaltstange auf Leerlauf schieben, dann das Gestänge kräftig nach rechts legen und rausziehen in Richtung des vierten Gangs. Das Auto bewegte sich nach hinten. Erleichtert knatterten wir zurück zum Händler; der besorgt schauende Verkäufer empfing uns aufgrund der schon weit vorangeschrittenen Zeit sichtlich beunruhigt, aber irgendwie auch erleichtert. Ob denn alles funktioniert habe, fragte er. Nonchalant winkten wir ab, „alles überhaupt kein Problem“, aber der Wagen sei noch nicht der richtige. Er tröstete uns: Es komme bestimmt bald wieder ein besseres Modell rein. „Allerdings“, sprach er im leisen Tremolo und mit mahnendem Tonfall, „seien die Preise auf dem Weg nach oben!“

Der nächste Winter kam und ging, und wir waren nach wie vor noch ohne R4. Sollten wir das Ganze lassen? Dasselbe Autohaus lockte uns erneut aus der Reserve, diesmal mit einer Savane TL für 10.750 Euro. Nach einigem Hin und Her wollten wir uns den Wagen anschauen. Wir kamen um 11 Uhr beim Autohändler an. Um 12:30 Uhr waren wir stolze Besitzer eines Renault 4 TL Savane! Ohne Kopfstützen und in einem dezenten Beige, das verdächtig nach formender Damenunterwäsche aussah und sich als Farbton „Alpaga" (Nummer 109) entpuppen sollte. Von wegen Andalusisch-Orange und Salat-Grün …

Wir hatten unseren R4! Das gute Stück musste nur noch auf unseren Hof rollen, damit wir die nächste Stufe der Vorfreude zünden konnten. Ein Mitarbeiter des Autohauses nutzte die Möglichkeit, uns den Wagen auf dem Hänger für schlappe fünfzig Euro bis vor die Haustür zu bringen. Am Morgen vor der Ankunft war die Garage aufgeräumt und gefegt, das Cabrio musste vorerst draußen stehen, und wir freuten uns, als unser Oldtimer-Schatz geliefert wurde. Unglaublich, so ein schönes Auto – unser Auto! Die nächsten Tage verbrachten wir nach der Arbeit in der Garage, saßen in den weichen Sitzen, saugten den Duft von nahezu dreißig

Alles original 1989 – nur die Kopfstützen sind neu.

Jahren Interieur ein und schmiedeten Pläne. Teppichmatten wurden ausgemessen und gekettelt, das schmale Armaturenbrett gewienert, und es machte sich mildes Erstaunen über das nahe Zusammensitzen breit. Apropos breit: Dies war kein Fahrzeug für Menschen mit starken Knochen. Sollten wir die Reise wahrmachen, würden wir in Frankreich mit dem Schlemmen wohl besser etwas aufpassen müssen, ansonsten gingen die Türen nicht mehr zu.

Wir haben ihm keinen Namen gegeben. Namen für Autos sind albern. Es würde den Renault 4 und uns nicht glücklicher machen, wenn er Waldemar oder Jean-Didier heißen würde. Zumal dieser automobile Charmeur nach französischer Lesart sowieso eine Madame ist. „La Quatrelle", wie er, pardon: sie, zwischen Dunkerque und Perpignan genannt wird, könnte also ebenso gut auf Undine oder Emanuelle hören. Aber nichts von alledem haben wir getan, wir nennen unser Schätzchen einfach nur R4, Quatrelle oder Savane, weil es eine Savane TL ist, die wir an einem Ort aufgetan haben, der nicht unfranzösischer hätte sein können: bei einem Volvo-Händler im Industriegebiet einer niedersächsischen Kleinstadt. Baujahr 1989, 43.500 Kilometer „auf der Uhr", 34 Pferdestärken und knapp unter eintausend Kubikzentimeter Leistung. Alles original, kein Rost – aber leider ohne Kopfstützen; der einzige Luxus, den wir im Laufe des Aufpolsterns der Sitze vorn später noch einbauen lassen haben. Wir waren vom ersten Moment an verzaubert. Zwischen anderen in die Jahre gekommenen Fahrzeugen strahlte diese Savane TL, obgleich als beigefarbene Variante nicht gerade ein leuchtendes Beispiel mutiger Farbgebung, aus der Masse hervor. Für uns ist dieser Klassiker keine Sie und kein Er, für uns ist es ein Auto, nicht mehr und nicht weniger als ein Auto – DAS Auto! Eine Stilikone.

Manche Menschen nennen den Renault 4, der als erstes Modell der Régie Nationale des Usines Renault mit Frontantrieb ausgestattet wurde und dessen erstes Exemplar im Sommer 1961 aus dem Werk in Paris Richtung Freiheit rollte, unscheinbar, andere heißen ihn langweilig. Für uns hingegen ist das drollige erste Großserienfahrzeug der Marke mit dem Rhombus, von dem innerhalb von 31 Jahren über acht Millionen Exemplare gebaut wurden, das beste Gefährt, das wir uns vorstellen können, weil es sich, wie sich bald zeigen wird, im Laufe dieser Reise durch Frankreich zu einem Gefährten und Türöffner mausert. Es hat Charakter, und Autos mit Charakter haben eben auch Macken, das sollte nicht außer Acht gelassen werden. Wer einen Renault 4 fährt, muss bereit sein, Kompromisse einzugehen. Wenn's regnet und kühl ist, beschlagen die Scheiben. Beschlagen die Scheiben, wird der Regulierhebel für den Wasserumlauf im Heizungs-Wärmetauscher auf Rot (also warm) und das Gebläse auf volle Pulle gestellt, um dem Dunst beizukommen. Der Ventilator arbeitet dann ungefähr so geräuscharm wie die Turboprops einer Antonow An-22. Dazu kommen sehr kurze Wischer, deren Blätter rüde über die Windschutzscheibe hüpfen, was den Lärmpegel noch erhöht – abgesehen vom grundsätzlich fehlenden Schallschutz in dieser kühnen Kiste. Alle, die in einem R4 sitzen, wünschen sich also immer schönes Wetter, zumal es passieren kann, dass sich im Fußraum ein Teich bildet, weil das Wasser auf nicht identifizierbaren Wegen auch von unten kommt. Aber weil Petrus darauf keine Garantie geben kann, liegt das Anti-Beschlag-Tuch in der Konsole vor den Schienbeinen des Beifahrers bereit, um seinen Dienst von Zeit zu Zeit anzutreten, wie früher. Gibt's tatsächlich auch noch ganz normal zu kaufen …

Rost – den hat er nicht, unser „Vierer". Ein ungeschweißtes Original! Worin bekanntlich die wichtigste Voraussetzung, einen Renault aus den Achtzigerjahren für 9300 Euro zu kaufen, als erfüllt gilt. Wo doch die meisten R4 schon korrodierten, wenn sie drei- bis fünfmal durch den Regen fahren mussten. Insofern ein Superkauf.

Und der Zollstock lügt nicht: fünfzig Zentimeter Ladekantenhöhe und ein ebener Boden! Wo die SUV-Fraktion sich einen Bruch nach dem nächsten hebt, wenn sie den Supermarkteinkauf hinten rein hieven muss, stört hier nichts, kein Wulst, keine Kerbe. Wenn man zu zweit ins Blaue fährt, einfach mal so, in Gesellschaft von Baguette, gesalzener Butter und einer Demi Bouteille Côtes du Rhône, sitzt man sogar sehr passabel dort hinten, nahe am Picknickkorb. Kissen unterm Hinterteil, Arm in Arm und knutschend, fertig ist das Glück. Und ein Ausbund an Zuverlässigkeit ist er, der R4 – genau diesen Plan verfolgte Renault ja auch, als der Prototyp des Schnuckelchens als Antwort auf den überaus beliebten 2CV von Citroën auf schmale Räder gestellt wurde. Mitte der Fünfzigerjahre hatten die Planungen Fahrt aufgenommen, Anfang der Sechziger wurden die ersten Quatrelles dann der Presse bei Ausfahrten in der Camargue über unbefestigte Pisten präsentiert, um die Robustheit zu dokumentieren. Der R4 ist gebaut worden, damit den Bauern kein Hühnerei beim Transport über die Feldwege und zum Wochenmarkt zerbrach. Bei aller Liebe sollten die viel zu weichen Sitze nicht mit gutem Federungskomfort verwechselt werden. Gott weiß, wie viele Bauern ihre Eier wirklich ohne Schaden geschaukelt haben. Aber sie hatten ihren Spaß. Zum Beispiel mit der Revolverschaltung, die wie ein alter Saurierknochen aus dem Armaturenbrett ragt. Und mit dem Platzangebot: Bei komplett umgelegter Rückbank – nur zwei Schrauben müssen gelöst werden – ergibt sich ein ebener Ladeboden, der groß genug ist für

Vom Butterklumpen zum Jeans-Auto
Projekt 112 – unter diesem Namen begann die Produktion des Renault 4. Die erste „Quatrelle", wie der Kleinwagen von den Franzosen liebevoll bezeichnet wird, lief offiziell am 3. August 1961 vom Band. Rund vier Wochen vorher war die Produktion der Régie Nationale des Usines Renault auf der Seine-Insel Séguin in Paris-Billancourt vom 4CV, dem sogenannten „Crèmeschnittchen" oder „Motte de Beurre" (Butterklumpen), auf den R4 umgestellt worden. Was auch bedeutete, von Heck- auf Frontantrieb zu wechseln. Ein Husarenstück von Renault. Die Erfolgsgeschichte ließ nicht lange auf sich warten, denn der geräumige Kleinwagen war „praktisch und klassisch wie eine Bluejeans", so der damalige Renault-Generaldirektor Pierre Dreyfus, der 1956 die Weichen für diesen Coup gestellt hatte. Bis 1992 wurde der Fünftürer 8.135.424 Mal gebaut. Damit gehört der R4 zu den erfolgreichsten Autos aller Zeiten.

drei Ballen Stroh. Lange her, egal, jedenfalls schwor Renault Schotter, Stock und Stein, dass dieses Auto mehr Leistung, Komfort und Vielseitigkeit bot als die Ente. Der Plan ging auf.

Natürlich sind wir froh, ein topfittes Exemplar gefunden zu haben, das von unten übrigens dicht hält, denn zu viele Exemplare sind im Laufe der Jahre im Nullkommanichts kläglich weggerostet; die Hohlprofile des Plattformrahmens korrodierten zunächst weitgehend unbemerkt von innen, um eines schlimmen Tages durchzubrechen. Für die schlampige Hohlraumversiegelung hat Renault von ernst zu nehmenden Autozeitungen und unzähligen Kunden mehr als nur einmal eins auf den Deckel gekriegt. Wir haben deshalb Folgendes getan: Wir haben das Ding sofort nach dem Kauf mit „Mike Sanders", so heißt ein öliges Zaubermittel, das den Oldtimer frisch halten soll und in jede noch so kleine Ecke fließt, in einer Fachwerkstatt bis in die tiefsten Tiefen der Karosserie versiegeln lassen. Ein Kompromiss fügt sich zum nächsten, manchmal rappelt's in der Kiste, was nicht bedeutet, dass der R4 eine Klapperkiste ist. Dieses Modell wäre ja nicht über drei Jahrzehnte lang gebaut worden, wenn nicht die Vorteile überwögen. Für Fans sind sie bekannt: vier Türen, große Heckklappe, kleiner, kräftiger und kultivierter Motor und einige andere Stärken. Aber obwohl die Entwicklung des Erfolgsmodells schon so lange her ist, hat noch niemand jemals zuvor darüber geschrieben, dass unter der Rückbank Platz für Schuhe ist! – Das wäre hiermit erledigt. Fünf Paar sind drin. Keine Stiefeletten, aber Halbschuhe, Sandalen, Pumps, Pumps und Pumps. Das mag nur eine Nuance sein im Gesamtpaket, aber sie soll exemplarisch dafür stehen, wie clever der hier vorhandene Raum genutzt werden kann. Ein Auto, in dem genug Schuhe für Madame unterkommen, ist ein gutes Auto. Auch für Monsieur.

Wir sind keine Schrauber. Wenn also im Handbuch „Jetzt helfe ich mir selbst" (Dieter Korp) steht, dass „der Thermostat, der neben der Wasserpumpe in einem Metallstutzen steckt, der gleichzeitig den Anschluss für das kurze Schlauchstück zum Kühler bildet", dann müssen wir lange und gründlich in den Motorraum schauen und mit dem Finger der Beschreibung nachgehen. Wenn die Rede davon ist, die hintere Bremstrommel abzubauen, wo eine versplintete Nabenmutter zum Vorschein kommt, die entsplintet und abgeschraubt werden muss, um die Unterlegscheibe herauszunehmen und die Bremsbacken nach innen zu stellen, dann müssen wir zuallererst ganz schrecklich lachen, denn dies ist für uns schlicht nicht möglich; es übersteigt unser technisches Verständnis und unsere handwerklichen Möglichkeiten um ein Vielfaches. Wir sind in der Lage, Flüssigkeiten zu prüfen, Glühbirnen auszutauschen und bei einer Panne den Reifen zu wechseln, aber viel mehr können wir nicht. Wir haben uns dieses Auto deshalb relativ teuer in einem Topzustand gekauft, um einfach drauflos fahren zu können, anstatt in der eigenen Garage erst noch jahrelang Radkästen auszubauen, Steuergehäusedeckel zu kontrollieren, zu entrosten, zu kitten, zu verdrahten, zu verkabeln. Das ist nicht unsere Welt. Im Bekanntenkreis halten das einige bis heute für eine ziemlich abstruse Idee. „Ihr seid verrückt geworden. Was macht ihr denn, wenn ihr eine Panne habt", haben sie gesagt, und wir gaben ihnen zu verstehen, dass wir im Falle eines Falles das tun, was wir auch bei einem anderen Auto tun würden: Hilfe anfordern, wenn wir uns selbst nicht helfen können. Es gibt da dieses zauberhafte Beispiel des kaputten Leuchtmittels in einem Mittelklassewagen, gehobener Standard, linke Front. Um die bescheuerte Birne auswechseln zu können, muss die gesamte Frontschürze abgenommen werden. Ist dies geschehen, droht sogar erfahrenen Kfz-Mechanikern, dass sie sich die Finger stauchen. Fällt bei dieser im Spaltmaß auf Nanometer getrimmten hypermodernen Droschke unterwegs in Frankreich das Licht aus, schaut das Auto düster und der Fahrer dumm aus der Wäsche. Fällt es beim R4 aus, bemühen wir einfach nur den Kreuzschlitzschraubenzieher oder in Ermangelung dessen auch ein olles Taschenmesser und erledigen ruckzuck, wofür der Mittelklassewagen des 21. Jahrhunderts in die Werkstatt gefahren werden muss. Wer also hat das größere Risiko?

Und nein, wir fühlen uns nicht unsicher! Es ist eine schiere Blechbüchse, das stimmt. Sie hat keine Airbags, das stimmt auch. Es gibt weder Spurhalteassistent noch Antiblockiersystem, da sind kein Müdigkeitswarner und kein elektronisches

Stabilitätsprogramm eingebaut, es fehlt an Ambiente-Beleuchtung, Lenkradheizung und Lendenwirbelstütze. Je länger die Aufzählung aller möglichen technischen Raffinessen heutiger Automobile wird, desto mehr verneigen wir uns vor unseren Eltern, die mit dem Volkswagen an die Ostsee und im Goggomobil über den Brenner geheizt sind, während wir Kinder hinten saßen und bei Tempo vierundachtzig den Rausch der Geschwindigkeit genossen. Uns fällt wirklich kein guter Grund mehr ein, um nicht mit der Quatrelle nach Frankreich zu fahren, und uns blutete das Herz zu erfahren, dass zwischen Anfang 2009 und Mitte 2010 laut Bundesamt für Wirtschaft und Ausfuhrkontrolle 54 wackere Renault 4 in Deutschland zugunsten der Umweltprämie abgewrackt wurden! Eine schreckliche Tat. Es kann ja sein, dass in dem einen oder anderen Fall nichts mehr zu retten war, aber die Erfahrung ist eigentlich eine andere.
Schande!

Und das ist der Grund, weshalb ein Funken Melancholie auf Reisen immer über uns glimmt. Wie schön waren doch die Zeiten dieses Autos. Über 8,1 Millionen Renault 4 wurden gebaut, als Limousine, als Kastenwagen in kurzer und in langer Variante, als „Plein-Air"-Cabrio, Pick-up und sogar mit Allrad-Antrieb für Jäger und Rallyepistenpiloten. 695 Kilogramm beträgt das Leergewicht einer normalen Quatrelle, während das zulässige Gesamtgewicht bei 1070 Kilogramm liegt. Das bedeutet, dass der Wagen eine Zuladung schluckt, die locker halb so schwer sein darf wie sein eigenes Gewicht. Der Plattformrahmen mit vorderen und hinteren Längsträgern dürfte daran seinen Anteil haben. 3668 Millimeter ist der R4 kurz, aber lang genug, um darin eine Reise zu unternehmen, die an Merkwürdigkeiten und Abenteuern nicht zu überbieten ist – schon mal gar nicht im Mutterland dieser munteren Möhre mit ihrem knusprigen Fahrgeräusch aus vier Töpfen und 34 Pferdestärken. Ein erlesenes Erlebnis – im wahren Wortsinn für alle, die hier und jetzt auf dem Rücksitz Platz nehmen. Machen Sie sich's bequem.

Allons-y, Quatrelle, allons-y!

Wir brechen auf. Der Motor läuft. Die Pizza schmeckt.

Es ist so weit, wir tun es tatsächlich! Jeder, der davon erfährt, hat auch gleich eine Meinung parat. Die lautet in den meisten Fällen: „Ihr seid ja vollkommen wahnsinnig." Oder: „Da kommt ihr ja niemals lebend wieder nach Hause." Oder: „Ach, ein wenig Luxus muss im Urlaub schon sein, und ich brauche eine Klimaanlage." – Alles Angsthasen, die das große Ganze nicht sehen, so viel steht fest. Ab und zu nagt ein kleiner Zweifel in der Vorbereitungsphase auch an uns, aber das hat doch jeder große Abenteurer! Der Termin rückt näher, es ist Frühling, wir besuchen unseren strengen Autoschrauber. Nach Erläuterung des Plans – „also erst mal Richtung Frankreich, dann einen großen Bogen um Paris, sozusagen durch die Picardie, Normandie, Bretagne, das Loire-Tal, Burgund, Champagne und Ardennen, über Belgien wieder retour oder andersherum" – schaut der Mann erschöpft drein. Ohne langes Federlesen wird eine Komplettinspektion durchgeführt. Als Weggeschenk erhalten wir eine kleine Glühbirnenbox zur Selbsthilfe beim Leuchtmitteltausch. Super, vor allem, weil keiner von uns beiden jemals irgendeine Lampe an irgendeinem Auto gewechselt hat. Sehen wir da etwa ein leichtes Zucken in den Mundwinkeln des grimmigen Meisters? Zu diesem Zeitpunkt wissen wir jedenfalls noch nicht, dass wir ihm noch dankbar sein werden für sein Präsent.

Der nächste Weg führt uns zu einem Fachgeschäft für Koffer, Taschen und Rucksäcke. Wir parken direkt auf dem Hof vor dem Hintereingang und treiben den Inhaber in den Wahnsinn, weil die Taschen zentimetergenau in den Gepäckraum passen und auch farblich gut abgestimmt sein sollen. „Nein, die da ist es nicht … nein, die auch nicht. Holen Sie doch bitte noch mal die von vorhin … ja, nein, vielleicht." – Der Mann ist verzweifelt, rennt rein ins Geschäft, kommt raus. Welcher R4-Liebhaber kennt nicht die Bilder des Sondermodells „Parisienne" mit einer auf den Lack abgestimmten Kofferkollektion? Geradezu dekadent, aber es verlieh dem Bauern- und Händlerauto schon in den Sechzigerjahren einen ungeheuren Chic. Heute leider unbezahlbar. Wir bleiben also bei unseren Taschen. Nach einigem Hin und Her – der Händler ist inzwischen außer Atem – haben wir welche gefunden, die wirklich mehr als passabel mit dem Rest des Fahrzeugs harmonieren und alles aufnehmen werden, was wir für die nächsten Wochen benötigen. Und wir brauchen so einiges, obwohl wir uns ja vorher einen gewissen Minimalismus vorgegeben hatten. Nützt aber nichts, wenn unterwegs keine Wäsche gewaschen werden kann, und wir wollen es tatsächlich nicht so weit treiben wie unser alter Freund Ricki, der stolz verkündete, in den Siebzigern mit seiner Ente und sechs Unterhosen sechs Wochen durch Frankreich gefahren zu sein. Drei Tage normal getragen, vier Tage auf links gedreht, dann der Buxenwechsel! Um diesem Schlüpferengpass entgegenzuwirken, nutzen wir jeden noch so kleinen Stauraum, im Heck, unter der Rücksitzbank, im Fußraum davor, unter den Vordersitzen. Überall ist Platz. Die Reise ist gerettet.

Der Morgen graut, die letzte Nacht unter dem heimischen Federbett war herrlich. Draußen herrschen erfrischende sechs Grad Celsius, wir schreiben den ersten Mai. Sollen wir noch ein paar wärmere Jacken mitnehmen oder nicht? Passt noch ein Federkissen auf die Rückbank und brauchen wir vielleicht noch einen Heizlüfter? Alles Quatsch, denn in wenigen Tagen wird es wärmer sein. Einen Heizlüfter haben wir trotzdem eingepackt, ein kleines Gerät, das in die Steckdose kommt und einen Raum um zwei bis drei Grad Celsius erwärmen kann (wenn es ein kleiner Raum ist, ein sehr kleiner Raum …). Kommt jedenfalls auch unter die Rückbank. Und dann fahren wir tatsächlich los.

Nach den ersten fünfzig Kilometern überkommt uns der Reisehunger und wir plündern die Vorräte. Wir brauchen Zucker, vor der Frontscheibe tanzen die Schneeflocken, und wir wollen spätestens morgen die Ardennen erobern. Vielleicht war das mit den Sommerreifen doch keine so gute Idee, aber wer denkt im Mai schon an Winter? Die Wetterkapriolen wechseln sich ab, bald ist es trocken und sonnig, wir kommen voran, jetzt, da wir die Grenze zum Land der Trikolore aus Luxemburg und Belgien kommend überqueren werden und der Motor des Renault 4 so schnurrt wie „Pour un flirt" von Michel Delpech. Je näher er seinem Mutterland entgegenkommt, desto drehfreudiger klingt sein singendes Aggregat. Bei Longwy, wo Belgien nur drei Trikolore-Fahnen schmal ist, muss die Maschine ziemlich glücklich sein. Ja, gleich, gleich fängt Frankreich an, du guter, alter, schöner Renault. Es gibt attraktivere Übergänge ins Land der blauweißroten Fahne, aber vor allem gibt es viele. Für einen muss man sich entscheiden. Der hier soll's sein, und wir sind recht stolz, ihn zügig erreicht zu haben. Vor dem Eintritt ins „Gelobte Land" stand zuvor die Eifel, respektive ihre Hügelketten, und die haben es für einen 34-PS-Boliden in sich. Runter geht's mit Verve und ungeahnten Geschwindigkeiten, die Talsohle muss mit 108 Kilometer pro Stunde durchfahren werden, aber ab der Mitte der dann folgenden Steigung ist's aus. Wir schleichen mit 56 Stundenkilometern den Rest nach oben und spüren die Ungeduld der Fahrer hinter uns. Oben angekommen, beginnt das Spiel von Neuem, aber es macht Spaß, die Strecke zu fahren.

Und jetzt sind wir hier. Und glücklich. Und wären glücklicher, wenn die Kühlmittelkontrollleuchte nicht flackern würde. Warum tut sie das? Warum gibt es überhaupt eine? Es gibt doch sonst nicht viel am Armaturenträger. Die paar Lampen

Zersägte Dyane bei Vacherauville

neben dem Tachometer sind ein besseres Mäusekino, ein paar wenige Schalter und Hebel links und rechts vom großen Lenkrad, von denen der für den Choke wohl ohne Zweifel der wichtigste ist, weil der Motor sonst nicht starten würde, jedenfalls nicht an Tagen unter 24 Grad Celsius. Aber es lebt, das Wägelchen, schüttelt sich zwei, drei Minuten aus, zitternd, bebend, und wenn der Choke erst wieder geschlossen wird, zwei, drei Minuten, nachdem der Schlüssel im Lenkradschloss eine Vierteldrehung machen durfte, verändert sich der Charakter des Motors von rüpelhaft auf gutmütig. Als ob er eine Seele hätte.

Vielleicht hat er ja eine. An einer Kreuzung bei Vacherauville jedenfalls, wo eine Citroën Dyane, in zwei Hälften geteilt, zur Schau gestellt wird, vermag ihm der Schreck in die Leitungen zu fahren. Nicht hinsehen, alter Junge. Oder besser: altes Mädchen. Es ist ja „La Quatrelle", nicht „Le". Die Franzosen sagen auch „Die Auto" (La voiture), weil alles, was schön ist, weiblich zu sein hat. Egal, dir wird das Schicksal der armen Dyane nicht widerfahren, du darfst fahren und fahren und …

Es ist, als würde sie fliegen, die kleine, sandfarbene Quatrelle, als würde sie ihre Flügel ausbreiten, um die Welt zu umarmen. Vier Zylinder voll Adrenalin, Gewitter, die durch die Straßen ziehen. Sie führen von einem Dorf zum anderen, die Namen zum Verlieben tragen: Arrancy-sur-Crusne, Bras-sur-Meuse, Cons-la-Grandville. Manchmal werden diese Straßen zu Wegen, verengen sich, verlieren ihre Mittelstreifen, ihre Leitplanken und Banketten, haben Schlaglöcher und Asphalt-Flicken, doch sie gewinnen an Kontur und Leben und zeichnen deutlichere Bilder dieses

Landes mit jeder nächsten Kurve. Von fröhlicher Ruhe umrankt, schon einsam, aber nicht verlassen, taucht dann und wann ein kleines Dorf auf, bisweilen sind es nur ein paar lausige Häuschen, wie aus dem Nichts aus lieblicher Landschaft sich erhebend. Viele Wege führen nicht dorthin, manchmal ist es ein einziger nur, und der Grenzstein am Fahrbahngraben trägt ein „D". Es steht für Route départementale. Die französische Département-Straße ist wie geschaffen für Entdeckungen am Wegesrand. Nationalstraßen und Autobahnen sind gebaut worden, um schnellstmöglich ans Ziel zu gelangen. Die D-Straßen aber sind selbst das Ziel, sie sind die Lebensadern Frankreichs, die Venen und Arterien des flächenmäßig größten Staates in Westeuropa. Allons-y, Quatrelle! Hier ist dein Revier!

Pause vor Château de Cons-la-Grandville

Rapsfelder blühen, weiße Kühe grasen auf frischem Grün, manchmal auch schwarzbunte, und wo die Äcker kahl sind, schimmert die Erde rötlich hervor, es ist, als ob noch heute, über hundert Jahre nach dem Ende des Ersten Weltkriegs, das Blut Abertausender Soldaten als Mahnung an die Welt zum Himmel hinaufleuchtet. Es dauert nicht lange, bis die D66 das erste Gräberfeld dieses furchtbaren Wahnsinns preisgibt. Über 7000 deutsche Soldaten liegen hier begraben, nur hier, auf diesem einen schlimmen Gottesacker. Graue Kreuze, Leid für Leid. Hier war die Hölle auf Erden. Wer mag Jakob Mose gewesen sein? Ein Name von vielen auf diesen stummen Kreuzen, hinter denen tragische Schicksale stecken. Verdun und das mächtige Beinhaus von Douaumont, in denen die Überreste von 130.000 Soldaten zur ewigen Ruhe gebettet liegen, sind nicht weit entfernt; das hier ist nur die Spitze des Eisbergs. „La guerre c'est de la merde", hatte Jean-Marc zu uns schon

Stumme Zeugen des Krieges

Die Stadt Verdun wird für immer und ewig mit der grauenhaften Schlacht im Ersten Weltkrieg in Verbindung gebracht. In diesem fast ein Jahr dauernden Gemetzel (1917 bis 1918) ließen hier etwa eine Million Soldaten ihr Leben. Das unvorstellbare Blutbad zwischen Deutschen und Franzosen hat Narben hinterlassen, die heute in der Region durch zahlreiche Kriegsgräberfelder dokumentiert werden. In den Hügeln nördlich von Verdun wurden neun Dörfer komplett dem Erdboden gleichgemacht – nichts ist von ihnen geblieben, nur Granatentrichter und Steinhaufen. Im Beinhaus von Douaumont („Ossuaire de Douaumont") wurden etwa 130.000 nicht identifizierte französische und deutsche Soldaten zur letzten Ruhe gebettet. Tausende weiße Kreuze stehen auf den ehemaligen Schlachtfeldern vor dem Beinhaus als stumme Zeugen einer furchtbaren Zeit. (Info: verdun-douaumont.com).

vor Jahren gesagt. Jean-Marc, der niemals schlecht gelaunte Bretone mit dem großen Herzen, längst ein Freund geworden, den wir mit dem R4 erreichen wollen. Krieg ist Scheiße. Wie recht er hat, wenn man hier steht, mit einem Stein auf der Brust, und eine Träne tropft hinab auf das Grab von Jakob Mose.

Gräberfeld an der D66

Für die Männer und Frauen aus neun Dörfern, die in der „Roten Zone" der Schlacht von Verdun lagen, war der Erste Weltkrieg, um im Jargon zu bleiben, besonders große „merde". Von Douaumont, Bezonvaux und den anderen sind nur Granatentrichter geblieben; sie wurden vollkommen ausradiert und nie wieder aufgebaut. Geisterdörfer, die uns erinnern lassen an das Leid, die Widerwärtigkeit des Hasses. Der Hund des Krieges hört niemals auf zu bellen. Auch das gehört zum Reisen, denn wer den Himmel erfahren will, darf die Augen vor der Hölle nicht verschließen.

Gut, dass der Renault 4 aus nicht ganz so alter Zeit unser Begleiter ist. Seine Silhouette, vom Gräberfeld durch die Ansammlung der Kreuze wie ein stummes Lächeln des Trostes herüberleuchtend, bringt die Freude zurück. Eine Freude auf vier schmalen Reifen. Es war nicht schwierig, sich für ihn entschieden zu haben. Egal, wie schön die anderen R4-Farben auch leuchten mögen, die beigefarbene Savane ist für die nächsten Wochen so etwas wie ein rollendes Zuhause, und wir fühlen uns sicher und geborgen, als wir nach der Dorfbesichtigung wieder einsteigen. Und es fühlt sich unglaublich frei und abenteuerlich an, dass wir hier auf einem Waldparkplatz stehen und eine große Reise vor uns liegt. Was wäre, wenn nun der Motor nicht mehr anspränge, das Kupplungsseil risse oder die Lichtmaschine ausfiele? Solche Gedanken, die uns bei ersten Ausfahrten zu Hause noch beschäftigten, verschwinden nach und nach. In welcher Einöde wir uns auch befinden, wir sind auf den eigenen vier Reifen hingefahren. So wie jetzt auch von diesem Wald, wir möchten etwas anderes sehen, die Botschaft des alten Krieges ist unverändert aktuell und ist angekommen. Wir schrauben uns über steile Straßen durch die Ardennen. Die, die hinter uns fahren, wirken nicht immer so zufrieden wie wir, aber das stört uns nicht, irgendwann können alle überholen. Die Heizung arbeitet erfreulich zuverlässig, draußen vor der Scheibe mischt sich der Regen mit Schneeflocken, und das im Mai! Die Ardennen bilden eine Hügelkette mit durchgehenden, dichten Wäldern, die auf den Kämmen plötzlich licht werden und dann einen großartigen Ausblick über die grandiose Landschaft bieten. Bei der nächsten Abfahrt ins Tal spüren wir eine Tankstelle auf, auch das wird uns in den nächsten Wochen begleiten. Da, wo es passt, wird direkt vollgetankt, kein Risiko eingehen, dass wir in einer menschenleeren Gegend plötzlich wegen Spritmangel liegenbleiben. Wir würden nun gerne auch etwas einwerfen und suchen nach dem vertrauten Bar-Tabac-Schild.

… halt mal: Da ist ein Hotel! Die Rapsfelder, die wir gesehen haben, die Kirchtürme, die aus weiter Ferne zu allen Himmeln aufstiegen, die Kühe und Wiesen und Flüsse und Brücken und Schlachtfelder vermischen sich in der Hoffnung auf ein Abendbrot, sei es auch nur ein bescheidenes und kein Vier-Gänge-Menü. Alles, was wir heute gesehen haben, wollen wir Revue passieren lassen bei einem schönen Abendessen. Im mondänen Speisesaal eines Restaurants, in dem eilfertige Kellner dampfende Teller heranschleppen und zum Entrée Kristallgläser mit prickelnder Füllung servieren. Wäre schön gewesen, aber es soll heute anders kommen. Denn das Hôtel Le Relais in Vacherauville, das wir in der Nähe von Verdun notgedrungen nehmen müssen, weil alle anderen in der Umgebung ausgebucht sind, hat an diesem Montagabend wie an jedem Montagabend sein Restaurant geschlossen. Kein „diner“, leider. Obwohl wir also nach Hunderten Kilometern keine große Lust verspüren, erneut den Choke zu ziehen, schwingen wir uns dennoch in den Wagen und fahren ins nächstgelegene Städtchen. Belleville heißt es, ist auch belle

und liegt an den Ufern der Meuse, die wir als Maas kennen. Weil wir Hunger haben, entern wir die erste Gaststätte, die wir erblicken. Wir gehen hinein, bestellen nach kurzer Zeit ein Hauptgericht plus Bier, um darauf anzustoßen, wie gelungen doch dieser erste Reisetag mit der Quatrelle gewesen ist. Der Kellner ist nicht ganz so beflissen, das Porzellan nicht vorhanden, aber das Essen dampft, das Bier erfrischt, und wir sind zufrieden, obwohl hier öfter mal das Telefon klingelt und ein Mopedfahrer hereinschneit, um etwas abzuholen und auszuliefern.
So ist das eben in einem Pizza-Eck mit Bringdienst …

Am nächsten Morgen ist der italienische Einstieg in unser französisches Reiseabenteuer verdaut. Wir haben wie die Murmeltiere geschlafen und von der Meuse geträumt, an deren Ufern wir gestern Abend noch flanierten, und wir sind froh, uns im Hôtel Le Relais für ein Zimmer mit „chambre lit 160“ anstatt „140“ entschieden zu haben. Die Zahl steht für Zentimeter. 140 davon sind im Doppelbett zu wenig für eine gute Nacht. Es gibt viele Hotels im Land unserer Nachbarn, die beide Varianten anbieten und dabei sogar noch so tun, als ob die 160er-Standard-Matratze absoluter Luxus wäre. Nach zu vielen Nächten auf weichen Schmalhansunterlagen fallen wir darauf nicht mehr rein. Wir haben deshalb gut geschlummert, werden von Regentropfen, die an das Fenster klopfen, sanft geweckt. Frühstück. Klamotten packen. Schnell noch das Öl geprüft, den Reifendruck. Abfahrt.

Abendrundfahrt in Belleville-sur-Meuse

Die Melodie der vier Pötte ist ein stetes Lied in Dur, obwohl wir auf einer Straße fahren, die nach Moll klingt. Südwärts führt die Reise. Am Rand stehen weiße Kilometersteine mit der Aufschrift „Voie Sacrée“. Diese Route, rund 56 Kilometer lang, führt von Verdun nach Bar-le-Duc. Es handelt sich um die ehemalige Versorgungsstrecke im Ersten Weltkrieg, über die Truppen, Material und Nachschub an die Front transportiert wurden, dorthin, wo wir gestern die Tausenden Kreuze sahen. Heute erinnern die auffälligen, mit Soldatenhelm gekennzeichneten Kilometersteine an ihre Geschichte, und die Nummer hinterm D: 1916 – das Jahr der Schlacht von Verdun. Vor dem Eisentor des Château de Thillombois – das prickelnde Herz der Champagne rückt näher – ist ein kurzer Stopp vonnöten, weil im zwölflampigen Mäusekino neben dem Tachometer die Kühlmittelkontrollleuchte flackert. Mal wieder. Rechts ran, Motorhaube auf, nichts dampft. Der „Dieter-Korp-Ratgeber“ wird gezückt; mal sehen, was er zu diesem Phänomen schreibt: Der Flüssigkeitspegel ist perfekt zwischen „min“ und „max“ eingependelt. Kein Grund zur Sorge, da ist wohl höchstens ein kleiner Wackelkontakt in der Elektrik. In diesem Wagen gibt's wenigstens noch eine, woanders nur noch Elektronik. Wir schauen auf den Motor, rütteln an den Schläuchen, schließen die Haube – und siehe da: Das Problem ist gelöst! Wenn das so weitergeht, werden wir noch zwei recht passable Automechaniker.

Blauregen-Opulenz nahe Sedan

Kirchturmspitzen ragen von fern in den Himmel, kleine Dörfer, teils hübsch restauriert, teils mit der Patina des unumkehrbaren Untergangs versehen, leuchten wie Edelsteine, manchmal leuchtet auch die Kontrolllampe wieder. In Bar-le-Duc regnet es, in Brillon-sur-Barrois schon nicht mehr. Ein Ortsname wie himmlischer Geigenklang. Das Waschhaus in Haironville verführt zum Fotografieren, die Brücke über das Flüsschen Saulx ebenso. Wasser plätschert, kein Champagner, aber es klingt so, als ob es welcher wäre. Und als einige Zeit später ein Schild auf

Château Joinville am Wegesrand hinweist, wird erneut ein Tagesplan durchkreuzt, der keiner war. Merke: Wer morgens nicht weiß, wo er abends schlafen wird, muss keinen Plan haben. Der Morgen trägt ihn bis zur Dämmerung, die immer irgendwann irgendwo ein Ziel für ihn bereithält. In diesem Fall ein schönes Schloss in einer noch schöneren Stadt.

„Bonjour Madame, bonjour Monsieur. Bienvenue au Château du Grand Jardins Joinville.“ – Es ist ein Juwel von mehreren in der Champagne. Alle Welt spricht von den weißen Schlössern der Loire, vergleichbar wenige von den Châteaux de Champagne, und wenn, dann nur im Zusammenhang mit dem oft überbewerteten Prickelwasser. Dieses Schloss hier mag nicht die Strahlkraft eines Château Villandry haben, es ist kleiner, aber der große Renaissance-Garten mit seinem Bachlauf, den verschiedenen Gehölzen, hundertjährigen Bäumen und den Kunstwerken sowie einem romantisch um das Gebäude angelegten Park wird uns in Erinnerung bleiben, auch weil es gerade einen tüchtigen Schauer gibt, der andere Besucher davon abhält, zwischen Beeten und Bäumen im Schutz eines Regenschirms auf den Kieswegen zu flanieren. Draußen vor dem Tore perlen unzählige Tropfen auf dem Lack des R4 und funkeln wie Diamanten; es ist das einzige Auto, das hier gerade steht. Die Petites Cités de Caractère, die kleinen Städtchen, haben wirklich Charakter, das zeigt Joinville uns deutlich, und führe der Weg bei einer nächsten Reise wieder durch die Champagne, stünden auch Sézanne, Vignory und Châteauvillain auf der Wunschliste sehr weit oben. Ach nein, lieber nicht, ohne Plan ist die Wahrscheinlichkeit größer, sie auch wirklich anzusteuern …

Aber so viel sei vorweggenommen: Joinville ist erst der Anfang – wir werden noch einige weitere fulminante Entdeckungen in anderen kleinen Städten mit Charakter auf dieser R4-Exkursion machen. Die Quatrelle läuft. Ihr Motor schnurrt zufrieden, so als ob sie sich bedanken würde, dass sie auf ihres Mutterlandes Département-Straßen in die Gewissheit des Abenteuers geschickt wird, ja, es hat den Anschein, dass sie sich wirklich wohlfühlt. Nichts kann diesen tapferen Renault davon abhalten, bis an die Atlantikküste vorzudringen.

Wir kaufen Gift. Einem Mann ist nicht zu helfen. Wir haben die Schlange nie gesehen.

Wir haben so eine Ahnung, dass es nicht mehr lange dauern wird, bis der Renault 4, unser treuer Blechbegleiter mit dem Hartplastikkühlergrill, eines Morgens von alleine startet und sehnlichst darauf wartet, dass wir – salzbuttercroissantgefettelt und Marmeladenreste in den Mundwinkeln tragend – endlich einsteigen, damit er die nächsten Boulevards der Träume ansteuern darf. Sein Motor klingt kernig jetzt, nach einigen Hundert Kilometern, als wir gegen halb zehn am Hotel „Auberge de la Pleine" in La Rothière aufbrechen und aus der Tiefe der vier Zylinder pröttelnd dem frischen Morgen ein hübsches blaues Dünstlein verpassen. Es ist der Duft des Abenteuers. Wir schnüren dem Motor mit der Starterklappe die Luftzufuhr enger und knattern auf die D396 und D619. The Sound of Musik. In Ailleville verkauft eine Mutter mit ihren Kindern Maiglöckchen am Straßenrand. Wie nett sie winken. Keine dreihundert Meter weiter schon wieder ein Tischchen mit kleinen Sträußen, Kinder, Mutter und Mémé. Sie grüßen und lachen. Ja, den Renault 4, ihre Quatrelle, lieben sie hier in Frankreich abgöttisch, und wenn einer dann auch noch mit deutschem Kennzeichen durch ihre Heimat saust, huldigen sie dieser Ikone, als säße der Heiland persönlich am Steuer.

Dachten wir recht eingebildet. Stimmt aber nicht.

Ein Blick auf den Kalender hätte gereicht. Am Maifeiertag verkaufen Kinder kleine Blumensträuße als „porte-bonheur", als Glücksbringer, für einen guten Zweck. Armen, Alten, Versehrten wird das Geld gegeben. Und es ist gleichfalls ein erster Frühlingsgruß, den sich manche ans Revers heften, andere in die Vase stellen. Ab Bar-sur-Aube, einem Städtchen im Département Aube, Teil der Champagne, duftet es im Fahrzeuginneren dann auch lieblich nach den weißen Blüten des Frühlingsbringers. Es ist ein Vergnügen, den Kindern beim Verkauf der Blumen zuzusehen. Unwillkürlich fliegt ein Gedanke nach Deutschland. Könnte das dort nicht auch eine schöne Tradition werden? Vermutlich nicht, weil Horden entsetzter Mütter und Väter auf der Straße protestierten, mit Plakaten und Flüstertüte ausgerüstet, weil das Maiglöckchen – ausgerechnet im Jahr 2014 vom Botanischen Sondergarten Hamburg-Wandsbek auch noch als „Giftpflanze des Jahres" gekürt – ihre Lütten meucheln würde. „Finger weg, Kinder, das ist kein Salat!" Allein der Anblick könne dazu führen, dass die toxischen Inhaltsstoffe aus den Pflanzensäften über die Pupille direkt in die Blutbahn der kleinen Racker fließt. Aus den weinerlichen Tönen der Helikoptererziehungsberechtigten würden sich Gesundheits-

Spartanisches Interieur – immerhin mit Maiglöckchen

initiativen herausbilden, die eine Enquete-Kommission in der Bundesregierung zur Folge haben dürfte, woraufhin sich der Krankenkassenbeitrag schlagartig erhöht. Und das alles wegen eines Krautes, das übrigens nicht giftiger ist als im Discounter billig eingekauftes Spielzeug fernöstlicher Herkunft. Aber zumindest wäre die Katastrophe verhindert, dass die lieben Kleinen Maiglöckchen anfassen. In Frankreich dürfen sie das, und es ist kein Fall bekannt, in dem ein Kind noch am Abend des Feiertags mit Vergiftungserscheinungen in eine Klinik eingeliefert wurde, nur weil es diese Blumen verkaufte.

In Bar-sur-Aube sitzt eine Mutter auf den Treppenstufen ihres Hauses und schaut ihren Söhnen beim Verkaufen zu. Nur wer ein Herz aus Stein hat, würde an ihnen vorbeigehen, ohne einen Strauß zu kaufen. Zwei Euro. Ob die nun wirklich bei den Armen landen oder sich die Buben später davon ein Eis kaufen, ist gar nicht mehr so wichtig. Viel wichtiger bleibt festzustellen, dass die Jungs, sechs und zehn Jahre alt, in der Lage sind, freundlich Guten Tag zu sagen. Ist das nicht verrückt? Kinder, die Guten Tag sagen! Der Vergiftungsgrad scheint weit vorangeschritten zu sein, da kann doch was nicht stimmen. Und dann sogar noch ein „Merci" und „Au revoir" nachgeschoben, einfach so, aus heiterem Gemüt. Ob das ansteckend ist?

Herrgott, Bar-sur-Aube ist wirklich schön, mit und ohne Maiglöckchen. Die Baralbins müssen stolz auf ihre Stadt sein. Fassaden wie von Gauguin gemalt, schmale Gassen, die um Häuser führen, deren blaue Fensterläden die Strahlkraft des Himmels übertreffen, und am Vormittag fällt das Sonnenlicht durch die farbigen Fenster der Kirche Saint-Pierre wie göttlicher Segen auf den kalten Stein des im 12. Jahrhundert entstandenen Bauwerks. Burgundische Frühgotik. Die Pracht ist von außen weniger zu erkennen; Gottes Haus wirkt hier mehr wie eine wehrhafte Burg, wurde mit einer Holzgalerie versehen, die außen herum verläuft und die früher ganz irdisch den Händlern als Verkaufsraum diente. Aber kaum das Hauptportal durchschritten, hat dieses Meisterstück etwas Majestätisches. Nicht weit entfernt strömt gemächlich die Aube durch die Stadt. Auf dem Plateau von Langres brechen sich ihre Wasser in einer Höhe von kaum 380 Metern Bahn und fließen nach 248 Kilometern bei Marcilly-sur-Seine in die, ja, in wen wohl, in die Seine natürlich. Bar-sur-Aube ist wohl eines ihrer schönsten Ufer, daran besteht kein Zweifel. Und wenn ein Fluss nicht nur Städten, sondern einem ganzen Département seinen Namen gibt, muss das wohl einen hübschen Grund haben. Wir verlas-

Charmantes Städtchen: Bar-sur-Aube

sen Bar-sur-Aube mit seinen Maiglöckchenverkäufern und bemalten Häusern und driften perlenwasserwärts über die Champagnerroute D74 nach Colombé-le-Sec.

Radfahrer winken und machen große Augen. Einen R4 ohne Rost haben sie in Frankreich seit Jahrzehnten nicht gesehen. „Une bonne voiture", rufen sie. Und eines, das so sehr in diese Landschaft passt. Man möchte in ihre Tiefe greifen, sie sich seinem Innersten einverleiben, sie spüren wie den Nachklang von Schampus und Burgunderwein. Man möchte einen Vorrat an Eindrücken, Düften und Bildern in Flaschen und Fässern abfüllen, um an tristen Wintertagen davon zu kosten. Vor uns nichts als Freiheit und ein zufrieden sirrender Motor, über uns der Himmel. Und dann steht da plötzlich ein riesengroßes Kreuz, weithin sichtbar in dieser Landschaft aus Rebstöcken, Feldern und Wald. Es ist die Gedenkstätte für General Charles de Gaulle, erster Präsident der Fünften Republik Frankreichs, und die Erinnerung an die französische Exilregierung während des Zweiten Weltkriegs. Das Lothringische Kreuz in Überüberübergröße, ein fast 45 Meter hohes Monstrum, das ohne Fundamente 950 Tonnen wiegt, weil es aus 36.525 Pflastersteinen und 1638 rosa Granitplatten gebaut wurde. Solange der Wind nicht stärker als 150 Kilometer pro Stunde bläst, wird es sicher nicht umfallen, so haben es jedenfalls die Architekten damals versprochen. Man könnte folglich, gemessen an der Höchstgeschwindigkeit eines Renault 4, mit Vollgas daran vorbeifahren, und dieses Lothringische Kreuz würde standhaft seinen Dienst als Bewahrer der Erinnerung tun, ohne auch nur ins leiseste Zittern zu geraten. Das ist aber ohnehin graue Theorie, denn in Colombey-les-Deux-Églises ist ein solches Tempo gar nicht möglich. Es würde den armen Maiglöckchen, die hübsch drapiert aus dem Aschenbecher hervorlugen, auch nicht guttun. Übrigens ein Aschenbecher ohne Zigarettenanzünder, was wunderlich ist. Man würde annehmen, es sei nie ein französisches Auto ohne Heißmacher für Gauloises und Gitanes gebaut worden, denn immerhin gilt Frankreich bis heute als letztes Tabakparadies der westlichen Welt. In der Tat hatte es ab Werk aber in keinem der über 8,1 Millionen gebauten Exemplare jemals einen Zigarettenanzünder gegeben.

Lignol-le-Château hat einen putzigen Namen, die edlen Kupferlaternen an der Ortsdurchfahrt lassen auf gut situierte Champagnerhersteller schließen. D, D, D – es wird zum Lieblingsbuchstaben. Immer tiefer gelangen wir über manch magere Piste in die Seele dieses Landes. Die „Route du Champagne" schlürft der kleine Renault, wie wir es mit dem Schaumwein tun: mit Genuss. Die D47 ist eine schmale Straße, auf der wenig Verkehr unterwegs ist, die D619 serviert schönste Ausblicke, tief in das Land hinein, die D3 ist sogar so wenig befahren, dass hier rechts vor links gilt! Es wäre aber doch anzunehmen, dass ein R4 grundsätzlich Vorfahrt hat …? „Es sei denn, er trifft auf einen 2CV." In der Bar du Château in Vendeuvre-sur-Barse lässt ein Handwerker, der gerade Mittagspause hat, keinen Zweifel daran aufkommen, dass die Ente in Frankreich noch beliebter ist. Enten haben eine bessere Lobby. Während sie oft fein restauriert als Liebhaberobjekt gefahren werden, vermag der R4 sein Image als verlässliches Arbeitstier selbst ein Vierteljahrhundert nach Auslieferung des allerletzten „Bye-bye"-Modells irgendwie nicht loszuwerden. Ein Makel ist das nicht; ohne Zweifel ist „La Quatrelle", zu jeder Zeit das praktischere Fahrzeug der beiden Klassiker gewesen. Sie sind aber in der Tat so grundverschieden, dass jeder Vergleich ein kleines Verbrechen ist. Hier die Ente, der Citroën mit dem leicht fröschelnden Motörchen, da der Renault, dessen 34-PS-Aggregat den Klang einer sirrenden Nähmaschine hat. Müsste dem Handwerker gefallen. Aber er stichelt. Wir sind gekränkt.

„Monsieur, die Ente hat weniger PS und ist langsamer!"

„Stimmt", sagt er.

„Und sie ist unpraktischer. Der Renault hat einen größeren Kofferraum und bessere Sitze", legen wir nach.

„Stimmt", sagt er.

„Außerdem ist die Quatrelle nicht so reparaturanfällig und günstiger im Unterhalt. Und sie schwankt nicht wie ein Schiff auf offener See."

„Stimmt", sagt er.

„Gut, dann ist die Sache doch klar. Der R4 ist das bessere Auto!"

„Non, jamais!"

Dem Mann ist nicht zu helfen. Wir lenken das Gespräch in eine andere Richtung und fragen, warum das Schloss auf der Straßenseite gegenüber leer steht. Immer-

Die Schlange in der Tiefe

Die reizende Stadt Tonnerre, am Flüsschen Armançon gelegen und nicht weit vom Canal de Bourgogne entfernt, hat ungefähr 4500 Einwohner. Glaubt man der Sage, wohnt eine Schlange in der geheimnisvollen Quelle Fosse Dionne, die unterhalb der Kirche Saint-Pierre ihre Wasser unaufhörlich in einen eindrucksvollen Waschplatz aus dem 18. Jahrhundert speit. Wissenschaftler, Taucher, Gelehrte – keiner ist dem geradezu unheiligen Quell so richtig auf die Schliche, geschweige denn auf den Grund gekommen. La Fosse Dionne ist nicht das einzige Wahrzeichen dieses quirligen Ortes im Département Yonne, aber auf jeden Fall das sprudelndste. (Info: france-voyage.com)

(Be)rauschend: die Quelle La Fosse Dionne in Tonnerre

hin sei es doch ein „Monument historique“ und infolgedessen von beachtlichem Wert. Noch dazu sehe es hübsch aus und sei von einem ansprechenden Park umgeben. Der Enten-Fan rät uns, zur Gemeindeverwaltung zu gehen. „Es steht zum Verkauf. Kaufen Sie es doch“, sagt er und grinst mit Bierschaumschnäuzer.
„Danke, Monsieur. Das würden wir unbedingt tun wollen, aber die Quatrelle war teuer. Fürs Château wird das Geld wohl nicht mehr reichen.“
Nun ist er doch sprachlos. Wir trinken aus und fahren fort an diesem Maiglöckchentag, der in Tonnerre enden wird; Tonnerre, die Stadt der magischen Quelle.

Es sind die Dachziegel aus eisenhaltigem Ton und der weiße Stein aus Tonnerre, der die müden Sonnenstrahlen zur Dämmerung aufsaugt und sie auf eigenartige Weise reflektiert, die Tonnerre an wolkenlosen Tagen so unglaublich rosa erscheinen lässt. Tonnerre ist das, was Reisende lieben, wenn sie es entdecken. Denn da ist eine Quelle, eine ewig rauschende, und die Quatrelle hat ihren Weg zu dieser Quelle gefunden. „La Fosse Dionne“ ist ein Mysterium. Niemand weiß, wo ihr Ursprung ist, und manch Suchender hat sein Leben dafür gegeben. Legenden ranken sich um das rätselhafte Becken, unter anderem ist von der Schlange Basilic

Eine Galerie fürs innere Auge

Als bezauberndes Beispiel der französischen Renaissance gilt das von einem Wassergraben und weitläufigen Park umgebene Château de Tanlay. Mitte des 16. Jahrhunderts war es erbaut worden. Große Augen machen Besucher in einem Eckturm mit Deckengemälde der Schule von Fontainebleau, das berühmte Persönlichkeiten aus jener Zeit als Gottheiten darstellt. Noch erstaunlicher ist allerdings die Grande Galerie, weil hier die Trompe-l'œil-Malerei meisterhaft umgesetzt worden ist. Wände und Decke sind illusionistisch perfekt inszeniert. Dreidimensionalität wird vorgetäuscht, wo es sie gar nicht gibt. Was ist wahr, was nicht? Die Grande Galerie wirkt wie eine Parallelwelt. Sehr beeindruckend. Und zwar echt! (Info: chateaudetanlay.fr)

die Rede, die in diesen Wassern wohnen soll. Die Schlange dürfte beim Tauchgang das geringste Problem sein, eher ist es die Tiefe: zunächst 28 Meter, dann 360 Meter in den Berg hinein, und weitere 68 Meter hinabfallend. Ein Labyrinth der Unterwelt. Wir warten einen Moment lang, aber die Schlange zeigt sich nicht. Vielleicht ist sie zu Besuch bei Mutter Nessie in Schottlands Highlands. Etwas enttäuscht sind wir schon.

Sich in der „Ferme de la Fosse Dionne" ein Zimmer zu nehmen und abends an den rauschenden Wassern vor dem Panorama des silbernen Quells aus der Tiefe ein Glas Wein zu trinken, ist eine gute Sache. „Diese Quelle ist Magie. Viele Touristen haben sie schon bewundert. Weil der Pilgerweg nach Santiago de Compostela direkt hier vorbeiführt, sind zudem viele Gläubige hier", verrät Bernard Clément, der gemeinsam mit Gilles Barjou das „Gîtes" führt, Jazzmusik zum Frühstück auflegt und selbst gemachte Marmeladen zu Baguette und Croissant bereitstellt. Abends fällt das Licht im Sekundentakt vom Himmel, die Église Saint-Pierre thront über der Ferme und dem Städtchen, und der Maître der Crêperie „Les Vieux Volets" an der Rue de l'Hôtel de Ville gibt nach dem Essen einen Sprachkursus in Japanisch, Französisch, Englisch und Deutsch. „Ich weiß auch nicht, warum die Menschen nach Tonnerre kommen", sagt Patrick Gallot und meint das ohne Zweifel augenzwinkernd. Wenn's nicht die Quelle wäre, nicht die Église, nicht die schöne Landschaft drumherum mit dem faszinierenden Château de Tanlay und dem Canal de Bourgogne, an dessen Ufern liebliche Schleusenhäuschen stehen, wie man sie sich als Kind für seine Modelleisenbahnlandschaft gewünscht hätte, dann kommen sie vermutlich, weil Patrick köstliche Galettes und Crêpes kreiert, die mit Salzbutter zubereitet und mit Käse, Schinken und Ei gekrönt werden, während der Cidre aus

Schmale Gasse – der R4 kommt durch.

Tassen ohne Henkel getrunken wird. Die vier Katzen des Gasthauses schmeicheln sich durch einen Wald aus Beinen von Tischen, Stühlen, Menschen, um danach hinter dem Tresen in der Küche zu entschwinden. Der Abend nimmt sich seinen Raum. Patrick macht die Rechnung fertig, wünscht eine Gute Nacht und schließt die Tür.

Die Wasser der Fosse Dionne rauschen, säuseln, flüstern, sie raspeln Süßholz, so kommt es den Gästen in der Ferme de la Fosse Dionne vor, die an diesem Tag einen letzten Blick auf das italienisch anmutende Panorama an der schmalen Rue de la Fosse Dionne werfen, die hufeisenförmig um die Quelle herumführt und an der die Fassaden der Häuser zartrosa, hellorange und zitronengelb leuchten. Abends nimmt das goldorangefarbene Licht der Laternen dort Platz, und die Wasser sprudeln unaufhörlich. Am Morgen sind Quelle und Quatrelle noch immer ein Brunnen der Inspiration. Es ist Zeit, den Ölstand zu prüfen und den Deckel der Kraftstoffpumpe abzuschrauben, um nachzusehen, ob das Filtersieb verschmutzt ist. Es wäre noch viel wichtiger gewesen, an der Tankstelle nicht den Tankverschlussdeckel liegengelassen zu haben. Retour über acht Kilometer. Es gibt Dinge, an die gewöhnt man sich bei Oldtimern nur sehr langsam. Immerhin aber: Er liegt noch dort, an der Zapfsäule. Selbst ein Enten-Fahrer hätte damit nicht viel anfangen können. Und wo wir schon beim Thema sind: Der nette Guide vom nahe gelegenen Château de Tanlay, einem Wasserschloss mit 44 Hektar großem Park unweit des Canal de Bourgogne, sagt: „J'adore votre voiture." Er geht an uns vorbei in den wohlverdienten Feierabend und winkt freundlich. Er betet es also förmlich an, nun sind wir schon zu dritt.

Von einer „deux-chevaux" hat er nichts gesagt.

Neben der Spur ... ein Schloss des kleinen Haushalts.

Wir tanken 16,5 Liter, randvoll und hoch die Tassen, alors allerseits, wir fahr'n in Saus und Braus! Das wäre keine Sensationsmeldung, wenn nicht der Durchschnittsverbrauch unseres Roadrunners bei 5,7 Litern pro einhundert Kilometer läge. Er gibt sich erstaunlich bescheiden, aber er hat ja auch die schmalen 135er-Schlappen drauf und nicht die fetten 145er ... Manchmal bewegt sich die Nadel der Tankinhaltsanzeige über Dutzende Kilometer keinen Millimeter, sie zittert höchstens ein bisschen auf der Stelle, fällt aber nicht nach links ab. Ist doch verrückt, oder? Noch mal in Lettern schwarz auf weiß: fünfkommasieben. Ein Allerweltsbenziner von heute, ausgestattet mit modernster Start-Stopp-Technik, Bremsenergierückgewinnung, Brimborium und Tinnef, schafft das meistens nicht, ohne dass man ihn über eine Teilstrecke schöbe. Und für hypermoderne Hybriden und E-Autos müssen Batterien gebaut werden, die aufgrund der katastrophalen Folgen durch den Lithiumabbau schlimmer sind als jeder blaugraue Nebel, der unter dem Stoßfänger hinten links aus dünnem Röhrchen als Abenteuerparfum entschwebt und „Amour" in die Luft kritzelt. Die Reise führt uns weiter durch die Nordbourgogne. Die D-Straßen werden nicht müde, uns ihr Geleit zu geben. Die D996 schickt uns in der Region Côte d'Or nach Montigny-sur-Aube. Dessen Renaissancejuwel wird zurückhaltend dargeboten, wir entdecken es zunächst nur durch einen abgeschlossenen, schmiedeeisernen, hohen Zaun. Schwedische Gardinen für Durchreisende. Gut, dass gerade der Briefträger geschäftig seine Runde vorbereitet; die Poststation befindet sich direkt gegenüber. Wir stehen ratlos wie Salat in der Gegend herum, und unsere Körper sehen aus wie zwei übergroße Fragezeichen.

„Kann ich Ihnen helfen?" Der Beamte schaut herüber, Briefe unter den Arm geklemmt.
„Wohl nicht. Wir hätten uns gerne dieses Château angesehen, aber es scheint geschlossen zu haben." Wir deuten mit den Zeigefingern auf den Monumentalbau.
„Doch, doch, das können Sie. Der Eingang ist auf der anderen Seite, an der Rue de l'Église. Sie müssen klingeln, dann wird Ihnen geöffnet", sagt er, steckt die Umschläge in eine große Kiste auf dem Beifahrersitz des julisonnengelben Renault Kangoo, jenem Modell, das in den Neunzigerjahren vom Hersteller als offizieller Nachfolger das Erbe des Vierers antreten sollte, und wünscht einen Guten Tag. Wären jetzt die Achtzigerjahre, hätte sich Monsieur Facteur („Briefträger") in eine R4-Fourgonnette gesetzt, nicht die Langversion, sondern die mit dem Seitenfensterchen auf der Gepäckraumfahrerseite, die wir als Zweit-Quatrelle gerne hätten. Gibt's aber selten und meistens zu teuer. Allerdings: Wären jetzt die Achtziger,

brauchten wir nicht zu klingeln, weil damals keine Besichtigungen möglich waren. Der Postmann britzt weg, während wir ein paar Hundert Meter auf der Rue Henri Chambon entlangtrudeln und dann rechts abbiegen. Ziel erreicht.

Eine Stunde später sitzen wir nach ausgiebiger Entdeckungsrunde durch den weitläufigen Park auf elegantem Metallgestühl vor der Orangerie. Das Schlossinnere steht nicht zur Besichtigung; es ist das Zuhause von Marie-France Ménage-Small. Ausgerechnet ein Schloss für Frau „Haushalt-Klein“, so ähnlich lautet ja wohl die Übersetzung ihres Namens. Der Haushalt, um den sich Madame kümmert, ist vermutlich alles, nur nicht klein. Sie kaufte den alten Kasten im Jahr 2002, um ihn zu neuem Leben zu erwecken. Das haben vor ihr schon andere getan – im 16. Jahrhundert zum Beispiel, als ein gewisser Jean V. die feudale Burg, deren Grundfeste aus dem 12. Jahrhundert stammen, zusammen mit seinem Bruder René, dem „Meister des Wassers und der Wälder“, wie uns die Geschichte sagt, in moderne Zeiten zu führen versuchte. Dazu brauchte er einen Architekten, der mit Jean Bullant schnell gefunden worden war, jener Bullant, dem Frankreich auch einen Teil des Louvre in Paris zu verdanken hat – und zugegebenermaßen der einzige

Crémant-Genuss vor Château Montigny-sur-Aube

Bullant, den wir kennen. Seit gerade eben. Aber nehmen wir an, wir wollten gegenüber Madame ein wenig glänzen, dann würden wir ihn auf Gedeih und Verderb sofort in unser Gespräch einbinden.

Ach du liebe Zeit, da rauscht sie auch schon im Golfcart mit einer Flasche Crémant Rosé, Küchlein und Eis heran. Die Dienerschaft, offensichtlich eine Auszubildende, folgt ihr zu Fuß. Madame Ménage-Small ist lustig, erzählt gerne und strömt eine Grandezza aus, die perfekt in die Szenerie passt. Aus der „Oisellerie" erklingen die Rufe weißer Pfauen wie Musik der Renaissance. Die fröhliche Schlossherrin, die in ihrer herzlichen, distinguierten Art und nach ihrem Äußeren zu urteilen stark an die Operndiva Montserrat Caballé erinnert, schenkt das rosafarbene Edelgetränk so schwungvoll ein wie wir unseren kleinen Burschen, der vor den Mauern der Anlage im Schatten großer Bäume steht, zu tanken pflegen: randvoll. Tausendfach steigen Bläschen in den beiden schmalen Kelchen und bilden einen federleichten Schaum, den wir mit größtem Wohlgefallen betrachten. Durch Kronen und Blätterdächer blicken wir auf die von der Sonne verwöhnte Fassade des Prunkbaus, deren hochherrschaftliches Bild den Crémant wie Champagner schmecken lässt.

„Ein schöner Ort", bescheinigen wir der Schlossbesitzerin.
„Vor allem einer, der mich genauso gefunden hat wie ich ihn", sagt Madame Ménage-Small. Es gebe keine Zufälle im Leben, alles habe seine Bestimmung. Sie, verheiratet mit einem US-Amerikaner, ist Besitzerin eines Schlosses, das für einen anderen US-Amerikaner eine bedeutende Rolle spielte: Harry Truman verbrachte mehrere Monate auf dieser Burg. Das war im Jahr 1918, als er sich an der Artillerieschule in Montigny-sur-Aube eingefunden hatte. Das habe die heutige Château-Besitzerin aber erst später erfahren. Wenn man bedenkt, dass Truman 1945 der 33. Präsident der Vereinigten Staaten von Amerika wurde und maßgeblichen Anteil am Marshallplan hatte, der den Wiederaufbau Europas möglich machte, ist dieser Boden nichts weniger als ein Stück europäisch-amerikanischer Zeitgeschichte, auf den Madame stolz sein kann bei allem, was sie hier geschaffen hat. Sie fällt dabei nicht in Ehrfurcht auf die Knie, sie wirkt nicht melancholisch, sondern zufrieden, und sie hat Pläne, die viel weiter in die Historie greifen, um hervorzuholen, was im Laufe der Zeit verloren gegangen war. Denn was sie und ihr Ehemann Len Robert Small hier Anfang des Jahrtausends vorfanden, musste aufwendig restauriert werden. Zehn Jahre haben diese Arbeiten gedauert, zehn Jahre voller Träume, Hoffnungen, Pläne und sicher auch Enttäuschungen. Dabei schaffte es die resolute Frau in relativ kurzer Zeit, öffentliche Institutionen und private Gönner davon zu überzeugen, dieses Projekt maßgeblich zu unterstützen,

um in der Geschichte der Region Côte d'Or ein Ausrufungszeichen zu setzen, das unverrückbar bis in die Zukunft ausstrahlt. Es war ein riesiger Aufwand; allein die Restaurierung des heute wieder Wasser führenden Burggrabens war eine Herkulesaufgabe. Rund 18.000 Kubikmeter Boden wurden ausgebaggert, Schilf und Erde entfernt. Die fünf Meter hohen Mauern mussten auf einer Länge von zweihundert Metern saniert und abgedichtet werden. Heute ziehen wieder Schwäne und Enten ihre Bahnen. Die Renaissance-Kapelle bescherte im Jahr 2009 allein sieben Handwerkern einen ganzen Sommer lang Arbeit, nur um der Fassade Schönheit (es gibt schlimmere Arbeitsplätze ...) wieder herzustellen. Dorische Säulen, dreieckige Giebel, geriffelte Zwillingsstützen, Kartuschen, Rosetten, Goldschmiedearbeiten – hier hat ein Diamant sein Leuchten zurückerhalten! Architekten und Historiker gehen davor auf die Knie, wir tun es eher vor der Vielfalt des Obst- und Gemüsegartens, der, weit größer als ein Fußballfeld und etwas abseits des englisch anmutenden Landschaftsparks, über dreihundertfünfzig Sorten verschiedenster Früchte beherbergt, davon rund zweihundert Obst-Varietäten. Das sind überparadiesische Verhältnisse, denn im Garten Eden gab's nur eine Apfelsorte (wahrscheinlich auch noch Granat) und keine Birnen, hier eine unermessliche Fülle, zum Teil frei stehend, andererseits zusätzlich am Spalier gezogen. Unter Einbeziehung erfahrener Landschaftsgärtner wurden jahrhundertealte Züchtungen gepflanzt. Bei aller wiederauferstandenen Pracht der Gebäude scheint dieses Projekt Madame Ménage-Small besonders viel Freude zu bereiten und Kraft zu geben. Dass das Fruchtsorbet zu Kuchen und Crémant ein Produkt der eigenen Ernte ist, daran besteht kein Zweifel: Natürlich ist es das! „Und wir werden noch weitere Sorten pflanzen", sagt Frau Haushalt-Klein. Allein das ist ein Grund, auf der nächsten Reise zurückzukehren an diesen fantastischen Ort.

Ein letzter Ruf des weißen Pfaus erklingt, in den Kronen spielt der Wind ein Abschiedslied für uns. „Wir werden in absehbarer Zeit auch Chambres d'hôtes anbieten, dann können Sie hier übernachten", sagt die Schlossherrin. Und das Abschiedslied der Bäume klingt ganz plötzlich schon nach einer Melodie des Wiedersehens.

Ein Zimmer mit Aussicht. Nordkoreanische Impressionen. Neulich am Rande der Vogesen.

Arc-en-Barrois ist bezaubernd, so viel steht fest. Nach einigem Hin- und Her-Mäandern zwischen diversen Nationalparks erreichten wir eine Wald- und Wiesenlandschaft, von Zeit zu Zeit unterbrochen von den Kathedralen der Landwirtschaft, riesigen Türmen, gefüllt mit Getreide, die als Silo gekennzeichnet sogar in der Landkarte verzeichnet sind, weil sie so mächtig und trutzig im Feld stehen. Ameisengleich fuhren wir also am Mont Blanc der Gerste, dem K2 des Weizens und dem Trinkbecher von Neptun vorbei – immer hoffend, dass nicht gerade jetzt ein Haarriss beschließt, sich zu vergrößern und der Inhalt der Riesenhumpen uns lawinengleich entgegenfließt. Dazwischen betrachteten uns gleichmütig diverse Kühe: schwarzbunte und rotweiße, wiederkäuend auf butterblumigen Weiden fressend, mitunter vom Herrn und Meister samt Traktor begleitet. Land, schönstes Land ringsumher. Besser kann man nicht reisen. Und wir mussten uns entscheiden: Arc-en-Barrois oder Arbot? Die Straßenkreuzung war unerbittlich. Arbot klang kurz und knapp, klang nach Bauernhöfen, klang nach kleiner Bar-Tabac und der Straße endend im Nirgendwo. Hatten wir schon oft auf dieser Tour. Wir entschieden uns deshalb für Arc-en-Barrois; dieser Ortsname vermittelt Grandezza und ließ auf adeliges Ambiente schließen, mit erleuchteten Fenstern im Barockstil und Apéritif auf eleganter Terrasse. Das Kleid für besondere Anlässe und das Oberhemd, noch ganz unten in der Tasche, würden also doch noch ausgeführt werden! Gut, Gasfuß, stellt schon mal den Cassis kalt, dort in Arc-en-Barrois, wir würden dann gleich vorfahren.

Parkplatz direkt unterm Zimmerfenster in Arc-en-Barrois

Arc, so wollen wir es hier ab sofort der Einfachheit halber nennen, ist zunächst erst einmal ein kleines Städtchen neben anderen noch kleineren Städtchen. Ganze 766 Einwohner – sollte das nicht eher ein Dorf sein?

Aber nein, da haben wir die Rechnung ohne Schloss im Zentrum, Rathaus mit kompletter Geranienbelegung vor jedem Fenster, Hotel, Kirche und Apotheke im weißen Sandsteingewand gemacht! Zum Glück sieht wenigstens die Tankstelle so aus, als hätte nur schnell jemand die Zapfsäule an den Straßenrand gestellt, nachdem er sie auf einem Schrottplatz entdeckt und dann einfach hier vergessen hat. Wir füllen randvoll auf, das gute 98er-Super, und während der Tankwart gnädig das Geld entgegennimmt, stellt uns ein Zausel, dessen Peugeot ebenfalls eine Leckerei erhalten soll, die unmoralische Frage, ob ein Verkauf des fahrenden Altertümchens angedacht sei – es würde sich gut in seinem Fuhrpark machen. „Keine Chance", bescheiden wir ihm, wie sollen wir denn standesgemäß beim Schlosse vorfahren? Gegen solche Argumente machtlos, lässt er uns aufbrechen – und wir fahren und fahren und fahren genau dreihundert Meter weiter, um schlussendlich auf dem entzückendsten Marktplatz einzuparken, den man sich nur vorstellen kann. Linker Hand ein Schloss aus weißem Stein, direkt fünfundzwanzig Schritte gegenüber die Auberge du Parc, ein großes Haus mit blauen Fensterläden. Daneben Bäckerei und mit dem Rathaus ein weiteres prachtvolles Gebäude. Alles ist so konzentriert um diesen Platz arrangiert, dass man sich nur einmal um die eigene Achse zu drehen braucht, um alles Interessante zu sehen. Im Hotel erhalten wir ein hinreißendes Eckzimmer, von deren zwei Fenstern wir einerseits aufs Rathaus blicken und andererseits auf Château, Kirche und Bäckerei. Es gibt leider keinen eigenen

Abendstimmung am Hotel du Parc

Hotelparkplatz, den wir wirklich gerne nutzen, anstatt unsere liebe Savane TL einfach so des Nachts öffentlich zugänglich abzustellen. Aber es geht nicht anders, wir müssen wohl oder übel eine Ausnahme machen. Immerhin: Der R4 steht direkt unter dem Fenster, und sollte sich jemand daran zu schaffen machen, könnten wir mit einem Sprung hinaus in die Nacht, barfuß und im Pyjama, direkt auf dem Übeltäter landen und ihn Jackie-Chan-gleich k. o. schlagen. Soweit die Theorie. Rein praktisch sind es trotzdem noch dreieinhalb Meter, also hoffen wir darauf, dass es nur Bewunderer aus der Ferne gibt, die interessierte Blicke auf das Auto werfen.

Die Fenster des Zimmers sind groß und im unteren Drittel mit Eisengitter verziert. Eigentlich eine Light-Version des französischen Balkons. Er verleitet dazu, sich ans Fenster zu stellen und zu vergessen, dass das untere Drittel eben kein Mauerwerk, sondern nur französische Schmiedekunst ist, demzufolge der interessierte Einheimische die Bewohner dieses Eckzimmers in Unterwäsche bewundern kann, wie sie lässig hinausblicken. Die Belegschaft des Rathauses muss schon oft gelacht haben, und dem Pfarrer gegenüber ist wohl auch nichts Weltliches mehr fremd, zumindest was die Schlüpper angeht. Wir sind jedenfalls bestimmt nicht die Ersten, die sich hier nach dem Duschen so der Öffentlichkeit präsentieren …

Diese französischen Städtchen, so unterschiedlich sie auch in ihrer Struktur und Architektur sind, haben eines gemeinsam: Es gibt immer eine gut frequentierte Bäckerei, eine Kirche, die tagsüber geöffnet und deren Fassade nachts stimmungsvoll angestrahlt wird, sowie ein Restaurant oder eine Brasserie, wo sich auch unter der Woche die Menschen zum Essen und Trinken treffen. Fußgängerzonen, wie wir sie aus vergleichbar kleinen deutschen Städtchen kennen und die eine tödliche Entscheidung für jedes Sozialleben darstellen, sind zum Glück fast unbekannt. Hier braust jeder mit dem Auto vor, holt sich seine Baguette, lässt dabei den Motor laufen, auch wenn's mal länger als zwei Minuten dauert, weil des Bäckers bessere Hälfte noch ein wenig plaudern will, und verschwindet wieder in einer Dieselwolke. Umweltgerecht? Nö, aber es ist eben noch Leben in der Stadt vorhanden, und selbst die Älteren, die kaum laufen können, klettern mühsam aus zerbeulten Peugeots und zerkratzten Renaults, um auf die Schnelle etwas zu erledigen, währenddessen es in Deutschland kaum noch eine Bäckerei gibt, vor der man überhaupt vorfahren könnte. Im Supermarkt ist es doch viel billiger. Hier allerdings kann man aus dem Eckzimmer des Hotels Le Parc am Fenster stehend diesem Treiben stundenlang zuschauen. Viel ist nicht los, aber die letzten Baguette-Käufer fahren im Minutentakt vor. Tatsächlich baut sogar noch ein Pizzabäcker seine Bude auf; auch hier wird es noch für zwei Stunden Kundschaft geben. Wir lassen uns den Apéritif in einem leicht abgeranzten Hinterhof schmecken. Am Nebentisch ein Schwung Köche, die eine Riesenportion Nudeln mit Tomatensauce verdrücken. Schande, aber wenigstens mit Baguette!

Am anderen Morgen, nach fulminantem Mahl im Restaurant mit Blick auf ein gewisses alpaka-farbenes Blechdach, erwachen wir durch Motorenlärm und plätschernde Laute. Der Blick fällt geradeaus durch das gegenüberliegende Fenster Richtung Rathaus. Dort steht ein Mann, fast Auge in Auge mit uns. Drei Fragen tun sich auf: Sind wir geschrumpft? Oder die Bewohner so groß? Und was zum Teufel plätschert da? Er wird doch nicht ... – Die Franzosen sind ja schnell bereit, der Obrigkeit ihren Unmut zu zeigen, aber nein, dieser Mann steht mit Zigarettenstummel im Mundwinkel lässig auf dem Dach seines Traktors und gießt die Geranien auf den Fensterbänken der Mairie. So geht das also! Wir hatten uns schon gefragt, wie man hier regelmäßige Wassergaben an die Pflanzen der öffentlichen Gebäude gibt, auch in Höhenlagen der oberen Etagen. Jetzt wissen wir's: Es funktioniert, wenn man alle Regulierungen der Arbeitssicherheit ignoriert. Geht doch! Jeder deutsche Hausmeister – pardon: Facility Manager – würde sofort herbeistürzen und der Sache im Dienste der Unfallvermeidung ein Ende bereiten. Dafür würden dann aber auch die Blumen eingehen, aber Blumen an Rathäusern sind in Allemagne ja ohnehin selten. Hingegen wird hier in Arc und anderswo in aller Ruhe gegossen, bei lärmendem Treckermotor und mit Kippe.

Die Blumen werden gegossen ...

Tasche packen, Kissen aus dem Fenster werfen (die eigenen), zum Frühstück wandeln und dabei von einer Horde ausgestopfter Hirschköpfe begutachtet zu werden – das ist des Reisenden Schicksal, wenn er in einer Gegend unterkommt, in der regelmäßige Jagdvergnügungen dazugehören.

Welche Reisefreuden könnten schöner sein als die, wenn man ausgeruht und dermaßen satt vor die Türe tritt, sodass man glaubt, von nun an eine Brioche zu sein, um dann ins Auto zu steigen und einem Tag entgegenzublicken, der noch jungfräulich vor einem liegt. Egal wohin man sich wendet, man wird neue Dinge sehen und erleben, alles liegt ausgebreitet und scheint nur darauf zu warten, dass wir um die Ecke kommen. Der heutige Tag soll noch sehr schöne Überraschungen für uns bieten, und wir sind dazu bereit. Wenn wir morgens von einem schönen Platz fortfahren, schwingt manchmal auch Wehmut mit, denn natürlich wissen wir, dass wir nur einen winzigen Bruchteil von dem gesehen haben, was es dort zu entdecken gibt. Beim abendlichen Spaziergang gestern, quasi ein Not-Gang aufgrund sehr gut gefüllter Bäuche, hatten wir in einer Art Hinterhof den Weg entlang eines großes Bachs gefunden, der zunächst eine Mühle antrieb, um sich dann schäumend und wirbelnd in sein gemauertes Bett zu fügen. Rechts und links seines Ufers konnten wir entlanggehen, und eine Art Rialto-Brücke sorgte für einen Übergang. Dann gab es dort noch einen offenen Garten, der aufgrund einer Städtepartnerschaft mit dem italienischen Samone angelegt worden war. Das Ganze versehen mit Resten einer Barockruine als kleine „folie“ und einem Rosarium, tipptopp gepflegt. Der Rasen gemäht, die Blumen blühten, es sah toll aus. Und als Krönung hieß die Komposition „Insel von Samone“. Leider war es dann zu dunkel geworden, um diesen Weg weiter entlangzuschlendern, aber jeder Reisende kennt das Gefühl, dass man eventuell noch etwas verpasst hat, was sich auch nicht wieder einholen lässt. Wenn man nach Jahren wieder vorbeikäme, wäre man doch eine andere Person und an anderen Dingen interessiert.

Genug des Philosophierens, wir schwingen uns auf die Straße, leicht duftet es nach Käse aus dem Picknickkorb und nach Weingummi aus der Ablage, das wegen erhöhter Temperaturen zu einer ungenießbaren Masse zusammengeflossen ist. So werden alle kleinen Sünden umgehend bestraft, sehr beunruhigend. Wir wollen nach Chaumont, der nächstgrößeren Stadt in der Haute-Marne, mit rund 23.000 Einwohnern aber noch überschaubar. Hier soll es eine Eisenbahnbrücke von enormer Größe geben, die zu den schönsten Viadukten Europas zählt. Wir lesen auf einem Schild, dass dieses Bauwerk das schönste seiner Art weltweit sei. Behauptet man hier in Chaumont zumindest. Gut so, denn übertriebene Bescheidenheit ist lästig. Wir fahren durch Wald und Flur, die Gegend ist hügelig, mit Feldern durchwirkt. Ruckzuck sind wir in Chaumont angekommen. Wir

Das Viadukt von Chaumont ist 600 Meter lang und 50 Meter hoch.

fahren talwärts, Kurve um Kurve, und als es wieder bergan geht, da erhebt sich in eindrucksvoller Länge von sechshundert Metern das Eisenbahnviadukt mit 96 Bögen und verbindet eine Hügelflanke mit der anderen. Wir fahren zum Aussichtspunkt und stellen den Renault in bedrohlicher Schieflage ab. Lieber mal die Handbremse betätigen. Leider können wir das Viadukt nicht betreten, gerade jetzt ist es eine Baustelle. Weiter geht's also ins Stadtinnere. Wir parken in der Nähe einer Kirche und unternehmen einen Stadtrundgang. Grundsätzlich bietet es sich ja jedes Mal an, zunächst die Touristen-Info zu besuchen, um zu erfahren, was es in der noch unbekannten Stadt zu entdecken gibt, doch in Chaumont wird die Suche nach dem Infopoint zu einem Intelligenztest. Nachdem wir zum zehnten Mal per Schild um eine nächste Ecke in eine andere Straße geschickt werden, geben wir auf und suchen erst unser Auto und dann das Weite.

Auch das ist ein Test, ein Nerventest. Die Stadtoberen haben – warum auch immer – beschlossen, dass alle Besucher und Bewohner nach Vorbild Nordkoreas permanent mit Musik zu beschallen sind. Die Lautsprecher sind vielerorts angebracht worden und lassen die gängigsten Radiohits in die Straßen rieseln. Wir warten auf eine schnarrende Stimme, die im Kommando-Ton zur gemeinsamen Feldarbeit auffordert. Andererseits ist Chaumont hübsch, zwischen Hügeln gelegen, mit vielen Prunkbauten aus hellem Sandstein und einer quirligen Innenstadt mit Restaurants und Geschäften. Vom oberen Punkt der Stadt blicken wir über eine Brüstung weit ins Land hinein, und wenn nicht gerade beim Betrachten der Naturschönheiten der Partnersender von Pjöngjang eine spanische Jubelarie auf Wein, Weib und Gesang gespielt hätte, wer weiß? Vielleicht wäre das noch etwas geworden mit Chaumont und uns …

Gerade in dieser Gegend gibt es viel zu entdecken, hier wird der köstliche Käse von Langres hergestellt, es gibt Weine und Wildspezialitäten, Trüffel, Abteien wie Sept Fontaines oder de La Crête, Korbflechtereien und Schnapsbrenner. Man kann tagelang herumfahren und sich amüsieren. Auf diese Weise schreitet unsere Entdeckung Frankreichs voran; wir nehmen Fahrt auf in Richtung Nancy. Die Landschaft von dicht bewaldeten Gebieten, durch die die Straße wie unter einem Dach entlangführt, ändert sich überraschend, um plötzlich ein Dorf aus grauen Granitsteinen zu enthüllen. Der Weg schlängelt sich durch Täler und schraubt sich direkt an manchen Haustüren in die Höhe, um dann wieder grandios nach unten abzudrehen. Für einen R4 genau das richtige Terrain. Wie eine Bergziege tuckern die 34 PS jede Steigung nach oben, um dann tollkühn nach unten zu brausen. Die Quatrelle kann also durchaus 130 Stundenkilometer erreichen, wer hatte etwas anderes behauptet?

Langsam steigen die Temperaturen, und ohne dass wir es wirklich bemerken, öffnet sich die Landschaft. Wir sind in den Vogesen angekommen. Plötzlich ist die Straße ein langes, graues Band, das sich endlos vor uns und den schmalen Pneus unseres Gefährts, das längst zu einem Gefährten geworden ist, ausbreitet. Eine kilometerlange und weite Tallandschaft, so scheint es auf den ersten Blick, mit mächtigen Hügeln rechts und links, davor die Felder. Oben auf den Hügeln sind dichte Baumreihen zu sehen. Würden am Horizont noch Tafelberge auftauchen, wären wir nicht verwundert. Es sieht verwunschen und gleichzeitig imposant aus, und während wir uns auf der D674 fortbewegen, finden dort oben in den dunklen Wäldern eventuell Zwergen-Things und Koboldkonferenzen statt. Da wollen wir hin – und tatsächlich: Ein kleines, verbeultes Schild mit Château-Zeichen, unscheinbar, leicht angerostet, weist uns zur nächsten, fernen Erhebung den Weg. Der R4 liebt die leichte Steigung, elegant aus dem vierten in den dritten Gang geschaltet, und schon schnaufen wir dem Château de Lafauche entgegen. Zunächst öffnet sich ein kleiner Ort, eher ein Weiler und dennoch mit obligatorischer Kirche und Gedenkstein.

Burgruine mit Käse und Astmuseum

Stolze Schlösser, von floraler Finesse umgeben, sind ein lohnenswertes Ziel. Doch wenn eine Burgruine wie Château Lafauche am Wegesrand auftaucht, zertrümmert von Jahrhunderten und geheimnisvoll umwittert, dann ist dies Futter für die Fantasie. Besonders viel ist von der einstmals großen, mehrere Türme umfassenden Forteresse nicht übrig geblieben, aber der Blick in die Haute-Marne ist gewaltig. Außerdem gibt es im angeschlossenen Musée du Bois eine witzige Ausstellung des Künstlers Émile Chaudron (1927 bis 2003), der in manchem Zweiglein etwas Außergewöhnliches entdeckte und auf diese Weise den „Zoo du Bois" eröffnete. Während man durch die Wunderwelt geistert, holt Monsieur Adenot, der sich um Château Lafauche kümmert, noch zwei Käse, die er aus der Milch jener Schafe zubereitet, die rund um die Ruine friedlich grasen. Fertig ist das Glück. (Kontakt: rogeradenot@gmail.com)

Dahinter wurde aus einem mächtigen Eichenstamm eine Art Häuschen gebaut, und ein kleiner Parkplatz ist auch vorhanden. Gibt man hier zu viel Gas, kann man bei den Anwohnern zwanzig Meter hangabwärts nach dem Rechten sehen.

Ein Eckhaus beherbergt ein kleines Museum, auf der anderen Seite hat es eine Terrasse mit atemberaubendem Blick ins Land, und als sei das nicht schon genug der Sehenswürdigkeiten, gibt es noch einen Eisenbrunnen mit der heiligen Maria auf der anderen Seite. Direkt gegenüber jedoch befindet sich das, was uns heraufgelockt hat. Gerade mal fünfzehn Schritte vom Museum entfernt beginnt die Auffahrt zum Château de Lafauche. Eigentlich eine Forteresse, ein echtes Schloss war es wohl nie. Gebaut auf den Hügeln im 11. Jahrhundert, wurde es erst im 14. Jahrhundert fertiggestellt. Die Anlage ist groß und liegt strategisch günstig auf der Hügelkuppe; die Mauern waren seinerzeit eineinhalb Meter dick und verbanden nicht weniger als achtzehn Türme. Das alles wurde auch dringend benötigt, denn eigentlich hatte kein Eigentümer mal so richtig Freizeit. Alle naselang wurde er herausgefordert, belagert, beschossen oder kam selbst auf die Idee, dem benachbarten Königreich Lothringen einen Überraschungsbesuch abzustatten. Dadurch änderten sich auch die Besitzverhältnisse der Anlage ständig: Mal gehörte sie einem Grafen, dann wieder den Herzögen von Amboise, dem Gerichtsvollzieher von Chaumont, auch mal dem König von Lothringen und einigen anderen umtriebigen Großgrundbesitzern. Mittlerweile stehen nur noch einige wenige Türme der Verteidigungslinien, und die sind nach all den Jahren auch ziemlich löchrig, aber es ist dennoch ein beeindruckendes Gelände. Wir schreiten zwischen riesigen Steinhaufen umher, die vormals Teile der Verteidigungsanlage waren. Ganz oben befindet sich ein Brunnenschacht, der genauso aussieht wie jener, der im Film über den Herrn der Ringe durch Hereinwerfen einer alten Rüstung das Herannahen der feindlichen Orks ankündigt. Aber so schauderhaft scheint es hier nicht zu kommen: Es ist niemand da auf diesem einsamen Gelände. Nichts als unverbaute Aussicht, Bäume und Brunnen. Was soll's, hinein mit dem Stein, es kann uns nichts passieren – der Renault steht nur vierhundert Meter entfernt. Stille. Es dauert lange, bis ein dumpfer Ton vom Schachtboden aufsteigt. Dann wieder Stille. Keine Orks. Mitunter lässt man sich wirklich zu den krudesten Gedanken verleiten.

Monsieur Claude Adenot am Modell von Château Lafauche

Nach der ausgiebigen Besichtigung der Burganlage wird es nun Zeit, das Museum zu erkunden, wo eine Überraschung auf uns wartet. Von wegen öde Heimatstube! Hier gibt es eine Ausstellung von Skulpturen aus Ästen und Zweigen, so famos und amüsant herausgearbeitet, dass man am liebsten alles kaufen würde. Das ist leider nicht möglich, nein, nicht ein einziges Stück steht zum Verkauf, und der Monsieur, der diese Kunstwerke schuf, ist schon vor einigen Jahren gestorben. Sein Lebenswerk bleibt, wo es ist. Es wird den paar versprengten Touristen gezeigt, die hierher finden, um Château de Lafauche zu entdecken. Monsieur Claude Adenot, der uns einlässt, erklärt, dass es zwei Organisatoren in diesem Ort gibt, einerseits die, die sich um die Burg und deren Vermarktung mit mittelalterlichen Festen kümmert. Und dann sind da noch die, die sich dem Museum und der Kunst widmen. Zufälligerweise sei er der Vizepräsident der mittelalterlichen Organisation, sein Bruder Roger ist der Präsident. Wieso er denn dann hier im Museum stehe, fragen wir uns und ihn. Monsieur Adenot zuckt mit den Schultern: „Hier muss man alles machen." Dazu gehört offensichtlich auch die Produktion von Käse. Le Vizepräsident

Château de Lafauche, eine Festung aus dem 12. bis 16. Jahrhundert

verkauft uns nämlich einige frische Schafskäselaibe, produziert aus der Milch jener glücklichen Tiere, die rund um diese Burgruine das Gras kurzhalten. Nach einem letzten Blick von der Terrasse über die Dächer des Dorfes verabschieden wir uns von ihm, der Burg und den Schafen. Obwohl … ist da nicht ein dumpfes Klopfen zu hören, so, als käme es tief unter dem Berg hervor? Haben wir die Orks geweckt? Lachend wehrt Monsieur Adenot ab. Hier gebe es außergewöhnlich tiefe Verliese und Keller unter der Anlage, da wären pochende und klopfende Geräusche normal. „Der Stein", raunt er, „wissen Sie, der Stein lebt."

Wahrscheinlich lachen sie immer noch da oben in Lafauche über die beiden Touristen, die sich eilig in ihren R4 setzten und mit Vollgas zurück ins Tal brausten.

Neben der Spur ... ist Johanna allgegenwärtig.

Jeanne d'Arc, Johanna, Nationalheldin der Extraklasse. An vielen Orten in Frankreich sind ihre Spuren zu finden, und keine Reise durch dieses Land, schon mal gar nicht durch die obere Hälfte, ohne dass die Leitfigur der französischen Geschichte, tragischerweise in gleichem Maße eine Leidfigur, nicht auftauchen würde. Domrémy-la-Pucelle, ein französisches Kleinkleckersdorf im Département Vosges mit lothringischem Sparflammencharme, ist der Geburtsort einer unbefleckten Göttin, die ihr Volk während des Hundertjährigen Krieges im 15. Jahrhundert gegen die Engländer und Burgunder führte und dennoch auf dem Scheiterhaufen endete. Eine Tragödie. Man muss sich das vor Augen führen: Da war das mächtige England, das nach dem Tode Karls IV. Ansprüche auf den französischen Thron ersann. Jeanne machte aus einfachen Räubern Soldaten. Zudem gab es in dieser Zeit Gerüchte, dass der Zauberer Merlin vorausgesagt habe, eine Jungfrau würde Frankreich retten. Ein Grund mehr für die anscheinend sehr willensstarke Jeanne, sich gegen ihren Vater durchzusetzen, nicht zu heiraten und für ihre Mission keusch zu bleiben. Ein Proviantzug nach Orléans war ihr erster Auftrag, begleitet von furchtlosen wie furchterregenden Kerlen wie Étienne de Vignolles, dem „Wilden". Und obwohl es ihrem Heer gelang, die Engländer aus dem Loire-Gebiet zurückzudrängen, nahm die Geschichte doch kein gutes Ende. So weit die kurze Kurzfassung.

Ehrlich gesagt gibt es wenige andere gute Gründe, nach Domrémy-la-Pucelle zu fahren. Das Dorf an der Meuse (Maas) mit kaum mehr als einhundert Einwohnern versprüht nicht besonders viel Flair. Die Heldin kam hier trotzdem zur Welt. Hinter der kleinen Dorfkirche St. Rémy, in der Jeanne d'Arc getauft worden war, erinnert ihr Geburtshaus an ein kurzes Leben mit Ausrufungszeichen, das 1412 hier begonnen hatte. Historiker gehen davon aus, dass die Befreierin im Januar geboren wurde. Nur 19 Jahre ist sie alt geworden. Sie war 13, als sie ihre erste Vision hatte. Eine zweite folgte. Die Heiligen Katharina und Margareta waren ihr erschienen, außerdem Erzengel Michael, behauptete sie; die Engelsstimmen habe sie dort empfangen, wo heute die Basilika Bois-Chênu steht, die zwischen 1891 und 1926 entstand und im Laufe der Jahre ein bedeutender Wallfahrtsort geworden ist – auf einer Anhöhe zwei Kilometer vor den Toren des Dorfes. Sie alle sollen sie davon überzeugt haben, das französische Volk von der Unterjochung der Engländer zu befreien. Was ihr, der Jungfrau von Orléans, im Ansatz gelang, aber nicht half. Durch Verrat wurde sie in Compiègne – wir waren dort vor einigen Tagen ganz in der Nähe – von Johann von Luxemburg festgenommen und den Burgundern ausgeliefert. Die wiederum verkauften sie für 10.000 Franken an die Engländer, eine Summe, die zwar hoch war, aber ist Heldentum nicht eigentlich unbezahlbar? – Es war der Anfang vom Ende der Heiligen Johanna. Sie verbrannte auf dem Scheiterhaufen in Rouen, weil der König sich von ihr abwandte und der Bischof von Beauvais den Engländern näherstand als den Franzosen. Erst rund 24 Jahre später fiel eben diesem Karl ein, wem er eigentlich seinen Thron zu verdanken hatte, und er ließ mit großem Brimborium den Prozess noch einmal aufrollen. Nun wurde Jeanne freigesprochen – kam nur leider etwas zu spät. Arschgeige!

Es ist viele Jahre her, über den Kauf eines Renault 4 wagten wir noch gar nicht nachzudenken, da wir zum ersten Mal in Domrémy-la-Pucelle verweilten, hundemüde von einer stundenlangen Fahrt mit Staus auf Autobahnen bei grausamer Hitze und glücklich, mit dem Hotel Jeanne d'Arc an der Rue Principale überhaupt noch eine Unterkunft gefunden zu haben, bevor die Dämmerung über das Land hereinbrach. Es war schon spät geworden; in der Bar auf der anderen Seite der Straße stapelte der Maître bereits die Stühle ineinander, und die allermeisten Tagestouristen hatten sich längst auf den Weg nach Hause gemacht. Es sah aus, als wenn in wenigen Augenblicken die Bürgersteige hochgeklappt würden und die Straßenlaternen erlöschten. Das war uns gerade recht. Wir ließen uns ermattet auf die weiche, durchgelegene Matratze fallen, das Bettgestell quietschte, und wir blickten wie paralysiert ringsumher. Uns wurde schwindelig von der wild orange-grün-weiß geblümten Tapete, die als Negativdruck an der Zimmerdecke ihre Fortsetzung fand. Die Türen zum Bad und WC waren mit dem gleichen Kleide versehen worden. Eine Kammer des Schreckens, möglicherweise im Rausche des Pastis, oder was Malergesellen hier sonst so in ihrer Mittagspause einsaugen, bekleistert. Billig war's ja, das Hotel, und sauber auch, aber das Kaleidoskopische des Raumes, diese erdrückende Enge, geboren aus maximalem Muster-Farbe-Spektrum, vernebelte unsere Sinne. Dass die Heilige Johanna in Domrémy-la-Pucelle von Visionen ergriffen worden war, konnten wir auf der Stelle nachvollziehen; wo wir auch hinblickten in diesem Zimmer, es war ein ausgesprochen intensiver Trip kokainischen Ausmaßes. Unsere Pupillen müssen denen der Römer geähnelt haben, wenn sie von Obelix eins auf die Mütze bekommen haben. Die Bar hatte mittlerweile dichtgemacht, ein Restaurant im Hotel gab es nicht, und alles, was wir noch zu essen hatten, waren ein paar puffig gewordene Kekse und Kartoffelchips. Das wild abstruse Wand- und Deckendessin hatte seine Wirkung nicht verfehlt, und unruhige Träume folgten in der Nacht. Aber seien wir ehrlich: Bei der Heiligen Johanna war die Sache weitaus ernster; es werden wohl kaum Tapeten gewesen sein, die ihre Erscheinungen hervorgerufen hatten, denn Tapeten gab es damals nicht. Hatte auch Vorteile …

Jedenfalls haben wir unser Auto, diesmal freilich den R4, heute erneut auf dem Parkplatz unterhalb der heroisch wirkenden Johanna-Statue geparkt; das Hotel befindet sich noch an derselben Stelle (wo sollte es auch hin …?), aber wir trauen uns nicht, ein zweites Mal hier Quartier zu beziehen. Die Bar hat sich verändert, die ist moderner geworden. Bürgersteige werden schon lange nicht mehr hochgeklappt, denn aus dem Geburtshaus der Lichtgestalt ist ein historisches Monument geworden, das für Besichtigungen geöffnet ist. Ein modernes Informationszentrum in unmittelbarer Nähe zeigt, wie zu Zeiten Jeanne d'Arcs sich das Bauernleben darstellte – sie wuchs in einer recht wohlhabenden Bauernfamilie auf – und welche Heldentaten die junge Frau zuwege brachte, damit Kalle Kronprinz seinen adligen Hintern wieder auf den Thron hieven konnte. So heilig kann keine Figur der Geschichte sein, als dass die Tourismusbranche auf diese Chance verzichten würde, weil sie nämlich auch Visionen hat, ziemlich weltliche, aber das ist nachvollziehbar. Und dennoch macht die ganze Anlage nicht den Eindruck, dem schnöden Mammon vollkommen ausgeliefert zu sein; die Verhältnismäßigkeit ist noch vorhanden, und die kleine Église Saint-Rémy mit dem Taufbecken von einst, dem Spiel von Licht und Schatten und den bunten Kirchenfenstern ist und bleibt in ihrer Schlichtheit ergreifender als der Glanz der Basilika vor dem eigentlichen Ort Domrémy.

Besuch bei Jeanne d'Arc in Domrémy

Das Licht in der Kirche, die berührende, leise Atmosphäre in diesem sehr kleinen Gotteshaus ist magisch. Wir zünden eine Kerze an und verlassen schweigend Domrémy-la-Pucelle, wohlwissend, dass die Heilige Johanna uns auf dieser Reise noch öfter begegnen wird. In Orléans, wo das Maison de Jeanne d'Arc daran erinnert, dass sie einst die belagerte Stadt mit einem geglückten Proviantzug befreite. In Sully-sur-Loire, wo sie Lager bezogen haben soll. In Chinon, wo sie Charles VII. davon überzeugen konnte, ihr ein Heer anzuvertrauen, um gegen die Engländer zu Felde zu ziehen, und wo das Fensterbild im dreistöckigen Uhrturm der Burgruine ihr, der Retterin, gewidmet ist. Poitiers, Paris, Reims – die Wege, die die junge

Heldin zurücklegen musste, sind Hunderte Kilometer weit. Sie hat sich ja nicht ins Auto gesetzt, wie wir das hier in aller Bescheidenheit mit 34 Pferdestärken tun, am Müsliriegel geknuspert und irgendwo bei Tours noch mal einen Kaffee getrunken, um dann entspannt unterhalb der Forteresse Royale de Chinon einzuparken, nein, sie ist geritten auf einem einzigen PS ohne Sattel, und der Zosse mit der Heldin auf dem Rücken musste, ob er wollte oder nicht, durch feindselig besetztes Gebiet galoppieren. Von dieser Reise, von den Strapazen, den Fluchten und Hoffnungen, erzählt das Fensterbild im Uhrturm der Forteresse de Chinon. Sie tat, was sie ihrer Meinung nach tun musste, um Frankreich zu befreien; selbst ein Pfeil und ein Sturz vom Pferd konnte sie nicht davon abhalten.

Es reicht nicht, all diese Ziele mit dem Finger auf der Landkarte anzusteuern; wir werden uns umtun, sie mit der Quatrelle zu erobern. Nicht ohne Friedrich Schillers „Die Jungfrau von Orléans" im Reisegepäck, versteht sich. Ist quasi Pflichtlektüre.

„Ich kann nicht bleiben – Geister jagen mich,
Wie Donner schallen mir der Orgel Töne,
Des Doms Gewölbe stürzen auf mich ein,
Des freien Himmels Weite muß ich suchen!"

Ja, Schiller, werter Meister des geschliffenen Wortes, wir sind ja längst schon unterwegs …

Ein Tempel der kleinen Freuden. Die leise Poesie der Landstraße. Wir trinken noch was.

Es gibt da diese Bar-Tabac, eine wie viele. Hier heißt sie gerade „Chez Laurette", und es steht zu vermuten, dass Laurette die Madame ist, der der Laden gehört. Oder er gehörte schon ihrer Großmutter, das ist natürlich auch möglich, weil diese sehr französische Gasthausmischung aus Toto/Lotto, Pferderennwetten, Zigarettenverkauf, Zeitungen, Zeitschriften, Chipstüten, Lollis für Kinder und einer entspannten Tresenkultur zwischen achtel und halbem Liter im Laufe vieler Jahre zu einer Instanz im ganzen Land geworden ist. Diese Form des Gasthauses ist ein Schmelztiegel aller Gesellschaftsschichten; gesegnet sei die Bar-Tabac. Überall gibt es welche in Frankreich. Schöne, schicke, angeranzte, hübsch-hässliche, verrauchte, verwitterte, verwunschene, saubere und welche mit klebrigen Tischen; es sind so unendlich menschliche Kneipen mit rissigen, lächelnden Fassaden, auf deren Terrassen die Katzen des Dorfes einen Napf mit Wasser stehen haben und wo die Sonnenschirme vom brennenden Gestirn in jedem nächsten Sommer ein bisschen mehr an Farbe verlieren. Es ist nicht unmöglich, dass die Menschen in der Bar-Tabac mehr ertragreiche Gedanken zur Lage der Nation zusammenspinnen, und sei es in weinbeseelten Momenten, als es die Oberen im Élysée-Palast jemals zu tun in der Lage sind, und seien sie dabei noch so nüchtern. Die Bar-Tabac ist wichtiger als Eiffelturm, Louvre und Triumphbogen zusammen, weil sie kein statisches und vor allem touristisch eingeplantes Zwischenziel ist, das man aus Reiseführern, Büchern und Fernsehen ohnehin zur Genüge kennt, sondern ein sehr lebendiger Teil der Seele dieses Landes. Nirgendwo ist sie deutlicher zu spüren.

Klassisch unterwegs: Fahren nach Landkarte

In manchen Gegenden mit teilverwaisten Dörfern, in denen der Durchreisende zu fortgeschrittener

Nachmittagsstunde nach einem über und über mit Erlebnissen gespickten Tagesritt kaum noch Hoffnung verspürt, irgendwo ein prickelndes Glas Bier, einen Pétillant oder Café noir serviert zu bekommen, weil er vermutet, dass der Welten Ende womöglich schon nach der nächsten Kurve folgt – die grauen Fassaden mit den müde blickenden Fensterlaibungen lassen jedenfalls darauf schließen –, eröffnet sich ihm das rettende Lebenszeichen, wie aus dem Nichts auftauchend, in Form einer schmalen, roten Raute an einem Häusereck. Darauf steht in weißen, untereinander angeordneten Lettern „Tabac". Fünf Buchstaben für ein Halleluja! Diese Raute, schmaler als die von Renault, aber bestimmt nicht weniger verheißungsvoll, ist wie ein Licht am Ende des Tunnels. Ein zweites Schild, zumeist in Grün gehalten, auf dem „Bar" steht und bisweilen noch mit „Presse" ergänzt, komplettiert die Kathedrale der Glücksritter. Angekommen. Mitten auf der Durchreise. Haben wir eben gerade erspäht und sofort angehalten.

„Madame, deux kir cassis, s'il vous plaît."
Zwei Muntermacher für Durst und Seele. Hier puckert der Puls der Franzosen, da muss man Platz nehmen und einen heben, wenigstens einen, einer geht, auch für den Fahrer. Eine Quatrelle, dort drüben auf der anderen Straßenseite im Halbschatten geparkt, fährt nicht von allein, und vorbei sind nun einmal die „Der Gendarm von Saint-Tropez"-Zeiten, in denen die Straßen noch leer waren, kein SUV-Kühlergrill grimmig den Blick durch die Heckscheibe komplett ausfüllte und man sich fahrtauglich fühlte, solange man den Hebel für den Choke ohne fremde Hilfe gefunden hatte. Ja, so war das. Na, jedenfalls sieht sie hübsch aus, „La Quatrelle" dort drüben auf der anderen Straßenseite, in ihrer Robe aus sandfarbe-

80 Kilometer pro Stunde – es lebe das Tempolimit

Dass in Frankreich die Nutzung von Autobahnen Geld kostet – geschenkt! In einem Renault 4 machen sie ohnehin wenig Freude. Wenn's irgendwie möglich ist, sollte man auch Nationalstraßen meiden, auf denen viele Lkw die Autobahnen umfahren. Die Routes départementales – die D-Straßen – sind die beste Wahl. Wie es heißt, sind sie vor allem „für den interkommunalen Durchgangsverkehr" gebaut worden. Guadeloupe, Martinique, Französisch-Guayana, Réunion und Mayotte mal nicht mitgerechnet, besteht Frankreich aus 96 Départements. Ein Netz aus über 375.000 Kilometer D-Straßen verbindet sie. Außerorts ist das Tempo auf achtzig Kilometer pro Stunde beschränkt! Für 34-PS-Flitzer wie den Renault 4 wie geschaffen. Vive la Tempolimit!

nem Lackfrack und schmalem, braunem Zierstreifen. Fast schon ein bisschen edel. Das gilt gemeinhin nicht, im Grunde nie fürs Mobiliar einer Bar-Tabac. Draußen stehen Stühle aus Kunststoff an Tischen aus Kunststoff mit Aschenbechern aus Kunststoff. Alles ist Kunststoff hier, könnte man vermuten, aber zumindest das Rohrgestänge der Sinalco-Sonnenschirme ist aus Stahl. Aus dünnem, mit Rost an den Schrauben und Scharnieren, man kann nicht alles haben. Es ist trotzdem ein schöner Platz. Stockrosen quengeln sich aus der Fuge zwischen Hausmauer und Trottoir, die Geranien in den Kästen auf den Fensterbänken blühen in etwa so rosé, wie der Kir seine Robe zur Schau stellt, und von drinnen quellen muntere Gespräche in die Nachmittagsruhe der Ortschaft Sauvigny-le-Bois. Die liegt noch gerade so in der Region Bourgogne-Franche-Comté, nicht mehr besonders weit entfernt vom Loire-Gebiet, schon ziemlich mitten drin in Frankreich. Vor allem aber liegt sie an der Rue de la Liberté, an der Straße zur Freiheit. Welch ein Pathos. Wunschlos glücklich ist gerade untertrieben.

Da wären wir also bei „Chez Laurette". Madame bringt noch zwei Café noir und füllt das Kump für Schnuffi mit frischem Schlabberwasser auf. Die Terrasse ihrer Gaststätte liegt kaum vier Lutscherlängen vom Bordstein entfernt. Wer nicht aufpasst und seine nach mehreren Stunden Fahrt steif gewordenen Gliedmaßen ordentlich recken will, dem fährt der nächste Traktor über die Füße. Das ist keine unrealistische Quantentheorie. In Gizeux zum Beispiel, einem Dorf samt Schloss im Département Indre-et-Loire, ist die Terrasse einer Bar nicht mehr als der vorhandene Bürgersteig. Keine zwei Meter breit. Während der Schwerlastverkehr sich langsam seinen Weg durch die engen Kurven der Ortsdurchfahrt bahnt, donnern Landwirte mit Karacho und schwerem Gerät so vehement vorbei, dass der Pétillant auf dem Tisch das letzte Bläschen gen Himmel zischen lässt, noch bevor der erste Schluck die Kehle benetzt hat. Da muss man wirklich aufpassen. Ausstrecken geht nicht. Die Füße würden über die Gosse hinaus auf der Straße baumeln. Dass sich viele Franzosen daran nicht stören, nicht am Lärm, nicht am Feinstaub, ist bemerkenswert. Aber wir sind hier jetzt gerade nicht in Gizeux, vielleicht wird uns der Weg dorthin führen, vielleicht aber auch nicht, wir sind jetzt erst einmal hier, bei „Chez Laurette" in Sauvigny-le-Bois, wo der Sicherheitsabstand zur Rue de la Liberté, der D957, geradezu überwältigend groß ist. Etwa achtzig Zentimeter.

Jean-Marc hatte seine Zweifel. „Ihr wollt wirklich mit der Quatrelle zu uns in die Bretagne kommen? Glaube ich erst, wenn Ihr da seid! Wenn Ihr das macht, kaufe ich einen Champagner, dann lassen wir die Korken knallen."
„Abgemacht. Fang an zu sparen, Jean-Marc."

Sein Blick im vergangenen Jahr war eine Mischung aus Hoffnung, Heiterkeit und Entsetzen. Ein Quäntchen mehr als tausend Kubikzentimeter mit 34 PS sind nicht gerade zeitgemäß, selbst für einen, der in den Sechzigerjahren in genau einem solchen Fahrzeug seine Führerscheinprüfung bestanden hatte, damals, als die Rolling Stones „Get off of my cloud" und „Paint it black" spielten. Dass man damit heute noch losfährt, ist für Jean-Marc, dem niemals schlecht gelaunten Bretonen aus Larmor-Plage bei Lorient, eine besondere Sache. Für andere ist es vor allem ein Sicherheitsrisiko. Ein Auto ohne Airbag – wie kann man nur damit losfahren? Wie wäre es mit Kupplung kommen lassen, schalten und Gas geben?

Das funktioniert vorzüglich, natürlich nur, wenn man bereit ist, die nicht vorhandene Servolenkung und die berüchtigte Revolverschaltung als zwischensportliche Muskelaufbauübung in den automobilen Alltag zu integrieren. Wer genug Renault 4 fährt, muss jedenfalls nicht in die Muckibude. Den Rhombus, das Signet der Marke, forsch in den Wind gestellt, die Außenspiegel vibrieren und innen Rock 'n' Roll. Für Laternenparker ist das ein Ritt auf der Rasierklinge; mit einem Renault 4 auf Reisen zu gehen, also nicht mal eben um die Ecke zum Supermarkt zu fahren, sondern richtig Strecke zu machen, mehrere Tausend Kilometer in einigen bemerkenswerten Wochen, verlangt einen ausgeprägten Sinn fürs Wesentliche und die Bereitschaft, Verzicht zu üben. En passant sprechen wir hier nicht von Klimaanlage, Schallisolierung, Regensensor, LED-Scheinwerfern, Einparkhilfe, um Himmels willen! Diese TL Savane, die vis-à-vis „Chez Laurette" nach über eintausend Kilometern einen mehr als gelassenen Eindruck macht, gerade so, als wäre sie endlich richtig auf Touren gekommen, ist die schönste Verzichtserklärung auf Luxus und Pomp, ohne aber an Grandezza einzubüßen. Ach, wie sie sich anschickt, die Kilometer in sich aufzusaugen, gierig nach jedem Meter Asphalt mit ihren schmalen Reifen zu greifen und nach Jahren des Stillstands in einer gottlob trockenen Scheune endlich wieder Leben in den Kolben zu spüren. Unter der Haube eine Art Nähmaschine mit der Kraft von 34 Zossen. Immerhin: mehr als die Ente, die lahme.

In solchen Stunden und Momenten, wo das graue Band wie ein roter Teppich sich darbietet, ausgerollt, um „La Quatrelle" zu huldigen, neben dem Citroën 2CV die zweite französische Sonnenkönigin der Straße, fügt sich die Zeit in eine andere Dimension. Sie geht nicht verloren, weil das Auto langsam fährt, sondern sie vervielfacht sich, denn die Seele hat einen Platz zum Mitreisen gebucht. Unser Innerstes hält der Geschwindigkeit stand; die Eindrücke der Landschaften, der Städte und Dörfer und Flüsschen und Himmel sickern flüsternd durch unser Gemüt und nehmen Platz im Süden unseres Herzens. Die Poesie dieses sanften Abenteuers ist durch nichts und niemanden aus dem Gleichgewicht zu bringen. Sollen sie überholen, die großen, schönen, schicken Autos, die mächtigen Boliden, die nach zwei Jahren alle nur noch die Hälfte wert sind und von keinem ihrer Fahrer unterwegs repariert werden können. Hier liegen die Dinge anders: Ein Schraubenschlüsselsatz, ein paar Lampen und Sicherungen, dazu die Strumpfhose, falls der Keilriemen schlappmacht. Aber hurra, es sieht nicht danach aus. Der R4, dieser kleine Bursche mit dem sanftmütigen Blick seiner runden Scheinwerfer, macht seine Sache prima: Frankreich breitet sich willig vor ihm aus. Hier ist sein Revier, hier auf den Routes départementales, den D-Straßen, die wie ein Netz durch das Land gesponnen worden sind. Von Alleen gesäumt, von Feldern, auf denen Traktoren Pflüge ziehen und Kartoffeln roden, von Ackerrandstreifen und Brachland gesegnet, auf denen Wildblumen wachsen dürfen, und von einem guten Geist versehen, der bis vor die geöffnete Pforte einer Bar-Tabac führt, ein Gasthaus wie „Chez Laurette", wo die Rue de la Liberté noch ein bisschen warten muss. „Madame, encore deux kir cassis, s'il vous plaît."

Wenn man schon mal hier ist …

Wir gehen ins Kloster. Wir steigen hoch. Ein Vogel spielt sich auf.

Es muss ein karges Leben gewesen sein, das die Zisterzienser im 12. Jahrhundert in der Abbaye de Fontenay führten, aber sie führten es im Einklang mit Gott und der Natur in Zufriedenheit und Gelassenheit. Wahrscheinlich waren sie ausgeglichener als wir modernen Menschen von heute, denn sie hatten gefunden, während wir unentwegt auf der Suche sind. Mit dem Unterschied, dass sie wussten, dennoch Suchende zu sein und wir, obwohl wir Suchende sind, fest daran glauben, gefunden zu haben. – Bevor es nun aber allzu philosophisch wird, ein paar Eckdaten: Im Jahr 1118 war die Abtei vom Heiligen Bernhard in einem sumpfigen Bachtal nahe Montbard gegründet worden. Sie ist einerseits eines der ältesten Zisterzienser-Klöster in ganz Europa und gilt andererseits vor allem als ein „zisterziensisches Prunkstück". Die romanische Architektur der Gebäude offenbart eine erstaunliche Harmonie; die Kirche ist sehr gut erhalten, ebenso der Kreuzgang, Kapitelhaus und Skriptorium.

Himmlisches Lichtspiel in der Abbaye de Fontenay

Vor einigen Tagen, am Tisch im Saal der „Ferme de la Fosse Dionne", hatte Bernard Clément nicht zu viel versprochen, als er den Besuch der Abbaye de Fontenay als herausragende Pracht burgundischer Geschichte mit jener Attitüde darbrachte, mit der man sonst eine Flasche Chablis öffnet. Das Gebäudeensemble ist schon in den Achtzigerjahren ins UNESCO-Weltkulturerbe aufgenommen worden, und die Gärten erhielten 2004 die Auszeichnung „Jardin Remarquable". Regisseur Jean-Paul Rappeneau drehte hier aus gutem Grund Szenen für seinen Film „Cyrano de Bergerac" – wo sonst könnten die Kulissen passender sein? Und in den Sommermonaten finden Theatervorstellungen und Konzerte statt. Das Kloster Fontenay, übrigens in Privatbesitz und nicht unter staatlicher Aufsicht, ist ein Hort der Kultur. Über die D905 führt der Weg an manchem anderen historischen Haus vorbei, an Land und Leuten und Kanal. Und als wir die Abtei verlassen, werfen wir einen letzten Blick auf die in der Sonne wie frisches Leben strahlenden Mauern und starten durch. Der Raps, die Wiesen und Wälder, die Flüsse und Kanäle, all das Schöne, das sich in verwitterten Fassaden und verwinkelten Örtchen darbietet, bereitet uns unbändige Freude. Die Kühlmittelkontrollleuchte flackert mal wieder kurz auf und ist wahrscheinlich eine Zustimmung des Renaults, dass es endlich weitergeht nach stundenlanger Standzeit. Er will fahren! Wir tun ihm diesen Gefallen. Wir kreuzen den Armançon mehr als nur einmal über unwiderstehlich entzückende Brücken, auf denen sich zwei Autos lieber nicht gleichzeitig begegnen sollten, und wenn eine D-Straße wie die D4 auch noch ein kleines „j“ als Zusatzbezeichnung erhält, wird das Cruisen darauf zur Bewährungsprobe für Mensch und Maschine. Eigentlich müssten am Straßenrand schon händereibend diverse Automechaniker stehen – leichter kann man keine Kunden abgreifen. Wenn gleich ein Wendehammer kommt, sollten wir uns nicht wundern.

Kommt aber nicht. Tatsächlich bessert sich der Untergrund und ist wieder als asphaltierter Weg zu erkennen, die Stoßdämpfer atmen erleichtert auf. Stattdessen fahren wir durch eines der unzähligen Dörfer, bei denen man als Durchreisender schnell die Meinung gewinnen könnte, dass die Landflucht hier kein Thema ist, obwohl das sicher nicht stimmt. In Frankreich legt man aber noch großen Wert auf das Produkt, und dazu gehören die Fachbetriebe, die es in diesen Dörfern augenscheinlich weiterhin gibt. Ein Bäcker, ein Metzger, dazu die fast schon obligatorische Bar-Tabac. Vielleicht reicht das zum glücklichen Leben, das Wichtigste wäre damit jedenfalls abgedeckt. Nun also Châtel-Censoir. Groß ist das Dorf mit seinen kaum mehr als sechshundert Einwohnern nicht, und es scheint auf den ersten Blick wenig zu bieten, für das es sich länger zu halten lohnt. Aber beinahe hätten wir das kleine Schild neben einem hell geschotterten Parkplatz übersehen: ein Pfeil, eine Treppe, eine stilisierte Kirchenabbildung. Klarer Fall für die beiden Tourismusbeauftragten im Renault 4: Wir parken ein und marschieren los. Eine steile Treppe führt über 105 Stufen bis auf den Hügel. Die Kirche ist bemerkenswert. Sie steht wie ein mächtiger Wächter über das Dorf hier oben, ihre Pforten sind geöffnet, kein Mensch ist weit und breit zu sehen. Weil es mittlerweile recht heiß geworden ist (105 Stufen!), freuen wir uns über die Kühle im Kirchenschiff. Es ist jedes Mal wieder erstaunlich, dass selbst bei einsam liegenden Gotteshäusern ja irgendjemand in aller Frühe, noch begleitet vom restlichen Morgendunst und dem Gesang der Vögel, mit klingendem Schlüsselbund seines Weges zu dieser Glaubensfeste geht, ihre Pforte öffnet und am Abend den selben Weg noch einmal antritt, um alle Türen wieder zuzusperren. Dieser hoffnungsvolle Geist muss somit davon ausgehen, dass es in seinem überschaubaren Dorf, knapp vierzig Kilometer von Auxerre entfernt und abseits bekannter Touristenrouten, dennoch Menschen gibt, die sich den steilen Hügel hinaufbegeben, um dann in der Kirche einige friedliche Minuten zu verbringen. Zu gerne würden wir wissen, wer zum Einbruch der Dämmerung mit großen Schlüsseln in der Hand heraneilen wird, aber die Ruhe zu warten haben wir dann doch nicht. Zudem geht es nun die steile Treppe wieder hinunter, von wo aus der Blick über die weite Flusslandschaft der Yonne und den Canal du Nivernais reicht. Sogar einen kleinen Hafen hat Châtel-Censoir! Das sollte genug sportliche Betätigung an diesem Tag sein. Jetzt wäre ein Croissant genau das richtige. Gibt's hier irgendwo irgendwas zu essen? An der Bäckerei sind wir vorhin vorbeigefahren, jetzt sind wir aber am anderen Ende des Dorfes und zu faul, den Weg noch einmal retour zu fahren. Also hinauf auf die D, hinaus in die Landschaft, der Tag ist ja relativ frisch, zwar schon nach Mittag, aber noch vor Kaffeezeit. Château de Faulin zur Linken, Lucy-sur-Yonne durchkreuzt. Während die Zahlenkombinationen von 21 über 951 und 144 bis hin zu 1 wechseln, bleibt der Buchstabe davor unverändert derselbe: D wie Dahintreiben. D wie Daseinsfreude. Und plötzlich: D – wie Donzy!

Marc Mercier, Chef im „Le Grand Monarque"

„Sind Sie das, Monsieur?" – Es ist zugegebenermaßen eine bescheuerte Frage, denn natürlich ist er es, aber man lässt ja nichts unversucht, um die eigene Neugierde zu stillen. Das Foto an der Wand zeigt ganz deutlich Marc Mercier, den Maître d'hôtel und Besitzer des „Le Grand Monarque", mit einem sehr bekannten Franzosen: Seite an Seite mit Michel Platini zu stehen, ist nicht alltäglich, „aber auch viele Jahre her", sagt der freundliche Monsieur mit dem breiten Lächeln. Er habe eine Zeit lang für den Europäischen Fußballverband (UEFA) als Koch gearbeitet, bis er sich seinen Traum von Unabhängigkeit erfüllen konnte. Jetzt ist er sein eigener Chef im Hotel zu Füßen der Église Notre-Dame-du-Pré in der schnuckeligen Ortschaft Donzy, die

Ton in Ton: Savane und Notre-Dame-du-Pré in Donzy

am Nachmittag am Wegesrand liegt auf der Reise durch die Bourgogne-Franche-Comté, wie es Ortschaften wie diese gemeinhin zu tun pflegen: nicht aufdringlich, aber mit überwältigendem Charme zwischen Verfall und edler Patina. Etwa 1600 Einwohner zählt die Gemeinde am Fluss Nohain. Michel Platini gehört nicht dazu.

Marc Mercier steht neben einem riesigen, alten gusseisernen Herd, über dem schwere Pfannen und Töpfe aus Kupfer herabhängen. „An diesem Herd habe ich mein Handwerk gelernt." Heute gehört er zu denen, die es verstehen, gehobene Küche kunst- und lustvoll auch auf Teller derer zu zaubern, die sich für das Essen nicht gleich hoch verschulden wollen. Im „Logis de France"-Hotelführer, quasi einer Bibel für Frankreich-Reisende, die keinen Wohnwagen hinter sich herschleppen – für einen R4 ohnehin kaum möglich (aber machbar!) – und von Wurfzelten, Isomatten und Ameisen in der Unterhose wenig halten, wird Merciers Herberge mit drei Kaminen („cheminée") und zwei Töpfen („cocotte") bewertet, was schon ziemlich gut ist. Angesichts dessen, was an diesem Abend auf die Teller kommen wird und – so viel sei im Voraus verraten – morgen nach dem Aufstehen als Frühstück auf und an eben jener gusseisernen Traditionskochstelle bereitsteht, die nur noch als Zierde dient, dürfte der dritte „cocotte" in greifbarer Nähe sein.

„Le Grand Monarque" ist eines dieser vielen Logis-Hotels, denen man von außen nicht ansieht, was drinsteckt. Noch die Vergangenheit der alten Postkutschenstation spürbar in der Fassade verankert, offenbart das Haus innen eine Mischung aus Modernität und gelassenem Charme der Vergangenheit. Wer nach opulentem Mahl und ein paar Gläsern Wein, von denen eines zu viel war, zum Zimmer in die obere Etage gelangen will, ist froh, sich am Seil im Treppenturm hinaufzuhangeln, das anstatt eines Handlaufs gespannt ist und für eine geradezu ritterliche Atmosphäre sorgt. Merciers Ehefrau Anne-Marie ist stolz auf das alles hier. „Und dass dort draußen auf unserem Hof eine Quatrelle parkt, hat es auch lange nicht mehr gegeben. Sehr lange", sagt sie, zieht die Augenbrauen zustimmend nach oben und versucht, sich den letzten Gast mit einem Renault 4 hervorzurufen. Vergeblich. Muss sehr lange her sein. Umso schöner, dass da jetzt einer steht, der sich farblich den Fassaden angleicht. Das Fahrzeug passe perfekt ins Bild der geschichtsträchtigen Gasthausmauern und der Kirche im Hintergrund. Ein altes Haus, ein altes Gotteshaus, ein altes Auto.

Aber ein junger Wein. Auf der Terrasse, wo die Mieze des Hotels mausmäßig gerade Trübsal bläst, serviert Anne-Marie einen Cotteaux du Giennois der

Der heimliche König von Donzy ...

Domaine de Villargeau aus der Umgegend. Der Keller des Hotels offenbart noch eine Menge mehr wohlschmeckender Rebsäfte aus anderen Regionen, aber mit denen aus dem Umkreis sollte man bekanntlich beginnen. Und dieser hier ist wirklich gut. So schmeckt also Donzy! Ein paar Meter vom Hotel entfernt befindet sich ein Teich, der vom Flüsschen Nohain gespeist wird. Inmitten des Gewässers ist eine kleine Insel; von dort betrachtet ein Schwan das Nahrungsangebot, das höchstwahrscheinlich des Öfteren in Form von raschelnden Tüten mit Inhalt daherkommt. So schmeckt ihm, dem Schwan, Donzy. Und schon rauscht er auch heran und präsentiert sein flauschiges Federkleid im Stile einer Haute-Couture-Modenschau, der Angeber. Für die Könige Frankreichs waren diese stolzen Vögel übrigens Delikatessen; die direkten Vorfahren dieses Exemplars hatten viel Glück gehabt, weil Schwan heute nicht mehr in Töpfe und auf Teller kommt. Auch nicht im „Le Grand Monarque“.

Ein Mühlrad dreht sich, es poltert, es plätschert und rauscht, und wer genau zuhört, wird das ewige Lied aus Verfall und Hoffnung erkennen, das in so vielen Ortschaften gespielt wird, hier vom Wasser, dort vom Wind. Donzy ist nicht arm, nicht reich, ist im Grunde so etwas wie das Paradebeispiel einer D-Straßen-Ortschaft. Bildhübsche Häuser auf der einen Seite, verlassene Betriebe und Gebäude, deren Mauerrisse mit jedem Tag größer werden, auf der anderen. Die jungen Menschen driften Richtung Paris, Auxerre, Orléans, die alten bleiben hier. Das ist das Schicksal, das sich Donzy hundertfach mit anderen Ortschaften in Frankreich teilt. Aber die D1, die haben nur wenige, die Mutter aller D-Straßen, sie führt direkt durch diese Gemeinde. Nicht dass man stolz darauf sein müsste hier in Donzy, da gibt es andere Vorzüge, aber Frankreichs Straßennetz ist mit über einer Million Kilometern, von denen rund ein Drittel auf Département-Straßen entfällt, schon ziemlich groß, und die D1 klingt doch sehr verheißungsvoll nach Anfang und Aufbruch.

Am nächsten Morgen: Der Tank ist voll, die Taschen gepackt, die Mieze schleicht ums Auto, noch immer ohne Maus. Was haben wir eingetragen ins Fahrtenbuch? Mal schauen, da steht: „Bad und WC super, mit Riesendusche samt Massagestrahl, rosafarbene Bodenfliesen; Chambre sehr komfortabel, sehr gutes Bett, breit, mit fester Matratze; Frühstück sogar mit frisch geschnittener Ananas und himmlischer Feigenmarmelade aus eigener Produktion, stimmungsvoll drapiert am gusseisernen Herd im Vorraum des Restaurants." Wir sagen den Merciers Dank, fahren vom Hof am nach wie vor selbstverliebten Schwan vorbei auf die D1 und brechen auf zu neuen Ufern, was sprichwörtlich zu nehmen ist, denn die Loire ist nicht mehr weit entfernt.

Ein Auto parkt ein. Wir sitzen auf bunten Stühlen. Der Käse ohne Namen.

Nichts als Stille im Dörfchen Mézilles. Das liegt daran, dass gerade Mittagspause ist. Allerdings wohnen hier auch nur um die sechshundert Menschen, die Mézillois genannt werden, was wie eine berühmte französische Zigarettenmarke klingt. Die Kirche hat schon bessere Tage erlebt. Saint-Mariens Decken schimmeln in relativem Dunkel vor sich hin, es duftet nach Kellerfeuchte. Vorne am Eingang ist ein Gerüst aufgebaut worden, eine blaue Plane verhängt einen Teil der Fassade. Die Sanierungsarbeiten für dieses „Monument historique", einem als schützenswert eingestuften Denkmal aus dem 16. Jahrhundert, werden den Mézillois gefallen. Von der Terrasse der Bar Le Bacchus ließe sich die Bautätigkeit recht entspannt betrachten. Ist bloß gerade keiner da, weder auf der Baustelle noch in der niedlichen Tränke. Sie hat geschlossen. So ein Elend. Jedes Mal, wenn die Sekundensehnsucht nach einem belebenden Glas Sauvignon zwischen midi und après-midi am größten ist, steht man enttäuscht vor einer Türe, die nicht aufgeht. Man lugt durch das Fenster, man drückt die Klinke mehr als nur einmal, man rüttelt daran, als wenn es etwas bringen würde, und wenn man nicht aufpasst, klebt die Zunge an der Pforte fest, weil sie zu weit heraushängt. Der Groschen fällt langsam, und je langsamer er niedergeht, bisweilen in Zeitlupe, desto größer ist die Enttäuschung darüber, dass wirklich, aber auch wirklich keiner da ist, der jetzt öffnen wird. Das wäre doch eine so hübsche Gelegenheit, auf der Terrasse dieser freudestrahlenden Bar zu sitzen und verliebte Blicke auf die Quatrelle zu werfen, die auf der Place de l'Église durchschnaufen darf. Kein anderes Auto steht jetzt dort, sie hat den ganzen Hof für sich alleine. Einen Vormittag lang ist sie schon durch die Franche-Comté gescheucht worden und hat sich im Schatten des Turms von Saint-Marien die Auszeit verdient. Wenigstens ist die Kirche geöffnet. Mit Messwein ist darin nicht zu rechnen, mit Sauvignon schon mal gar nicht, aber ein kultureller Kleinstspaziergang unter göttlicher Aufsicht lässt die irdischen Gelüste vielleicht ja vergessen machen. Ob es nun das komplett aus Holz bestehende Dachgewölbe des Kirchenschiffes oder die zahlreichen Wandmalereien sind – Saint-Marien offenbart ihren ganz eigenen Charakter, wie es so viele andere Kirchen und Kapellen auch tun, die in Frankreich oft den ganzen Tag lang geöffnet haben, damit Reisende und Rastende in sie eintauchen können, um ihre Geschichte zu ergründen oder aktuelle Ausstellungen zu betrachten, die dort gezeigt werden, weil es bessere Räume für Ausstellungen eigentlich nicht geben kann. Nie wird das langweilig, die himmlischen Häuser haben zu jeder Zeit etwas zu erzählen, und je stiller es darin ist, desto mehr wird derjenige erfahren, der die Kunst des Schweigens genauso gut beherrscht wie die alten, kalten Mauern. Hier ist es das Fresko des Martyriums des Heiligen Blasius, das aus der Stille des Steins schreit. Hinter Saint-Marien gibt es einen alten Waschplatz, der ausnahmsweise nicht den Eindruck macht, dass er von der Dorfgemeinschaft mit Akribie sauber gehalten wird. Er ist am Ufer des Branlin, der sich zwischen Bach und Fluss nicht entscheiden will. Aber er fließt, fließt leise durch Mézilles, der Ortschaft, die ein Schläfchen hält. Fast wäre jetzt der Durst nach dem Sauvignon vergessen gewesen, fast hätte sich das Sirren des schmalbrüstigen Renaults, zur Abfahrt bereit, über die Ruhe der Ortschaft ergossen, wenn nicht in diesem Moment ein anderes Auto geräuschvoll auf der Place de l'Église vorgefahren wäre. Ein zweites folgt. Und in der Bar wird das Licht angeschaltet. Bacchus, der Göttliche, ein Trinker vor dem Herrn, hat doch noch ein Einsehen. Oder er ist einfach nur geschäftstüchtig, weil er weiß, was in der kommenden Viertelstunde passieren wird …

Wir sitzen draußen auf grünen Stühlen an einem roten, runden Tisch aus Stahl. Endlich mal keine Stapelsessel aus wabbeligem Kunststoff, die Namen wie „Altea“ oder „Scilla“ tragen und für fünf Euro pro Stück zehntausendfach in Discountern verkauft werden, weil selbst Baumärkte, die etwas auf sich halten, das Zeug nicht mehr unters Volk bringen wollen. Wer sie erfunden hat und clever genug war, ein Patent darauf anzumelden, sitzt vermutlich längst auf besserem Mobiliar. Indes kaufen Franzosen wie verrückt den Stapelsessel, meistens in Weiß, manchmal in gewagtem Jägergrün oder Hundekotbraun, was ihn auch nicht schöner aussehen lässt. Stapelsessel stehen überall. Sie verunstalten Balkone, sie verschandeln Terrassen vor Bars und Restaurants, in Gärten, und es ist höchst verwunderlich, dass selbst Schlossbesitzer nicht davor zurückschrecken, die Kunststoffungeheuer in Dutzenden auf hellem, edlem Kies um sonnenermattete Plastiktische zu gruppieren. Es sieht billig aus, weil es billig ist. Es gibt Häuser, windschiefe, charaktervolle Häuser aus vergangenen Jahrhunderten, mit unterteilten Fenstern, noch einfach verglast, die von hellblauen, gelben oder weißen Läden gesäumt sind und auf denen schmale Schornsteine aus rotem Klinker thronen, in deren Vorgärten Stapelsessel stehen, die wie Furunkel wirken. Man würde gerne anhalten und sie herausoperieren, um den Charme wieder herzustellen, aber weil hier in Frankreich überall diese Alteas und Scillas auftauchen, fährt man lieber weiter und versucht, darüber hinwegzusehen – was schwierig ist. Wir freuen uns, dass wir auf der Terrasse einer Bar wie Le Bacchus endlich mal nicht in einen Plastikstapelsessel gezwungen werden. Der Wein ist bestellt, die Wirtin – Geneviève Piticco mit Namen – bringt ihn mit einem Lächeln in zwei schmalen Römergläsern heraus und fragt uns, ob wir einen Käse dazu haben möchten. Natürlich, ein Käse, hervorragende Idee. Sie geht glücklich hinein und kehrt nach kaum einer Minute genauso entzückt zurück. Es ist 14:02 Uhr. „Voilà, fromage chèvre fumé“, sagt sie. Den champagnerkorkengroßen Laib hat sie geviertelt.

14:03 Uhr. Das nächste Auto parkt auf der Place de l'Église ein, es ist das vierte. Zwei Damen steigen aus, hübsch hergerichtet, schätzungsweise zwischen sechzig und siebzig Jahren alt. Sie stöckeln auf Bacchus' Bar zu, um der mézilloischen Lebensart zu frönen. Unser Blick schweift über den Platz, der umgeben ist von zerrütteter Schönheit, von alten, wundervollen Fassaden, aus denen der Putz bröckelt, und anderen, die saniert worden sind. Die Kirchturmspitze spiegelt sich im Wein. Der Käse schmeckt ausgezeichnet. Geneviève kehrt zurück, um zu fragen, ob alles in Ordnung sei.
„Ja, unbedingt. Sagen Sie mal, das ist ja ein vorzüglicher Käse. Wie heißt er denn?“
Die Wirtin sagt: „Chèvre fumé.“
„Nein, nein, wir möchten gerne wissen, wie er heißt. Wie sein Name ist!“
Sie wiederholt: „Chèvre fumé.“
Unterdessen parkt das fünfte Auto vor ihrer „piticcoresken“ Bar ein, gleich neben dem R4. Es ist 14:05 Uhr. Eine Dame schält sich stöhnend aus einem lausigen Blechkasten mit Beulen rundherum, zieht eine Handtasche nach, die halb so groß ist wie sie, aber als sie es endlich geschafft hat, ruft sie ein freundliches „bonjour“ herüber, trappelt auf die Bar zu und gleitet hinein wie eine Forelle ins Netz.
„Wo waren wir stehen geblieben? Ach ja, der Käse, nein, der hat keinen speziellen …“, sagt Geneviève, wird wieder unterbrochen. Während sie versucht, den Satz zu Ende zu bringen, kommt das sechste und siebente Auto. Die Place de l'Église füllt sich. „Ah, bonjour … bisou, bisou …“ Geneviève wird von Doppelküsschen bombardiert. „Es tut mir leid, es ist einfach nur ein ‚chèvre fumé‘, weil es ein fromage chèvre fumé ist“, sagt sie. Ein geräucherter Schafskäse.
„Demnach hat er keinen Namen, unter dem man ihn im Markt finden und kaufen könnte?“, fragen wir zur Sicherheit noch einmal nach. Wir hatten nicht erwartet, dass er Horst, Heinz oder Dieter heißt, aber womöglich Chèvre fumé Mézillois oder so ähnlich.
„… hm … non.“

14:07 Uhr. Achtes Auto. Ein Lieferwagen. Zwei Typen in Blaumännern rumpeln aus dem Inneren, der eine bohrt in der Nase, der andere kramt am Gemächt herum. Er rückt da etwas zurecht und zieht die viel zu weite Hose dann hoch bis über die Hüften, bevor er die TL Savane näher betrachtet. Er blickt hinein, geht einmal herum ums Auto und sagt irgendetwas Nettes zu seinem Kollegen.

Dann gehen sie in die Bar.
14:08 Uhr. Neuntes Auto. Eine ältere Dame. Will auch nicht in die Kirche, will in die Bar und einen heben. Geneviève ist schon wieder hinter dem Tresen verschwunden, drinnen, wo sie jetzt alle sitzen.
14:10 Uhr. Das Spiegelbild des Kirchturms von Saint-Marien im Glas wird kleiner. Das liegt daran, dass nicht mehr so viel drin ist. Kirchenfenster waren vorher schon kaum zu sehen, als es noch voll war, denn ein leichter Sauvignon bildet so gut wie keine aus. Drei, vier Minuten vergehen, bis der Turm in beiden Gläsern verschwunden ist. Wir würden ja gerne noch eine zweite Runde ordern, aber die Zeit drängt mindestens so spürbar wie die Promillegrenze, und irgendwann brauchen wir heute noch ein Hotel. Wir möchten zahlen und gehen.

„Madame, der Käse ist wirklich außerordentlich. Würden Sie uns noch zwei Laibe verkaufen? Wir brauchen noch Proviant!"
„Selbstverständlich. Suchen Sie sich zwei aus." Geneviève öffnet eine Schachtel, in der sich ein gutes Dutzend dieser Schafskäse befindet, von denen keiner einen Namen trägt. Sie führt die Schachtel unter ihre Nase und inhaliert den Duft auf

Wunder-Bar: Pause mit Käse und Wein auf der Terrasse des „Le Bacchus" in Mézilles

eine Weise, wie Norddeutsche eine Lösung aus Wasser, Kamillentee, Kochsalz und Eukalyptusöl unter einem Handtuch versteckt und den Kopf über einem heißen Topf haltend in sich aufsaugen, wenn sie Schnupfen haben. Dann zeigt sie auf den einen Käse, zweite Reihe, ganz links und den daneben, seinen Kumpel. „Das sind die beiden besten. Aber versuchen Sie selbst." Sie hält uns die Schachtel unter die Nasen. Wir schnüffeln ein bisschen herum und kommen nicht ganz überraschend zu demselben Ergebnis. Die Wirtin rollt den Käse, den es anderswo nicht zu kaufen gibt, weil ein Bauer aus der Region um Mézilles das Produkt nur in kleinen Einheiten fabriziert, in Papier und verlangt fünf Euro.
„Sie haben den Wein vergessen. Den haben wir noch nicht bezahlt", weisen wir sie auf die Rechnung hin.
„Der ist darin schon enthalten. Ich mache einfach eine runde Summe, wenn Sie nichts dagegen haben."

Zwei Gläser Wein und drei Käse für fünf Euro – nein, dagegen kann man nichts haben, und wenn es möglich wäre, hier ein Zimmer zu mieten, würden wir es auf der Stelle tun, bis zum Schlafengehen Wein trinken und Käse essen auf der Terrasse der Bar Le Bacchus. Auf der Place de l'Église stehen mittlerweile sechzehn Autos und erwecken den Eindruck, dass das Dorf am Branlin nicht so verschlafen ist, wie es vorhin noch gewirkt hatte, als wir auf der D52 hineinrollten. Mit zwei geräucherten Käselaiben im Gepäck rollen wir nun wieder raus und sind uns sicher zu wissen, dass sie die Reise weder überleben noch zu Hause ankommen werden. Wir ahnen zu diesem Zeitpunkt noch nicht, dass dieses leckere Produkt ein Wiedersehen plant.

Wir haben einen guten Freund, der sich um den Garten und die Post kümmert, während wir mit Käse und Karacho über französische D-Pisten knetern. Er ist vielleicht der einzige Mensch auf der Welt, der unser Ansinnen, nach der Freiheit zu greifen, indem wir uns in ein langsames, altes Auto setzen, wirklich verstehen kann. Ricki heißt er, Ricki mit „i", darauf legt er Wert, keiner nennt ihn Richard, und er ist sieben Jahre hintereinander immer sechs Wochen lang durch Frankreich gefahren, dann, wenn das Theater, auf dessen Bühne er als Schauspieler in der Schweiz im Scheinwerferlicht stand, Ferien machte. Für diese Reisen setzte er sich stets in seinen Citroën 2CV. Warum Ricki, auch Regisseur, Autor und überhaupt ein Mann voller Leidenschaft fürs Kochen und die Künste, seine Enten-Jahre nicht als humoreskes Stück zu Papier und auf die Bühne gebracht hatte, bleibt sein Geheimnis. Da gab es zum Beispiel diesen Nachmittag, als er auf einem Parkplatz schwungvoll galant zwischen Ferrari und Bentley einparkte. Schwups, hinein in die schmale Lücke. Ausgerechnet in Collonges-au-Mont-d'Or bei Bocuse, dem Dreisterner unter den Dreisterne-Köchen, wo vermutlich jeder Käse einen Namen hat. „Allez, allez, allez, va-t'en“, habe ihn der Parkplatz-Sheriff, kurz vorm Herzinfarkt stehend, aufgefordert zu verschwinden. Es dauerte seine Zeit, bis geklärt war, dass Ricki, quasi schon als Feinschmecker im „Weißen Rössl“ am Wolfgangsee zur Welt gekommen, tatsächlich einen Tisch bestellt hatte und sehr wohl zwischen all den Luxuslinern parken durfte. Aber wer kommt auch schon mit einer „Döschewo“ zu Bocuse!? Es muss ein traumhaftes Bild gewesen sein, man hätte es in Stein meißeln müssen. Das war Anfang der Siebzigerjahre. „Ich weiß nicht, ob es Liebe auf den ersten Blick war, der Preis, oder weil ein Freund und Kollege einen Döschi fuhr. Immerhin haben wir, die Ente und ich, in Treue vereint, so etwas wie Silberne Hochzeit gefeiert“, erinnert er sich gerne an diese Zeit zurück.

Ein Vierteljahrhundert kein anderes Auto zu fahren, nur einen Citroën 2CV, zeugt von wahrer Liebe und Geduld. Es war natürlich nicht eine einzige Ente, so lange hielten die nie. Auf den 2 CV4 in schönstem Weinrot folgte eine Ente in elegantem Beige und hieß dann 2 CV6, weil sie mit wahnsinnig starken 28 PS voranflitzte, fast 110 Kilometer pro Stunde erreichte, und das sogar in der De-luxe-Ausstattung: mit Aschenbecher. Grundsätzlich war's aber eine simple Kutsche. Die Ente war 1938 als Prototyp in Wellblech-Design und einäugig, als „toute petite voiture“ – also etwa „ganz kleines Auto“ – speziell für Landwirte auf den Markt gekommen. Zwei Bauern in Stiefeln sollten Platz finden, ein Sack Kartoffeln oder ein Fass Wein, und die Federung sollte garantieren, dass ein Korb Eier auf der Rückbank holprigste Feldwege unbeschadet überstand. Beim R4, dem Konkurrenzmodell aus dem Hause Renault, wurden Jahre später exakt dieselben Argumente aus dem Hut gezaubert. Wer Ente fuhr, sagt Ricki, der legte sich unumkippbar auf die Seite und trotzte allen noch so engen Kurven. „Sie hat jeden Elch-Test bestanden.“ Realistisch betrachtet konnte sie nur der Rost aus der Bahn werfen. Ein Stück Auspuffrohr, mal vorne, mal hinten, musste jährlich ausgetauscht werden. Aber sie war praktisch, preiswert, perfekt für Studenten, Rentner und das ideale Urlaubsauto, mit dem man am Meer unbeschadet auch in die Dünen fahren konnte, als das noch erlaubt war. Mit Sportwagen ging das nicht, die blieben im Sand stecken.

Eines Tages fuhr Ricki mit seiner Ente an einem späten Nachmittag vom Allgäu Richtung Tegernsee. Schmale Straße, es ging hoch, oben Kehre, um steil nach unten zu führen, 90-Grad-Kurve, wieder hoch mit Kehre am Scheitelpunkt. Hinter ihm ein Porsche 911 Carrera. Über Stunden. „Am Abend im Hotel Post in Tegernsee im Speisesaal kommt ein Herr an meinen Tisch und fragt, ob ich der Entenfahrer

Die Ente – auch eine Ikone

sei. Aber ja doch, sage ich ihm", erinnert sich Ricki heute. – „Was haben Sie da für einen Motor drin? Ich konnte Sie mit meinem Porsche nicht überholen!"

Es wurde trotzdem ein netter Abend, und mit Verabredung durfte der Porschefahrer am nächsten Tag auf der Autobahn Richtung München mit der doppelten Geschwindigkeit und Winkewinke überholen. Endlich war auch für ihn die Welt wieder in Ordnung, aber eben erst ab dem Zeitpunkt des Überholvorgangs, einer Sache, die Enten- und R4-Fahrer nicht interessiert, heute, da sie in der absoluten Minderheit sind und von den Millionen Wägelchen nur noch eine kleine Anzahl erhalten ist, interessiert es sie umso weniger. Das Prötteln und Rattern der Motoren ist Musik in den Ohren der Insassen, und wer auch immer zum Vorbeifahren ansetzt, man lässt es ihn tun in der Gewissheit, diese Hatz nicht nötig zu haben. Das ist kein Trotz, das ist kein Neid, das ist einfach ein großartiges Lebensgefühl. Und hier schließt sich der Kreis vom Allgäu nach Frankreich, von Ricki zu uns, von Ente zu Quatrelle. Denn vermutlich gab es nur wenige Enten, die so oft vor romanischen Kirchen abgestellt wurden. Ob Cluny, diese Ikone der Romanik, Autun, Vézelay oder im Süden Moissac und Pic du Canigou: Wo immer in „toute

France“ Ricki sein Schnauferl vor Kirchen und Kathedralen parkte, wurde erst besichtigt und dann Espresso und Perrier getrunken, bevor das nächste Ziel über Frankreichs D-Straßen angesteuert wurde. Genauso sind auch wir unterwegs, die zugegebenermaßen ein weniger geschultes Auge für die Romanik haben, die aber ebenso magisch von Kirchen und Abteien, Burgen und kleinsten Ortschaften angelockt werden. Mancher Kirchturm ist schon kilometerweit im Voraus zu sehen, dann halten wir Kurs, halten darauf zu, und wenn wir angekommen sind, parken wir die TL Savane in seinem Schatten. Wie in Mézilles, wo Bacchus, der Weingott, eine Bar gleich neben der Filiale seines Chefs hat und Käse keinen Namen trägt.

PS: Das mit der Geschwindigkeit ist natürlich so eine Sache. Das Aus für Rickis Ente kam nämlich viele Jahre später, als seine Frau Beate im Sturm geschüttelt und dann noch von zwei Traktoren auf einer Bundesstraße überholt wurde. Danach wollte sie endlich „ein richtiges Auto“. Ricki gibt ihr da heute noch recht. „Die Ente war kein Auto, es war ein Zustand: Lebensgefühl und Liebe“, sagt er, der zu Hause wohl gerade die Blumen gießt und an uns denkt, wie wir an ihn, als wir die nächste „D“ auf uns nehmen. Wir fahren keine Ente, wir haben uns für den Renault 4 entschieden, der ein paar PS mehr unter der Haube hat und ein bisschen schneller rennt, der auch etwas moderner ist und womöglich sicherer und doch wie aus der Zeit gefallen zu sein scheint. Wir wissen das und genießen es. Aber bislang hat auch noch kein Traktor zum Überholen angesetzt.

Neben der Spur … eine Bibel aus Stein.

Émile Mâle hat mâl gesagt, dass sich in der Kathedrale von Chartres, der größten gotischen Kirche Europas, „der Geist des Mittelalters offenbart", obwohl – oder vielleicht gerade weil – dieses mächtige Bauwerk im Jahr 1194 in weiten Teilen niederbrannte. Die untere Partie der westlichen Flanke ist noch rein romanischen Ursprungs, während das gewaltige Mittelschiff, bewundernswerte 37 Meter hoch, gotischer nicht sein könnte! Blicken wir auf den höheren der beiden Haupttürme, der mit 112 Metern irgendwie fast bis zu Sonne, Mond und Sternen zu reichen scheint, entdecken wir Elemente des spätgotischen Flamboyant-Stils. Émile Mâle, womöglich nicht jedem geläufig und dennoch einer der berühmten französischen Kunsthistoriker, palaverte demzufolge keinesfalls in weinseliger Brasseriestimmung unter Freunden daher, sondern wusste sehr genau, wovon er sprach: Dieses Gotteshaus ist ein Schatz, bestehend aus vielen Schätzen, aber es ist nicht allein die Summe ihrer Teile, sondern es ist die gesamte Komposition und die Geschichte, die uns ehrfürchtig vor Notre-Dame de Chartres verneigen lässt.

Beinahe allerdings hätte es hier in Chartres nichts zu bewundern gegeben, denn ein Stadtbrand ließ auch die fünfte Kathedrale komplett zerstört zurück. Daraus entwickelte sich eine heroische Gemeinschaftsarbeit. Bauern und Edelleute bauten ihr ehemals stolzes Gotteshaus in nur 25 Jahren wieder auf, ach was, sie ließen es auferstehen, das trifft es wohl besser. Schulter an Schulter, Hand in Hand, Arm und Reich gemeinsam. In nur einem Vierteljahrhundert, ohne Schwerlastkran und Muldenkipper, nicht einfach so, sondern mit vielen Mühen und Rückschlägen. Eine wahnsinnige Leistung, kaum vorstellbar, in etwa so, als wenn ein Renault 4 mit Tempo 280 auf der Autobahn den Porsche Carrera auf die rechte Spur drängelt. Wobei … im Film „Nichts zu verzollen" rasen zwei Flics in einer Polizei-Quatrelle mit Breitreifen, aufgeblasenen Kotflügeln und Heckspoiler tiefergelegt hinter einem Ferrari her und stellen ihn auf der Autobahn mit einer 180-Grad-Wende. Es ist eben nichts unmöglich.

Die Wahrheit hinter dieser geradezu unmenschlichen Leistung damals ist vielschichtiger und hat wie so oft mit dem Geld zu tun. Die Kathedrale von Chartres beherbergte eine kostbare Marienreliquie, die einen kontinuierlichen Pilgerstrom generierte. Die Pilger mussten essen, schlafen, und sie kauften sicherlich auch christliche Devotionalien. Tränen von der Jungfrau Maria wurden tropfenweise in Glasphiolen verkauft, und ein Knochensplitter von Jesus konnten sich sicherlich nur die Reichsten unter den Pilgern leisten, aber das Geschäftsmodell funktionierte. Nachdem klar war, dass diese Reliquie von Mönchen vor dem Feuer gerettet wurde, strengte sich die Bevölkerung an, die nun sechste Kathedrale in Form eines riesigen Kreuzes zu erstellen. Nach rund 25 Jahren war das Gewölbe fertig, es dauerte jedoch insgesamt 66 Jahre, bis die Kirche eingeweiht wurde.

Jedenfalls: Allein dieses Kapitel aus der ersten Hälfte des 13. Jahrhunderts ist Grund genug, nach Chartres zu fahren, das etwa neunzig Kilometer westlich von Paris im Département Eure-et-Loir auf einer Ebene von riesigen Feldern umgeben ist. Es wird behauptet, dass man die Türme auf einigen D-Straßen, die netzartig die Stadt umspannen, durch romantisch im Sommerwind wogende Getreidefelder schon aus vielen Kilometern Entfernung gut erkennen kann. Der stimmungsvolle Weizen ist hier und da allerdings dem ziemlich unromantischen Maisanbau gewichen, und nur wenn wir uns richtig anstrengen, erkennen wir auf der D921 stadtwärts fahrend tatsächlich die Türme in der Ferne, neben Hochspannungsmasten, die das erhabene Bild versauen. In Chartres angekommen, entfalten die Türme dann aber schon ihre Wirkung. Sie erheben sich über diese, ihre, Stadt in etwa so beschützend wie ein Pastor seine Arme zum abschließenden Segen über seine Schäfchen im Gottesdienst ausbreitet, tatsächlich wirkt das so, aber man wird auch den Eindruck nicht los, dass die majestätische Anmut dieses Hauses ein paar Nummern zu groß geraten scheint im Vergleich zu den eher bescheidenen Ausmaßen seiner Umgebung.

40.000 Einwohner sind kein Gegner; die Stadt ist ein Städtchen, aber eben eines, in dessen Zentrum etwas so Bedeutsames steht, von dem allgemein behauptet wird, es handele sich um eine „in Stein gehauene Bibel" – was genau genommen nur richtig ist, wenn wir den Begriff Stein als Synonym für das gesamte Gebäude ansehen, denn was hier neben den kunstvoll verzierten Portalen zu allen Himmelsrichtungen vor allem so ausdrucksvoll aus den Testamenten spricht, sind die Buntglasfenster, die in eben jener Phase der Restaurierung nach dem Großbrand von Gilden aus der Region gespendet worden waren. Und Halleluja, sie haben alle wilden, feindseligen Zeiten überstanden, sogar die Französische Revolution, und wurden im Ersten und Zweiten Weltkrieg herausgenommen und an einem granatensicheren Ort untergebracht. Nicht dass jedes Fenster in perfektem Zustand wäre, hier und dort müssen sie neu verbleit werden, aber alles in allem kann man kaum glauben, was man da sieht: schönstes Handwerk, so fragil, und doch über achthundert Jahre alt.

Inmitten dieser epochalen Kathedrale zu stehen und zwischen Säulen unter Leuchtern und Gewölberippen zu entdecken, was man vorher nicht zu entdecken gewagt hätte, das ist eine erstaunliche Erfahrung. Von der Wurzel Jesse über die Passion und Auferstehung, von Johannes dem Täufer bis zum Marienwunder, vom Leben der Jungfrau (und zwar ausnahmsweise nicht der Jungfrau von Orléans) bis Jesus als Weltenrichter und Wein-aus-Wasser-Macher – die vielen bunten Gläser, die zusammen über 2600 Quadratmeter Fläche ergeben, was in etwa der Größe einer Spielhälfte eines Fußballplatzes entspricht, rauben einem die Sinne, weil sie so fein gearbeitet wurden, dass hier mit dem bloßen Auge mitunter zu wenig zu erkennen ist. Was den Schluss zulässt, dass man die Kathedrale von Chartres nur mit Feldstecher betreten sollte. Und vielleicht auch mit Taschenlampe. Denn unten, im Dunkel des Gewölbes, wo die größte Krypta Frankreichs vorzufinden ist, die aus etlichen Kapellen besteht und von zwei parallel zueinander stehenden Emporen umfangen ist, wird mancher Schritt nur von diffusem Licht begleitet. Wieder oben angekommen, im mächtigen Längsschiff und noch etwas aus der Puste, verlieren wir uns im Labyrinth, das in den Boden eingelassen wurde. Es hat einen Durchmesser von über zwölf Metern, aber die Wegstrecke, die viele Pilger von einst auf den Knien rutschend darauf zurücklegten, ist 262 Meter lang.

Und nun denken wir an Karl, den Kahlen, einstmaliger Frankenkönig, der aus welchen Gründen auch immer im Jahre 876 den Marienschleier als Reliquie den Chartrains, den Einwohnern, stiftete. Weshalb sie ihre in Trümmern und Asche liegende Kirche eben auch so schnell wie möglich wieder aufbauen wollten, denn man war ja wer in Europa, im Grunde war Chartres nichts weniger als das Zentrum der Marienverehrung eines ganzen Kontinents! Weil die Tunika unversehrt geblieben war, weil sie nicht ein einziges Brandlöchlein abbekam, stellte sie vor allem eines dar: ein Wunder! Dass der Glauben daran groß war, gerade zu jener Zeit, darüber sollte kein Zweifel bestehen, aber auch die wirtschaftliche Bedeutung war sicher nicht gering gewesen: „Seht her, ihr Gläubigen, und kommet zu uns. Uns ist ein Wunder geschehen.“ Und so pilgerten die Menschen auch schon während des Wiederaufbaus der Cathédrale Notre-Dame de Chartres in die Stadt an der Eure, aßen und tranken und blieben, brachten Leben und Devisen. Die Pilger sind weniger geworden, die Touristen mehr – Chartres hat sich seine Sonderstellung hart erarbeitet. Die Reliquie wird sicher aufbewahrt in einem Schrein aus dem 19. Jahrhundert.

Eine phänomenale Pracht! Chartres strahlt mit seiner Kathedrale weit ins Land hinaus. Dass ausgerechnet Speyer die deutsche Partnerstadt ist, dürfte kein Zufall sein. Speyer ist noch kleiner als sein französisches Pendant, aber der dortige Dom, über eintausend Jahre alt, gilt als größte erhaltene romanische Kirche Europas, und seine Krypta ist die Ruhestätte vieler deutscher Kaiser und Könige. Der Ostturm über siebzig Meter hoch, die Höhe des Mittelschiffs liegt bei 33 Metern – wenn wir das nächste Mal in der Nähe von Speyer sind, werden wir uns den Kaiserdom ansehen. Jetzt aber waren wir lange genug im Netz der D-Straßen rund um Chartres gefangen, wir befreien uns aus dem Asphaltgeflecht, treten das Gaspedal kräftig durch, winken einem Ferrari zu, lassen den Renault sich genussvoll in jede Kurve legen, die da vor ihm liegt, und schaukeln voll an Chartres vorbei.

Aber die Kathedrale ist die Wucht. Irgendwann müssen wir da echt mal hin.

Wir ergreifen die Flucht. Der Fels ist bewohnt. Unter der Zeder wird gefeiert.

Am Arsch die Räuber! Sechs Euro Parkgebühr und eine Gaststättenmeile nehmen Chambord, dem Lustschloss Franz I., Stolz und Würde. Apropos Würde: Würde es nicht besser sein, schnell wieder zu verschwinden, um diesem Desaster zu enteilen? So machen wir das. Die Gebühr ist trotzdem fällig. Nach rund zehn Minuten Schlange stehen vor dem Automaten, der das Ticket entwertet, hebt sich eilfertig die Schranke, und wir sind endlich raus aus dem Schlamassel. Château de Chambord, Schloss aller Schlösser, das prächtigste für La Grande Nation, von Parkplatz, Pizza und Plemplem entzaubert. Teufel noch eins, Balzac kann seine Protagonisten in „Die Frau von dreißig Jahren" unmöglich aus dieser Richtung kommend in das Tal der Loire einkutschieren lassen haben. „Und wenn ein Dichter dies in sich aufgenommen hat, so werden ihm seine Träume auf eine märchenhafte Weise immer wieder diese romantischen Eindrücke hervorzaubern." Andererseits: Es war eine stillere Zeit, die das Wort Tourismus nicht kannte. Die Pracht des Schlosses, der ihm umgebende Wald, der Parc de Chambord, Rehe, Rebhühner, Ruhe, alles war eine Einheit. Und noch viel, viel später, Millionen von Renault 4 waren schon von den Produktionsbändern gelaufen, war Château de Chambord von ebensolcher Grandezza. In den Siebzigerjahren, den Achtzigern, als es hier noch keine Schranken und teuren Gebühren gab. Wohl bis zu jenem nicht mehr zu definierendem Tage, da das Marketing für eine geschichtsträchtige Stätte wie diese durchschlägt wie zu viele Trockenpflaumen im Gedärm, und das Interesse hochblubbert wie kochendes Wasser im unbeaufsichtigten Topf. Ist die Kapazität erschöpft, bricht sich das Chaos Bahn. Und wir erinnern uns, jetzt auf der D33 recht glücklich gleitend, diesem Firlefanz lebend entkommen zu sein, mit einigem Grausen an Château de Chenonceau zurück. Hunderte von Menschen hatten sich durch die Galerie drängen wollen, die über den Fluss Cher führt. Auf den Treppenstufen gab es Stau, Menschenstau, und nicht nur japanische Kamerakolonnen fotografierten wie von Sinnen, wohl wissend, dass es nicht erlaubt war, aber mit einer Selbstverständlichkeit, die sprachlos macht. Wir dachten, wir schieben, und wurden geschoben. Das alles trug sich zu an einem Sonnabend in den Sommerferien vor einigen Jahren. Gut – selbst schuld. Darauf waren wir dann auch gekommen. Aber hier und heute, wo ein Schwall Menschen und Autos und Stimmen über das Gelände von Chambord sich wie Säure ergießt, ist Dienstag, und es sind keine großen Ferien. Wie mag es hier in den Sommermonaten zugehen? Der R4 schaut bedröppelt aus dem Kühlergrill. Wir drücken aufs Gaspedal, auf dass aus dem schmalen Schlote unter dem Heckstoßfänger die Flamme des Entsetzens für alle anderen sichtbar werde.

Dabei hatte der Tag gut begonnen. Cosne-Cours-sur-Loire war wie ein Spinnennetz, in dem wir uns gefangen wähnten, aber der Renault brachte uns tollkühn aus dem Wirrwarr der kleinen Stadt, rollte mit Chuzpe über die Brücken, die hier Mutter Loire kreuzen. Sancerre nicht weit entfernt; ein Verkehrsschild deutet in Cosne-Cours darauf hin, und man weiß dann genau, wie schön der gelbgrüne, edle Trockene im Glase schimmert und die fruchtige Note aus Litschi, Ananas und Mango an die Nase hinaufschickt, so wie er es gestern Abend im Restaurant des Herrn Mercier in Donzy getan hatte. Demi-bouteille. Halbe Flasche. Was zum Genießen, nichts zum Saufen. Bacchus allein weiß, warum nur die Franzosen die halbe Flasche salonfähig machten. Kein anderes Land hat das geschafft, nur hier, wo der Rebsaft hochgeschätzt wird, nach wie vor, wenngleich nicht mit derselben starken Einstellung wie früher. Hoch lebe die halbe Portion. In Frankreich ist sie Teil der Tischkultur, denn wo zu jedem von drei Gängen – das die Mindestanzahl für den Kenner französischer Tafelfreuden – ein anderer Tropfen dem Gaumen schmeicheln und zum Essen passen soll, ist die „demi" das Beste, was einem passieren kann. Abgesehen vom Essen natürlich. Und von den Menschen, mit denen man sich umgibt. Und von der Location. Und von dem Auto, mit dem man vorgefahren ist … Gut, es gibt dann wohl doch einige Faktoren mehr, die mindestens genauso wichtig sind, wichtiger als die halbe Flasche, die uns jetzt, wo der Parkplatz von Chambord im Rückspiegel auf Fliegenschissgröße geschrumpelt ist, ganz bekömmlich die Zeit versüßen könnte, selbst mit trocken ausgebautem Inhalt. Aber der Rummelplatz von Chambord ist auch ohne flüssigen Seelentröster schnell vergessen. Daran haben Möter ihren Anteil, Menschen und Köter.

Château de Beauregard ist zwanzig Kilometer von Chambord entfernt. Nur ein Amselflug weit für die Savane. Und nein, wir würden nicht auf den Gedanken kommen, allen, die da noch im Stau vor der unüberwindbaren Schranke Chambords stehen, Beauregard ans Herz zu legen. Bleibt, wo Ihr seid, Ihr Unwissenden, und ruiniert nicht schon wieder das nächste Schloss. Deshalb an alle, die das jetzt hier lesen: Fahren Sie an Beauregard vorbei, es lohnt sich nicht, es ist völlig uninteressant, ein unbedeutender Schnipsel Frankreichs. Geben Sie erstens Chenonceau ins Navigationsgerät ein und zweitens Gas auf ein paar D-Straßen. Ist nicht weit. Die Galerie ist zu empfehlen.

Wir aber, wir sind also links abgebogen von der D33, knattern Richtung Beauregard, das vom Forêt de Russy umgeben ist. Neun Autos stehen auf dem Parkplatz, der nichts kostet. Wir werden von zahlreichen Gartenzimmern empfangen, die sich jeweils einer bestimmten Blütenfarbe annehmen. Die Porträts von Königinnen

Galerie berühmter Hunde im Château de Beauregard

und Königen aus zahlreichen Epochen säumen die Wege durch ein Waldstück. Château de Beauregard mit seinem weitläufigen Park ließ Franz I. bauen. Was ließ er eigentlich nicht bauen? Wenn er heute von Wolke sieben auf die Anlagen hinunterblickt oder sein Geist um deren Mauern und Parks weht, für die er verantwortlich ist, wird er sicher mehr Gefallen an Beauregard finden als an vielen anderen. Das hängt mit Hunden zusammen. Denn im schönen Schloss, in dem nichts los ist, keiner schiebt und keiner drängelt, ist die Galerie der Berühmtheiten mit 327 Porträts, 5600 Delfterfliesen – und Konterfeis berühmter Hunde zu sehen! Der Teller schleckende Köter aus dem „La Salamandre" von heute Vormittag, der die Reste verputzte, die die Gäste zurückließen, ist nicht dabei. Das war in Thoury, kurz bevor wir Chambord erreichten. Ein Schäferhund. Hier ist er nicht. Aber Mitterrands vierbeiniger Freund. Eine Labrador-Dame namens Baltique. Und Uma umsabberte die Beine von Isabelle Adjani. Es gibt schlimmere Schicksale. Beauregard hat sich mit den Hundeporträts ein Alleinstellungsmerkmal geschaffen, das aus den zahlreichen Schlössern links und rechts der Loire mit einer witzigen Idee hervorleuchtet. Darauf ein Doppelwuff.

Wir dringen weiter hinein in den Garten Frankreichs, der Renault mit uns und wir mit ihm, dorthin, „wo das junge Gras in smaragdener Färbung sprießt, und auf der weiten, vom frischen Morgenwind leicht gekräuselten Wasserfläche, die dieser majestätische Fluss entfaltet, (...) sich die Sonne in unzähligen Facetten bricht". Wieder Balzac, dessen Worte die Touraine nicht schöner umschreiben könnten. Er wird seine Heimat geliebt haben, er ist in Tours geboren, Tours, die alte Hauptstadt, die jetzt nicht mehr weit entfernt ist und deren Leuchten sich in den seichten Wassern, von denen Frankreichs berühmter Novellenreiter ein so faszinierendes Bild zeichnen konnte, spiegelt. Durch das zarte Laubwerk der Inseln gesehen, scheine Tours, im Hintergrund des Bildes, sich wie Venedig aus dem Schoß des Wassers zu erheben, schreibt Balzac; die Szenerie bereite der Seele ein Schauspiel, das sie für immer in ihr Gedächtnis einprägt. So ist es. Venedig kann einpacken. Dort machen ohnehin zu viele Kreuzfahrtschiffe fest, die die Optik der ganzen Lagune erdrücken, so wie es die vielen Menschen an bestimmten Schlössern tun. Es ist ja keiner alleine schuld daran, es ist eben wie es ist, wenn es irgendwo besonders schön ist. Glücklicherweise kann jeder diesem Strom des Unheils entgehen. Wir haben das getan. Und bis Tours kommt kein Riesendampfer die Loire hinaufgeschippert, das ist bei ihrem Pegel unmöglich. Dass hier dennoch eine ganze Menge los ist, dürfte an der Einwohnerzahl liegen: 150.000 haben hier ihr Zuhause. Tours ist eine aufregende Stadt mit Hochschulen, Museen und großer Bibliothek. Die Wallfahrtskirche Saint-Martin ragt aus dem Viertel hervor. Inmitten des Trubels wacht die Statue der Jungfrau von Orléans über die Menschen, und die botanischen Gärten offenbaren eine Fülle blühender Schätze. Tours ist das Zentrum des Gartens Frank-

Löcher im Fels: typische „Wohnkultur" früherer Zeiten an der Loire

reichs, wie die Touraine genannt wird. Hinter der Stadt Richtung Westen führt die D952, die hier quasi parallel zum Fluss verläuft, direkt durch Saint-Étienne-de-Chigny, dem längsten Dorf Frankreichs …

Zumindest fühlt es sich wie das längste Dorf Frankreichs an. Der Renault 4 steht auf dem grünen Terrain der Île de Buda und wird mit jedem Schritt, den wir am Quai de la Loire entlanggehen, kleiner, bis er ganz am Horizont verschwindet. Früher haben die Menschen hier Löcher in die Felsen gestoßen, um darin zu wohnen, haben den weichen Stein ausgehöhlt und ein Zuhause gehabt. Heute sind diese „Troglodyten", wie sie und die Einwohner dieser Felswohnungen genannt werden, Teil einer modernen Bebauung und außerdem natürlich ein perfekter Ort für Ausstellungen. Schöllkraut blüht an den Wegen, Blauregen rekelt sich an Fassaden entlang. Gärten und Innenhöfe tragen noch ein jungfräuliches Maikleid und sind in Erwartung eines heißen Sommers. Sogar Bananen stehen schon prächtig aufrecht, geschützt hinter Trockenmauern. Über die Kunstwerke, die an den fast zwei Dutzend Orten ausgestellt werden, lässt sich nicht streiten. Was dem einen gefällt, erschaudert einen anderen. Aber die Wirkung, die die Bilder, Keramiken, Plastiken in diesem Umfeld erzielen, ist fantastisch! Kilometer um Kilometer führt der Fußmarsch von einem Atelier zum nächsten, am Quai de la Loire entlang, über Place de l'Église und Allée de d'Andigny bis zum Rand der Route de la Chappe. Anstatt des gewohnt blauen Wölkchens aus dem Auspuff des heißen Reiters der Landstraße, der an diesem warmen Frühlingstag eine wohlverdiente Pause auf dem Werder an der Loire einlegt, steigt diesmal Dampf aus den Schuhen auf. „L'Art en Troglo" nennen die Organisatoren ihre schöne Veranstaltung. Kunst im Fels. Sie ist mit Musik gespickt, man kommt mit Künstlern ins Gespräch, angelegentlich wird ein Gläschen flüssiges Gold aus der Region und eine Kleinigkeit zum Knuspern angeboten. Außerdem ist da noch die Auberge de Bresme, eine Bar im Herzen der Ortschaft, die nur aus einer Handvoll Straßen besteht. Saint-Étienne-de-Chigny ist kein seelenloser Durchfahrtsort, es ist ein lang gestrecktes Dorf an der Loire, das zwischen Tours und Langeais durchaus seine Reize hat. Die Krux: Nur wer sein Fahrzeug abstellt, aussteigt und losmarschiert, wird diese charmanten Entdeckungen auch machen. Worauf wiederum die wenigsten kommen, wenn nicht gerade „L'art en Troglo" stattfindet. Ist 'n Teufelskreis.

Zurück am R4. An irgendetwas hat sich der Gute verschluckt. Jedenfalls springt er nicht so an wie er sollte, und der Motor poltert mehr, als dass er sirrt. Das Benzin mit 95 Oktan war gestern nur zweite Wahl, aber aus dem Hahn der 98er-Zapfstelle tröpfelte nichts; sie war außer Betrieb. Weil die Tankanzeige dem Nullstrich schon verdächtig nahe gekommen war, musste der Alternativkraftstoff in den Schlund rauschen. 31,7 Liter standen schließlich auf dem Display der Säule. Das Fassungsvermögen eines R4 liegt bekanntlich bei 34 Litern. Wir werden das Gefühl nicht los, gestern das Schicksal arg herausgefordert zu haben. Schweißperlen standen uns auf der Stirn. Ein Dörfchen nach dem anderen, doch keines mit Tankstelle. Als dann endlich die rettende Säule an einem Ortseingang auftauchte, war vermutlich der letzte Liter bereits aus dem Tank in die Schläuche geschickt worden. Dass der 98er-Sprit nicht vorhanden war – egal, 95er tut's ja auch. In der Not ... Diesel wäre schlimmer. Aber beim Starten fühlt sich der Junge jetzt nicht wohl. Mit einem Schuss Vergaser-Reiniger sollte die Sache gleich erledigt sein. Dafür ist das Zeug extra an Bord, hinten im Karton auf dem Radkasten links. Es entfernt Ablagerungen im Vergaser, an Ventilen, Zündkerzen sowie im Brennraum. Im übertragenen Sinne hat es ungefähr dieselbe Wirkung wie ein Glas zwölf Jahre alter Calvados nach üppigem Mahl. Rein damit, zumal es – so steht's auf der Pulle geschrieben – die Leistungsfähigkeit des Motors optimiert. Das macht Calvados allerdings nicht, zumindest nicht bei jedem.

Cinq-Mars und die Sterne

Charles Barrier (1916 bis 2009) wurde in Cinq-Mars-la-Pile geboren und brachte es in seinem Berufsleben bis zum angesehenen Sterne-Koch. Die heutige Restaurantsituation seines Geburtsortes steht in krassem Gegensatz: nichts erinnert hier an gehobene Küche, aber Barrier machte seine Ausbildung ja auch in Langeais und eröffnete sein hochdotiertes Restaurant später im nahen Tours. Auf ihre sehr eigene Art ist die Ortschaft Cinq-Mars-la-Pile dennoch schmackhaft und charmant. Der dreißig Meter hohe römische Turm („La Pile"), von dem Experten vermuten, er könnte ein Orientierungsturm für die Loire-Schifffahrt gewesen sein, besteht aus 104.000 Ziegelsteinen. Er kann leider nur aus der Ferne betrachtet werden. Die Burgruine, bewirtschaftet von Monsieur Louis-Paul Untersteller und seiner Lebensgefährtin Gildas Malivel, ist indes für Besichtigungen zu bestimmten Zeiten geöffnet. Der Rundkurs über Brücke, Burggraben und durch den Park ist ergreifend. Hier gibt's keinen aufgesetzten Schloss-Chic, sondern ehrliche Geschichte in einer Atmosphäre aus Spannung und Entspannung. Wer weiß: Womöglich gehört einer der zahllosen Sterne, die bei mondklarer Nacht vom Plateau des einen der beiden noch stehenden Türme über dem Loiretal zu erkennen sind, ja Charles Barrier.

Es dauert einige Kilometer, dann läuft er wieder rund. Es ist auch nicht mehr weit bis zum heutigen Etappenziel. Es ist die Burgruine von Cinq-Mars-la-Pile. Rechts ab von der D, sausen wir Richtung Zentrum der Ortschaft, und dort noch einmal rechts ab in Richtung Pernay. Die letzte irre Steigung des Tages, der Vergaser-Reiniger macht einen guten Job, und dann fahren wir auf den Hof, stehen vor der Burg, diesem Platz voller Wunder. Als Baum möchte man hier wurzeln, als Blume hier erblühen. Wir waten in Freude schon auf den ersten Metern, und die Gezeiten, die diese Festung bestimmen, sind Tag und Nacht und Sonne und Mond. Und Louis-Paul Untersteller, dem sie gehört.

Künstler und kreativer Burgherr von Cinq-Mars-la-Pile: Monsieur Louis-Paul Untersteller

„Bonjour, Ihr beiden, da seid Ihr ja", begrüßt uns der Burgbesitzer mit kräftigem Händedruck und freundlichem Lachen. „Bonjour, Louis-Paul. Ja, es war eine schöne Fahrt. Eben gerade haben wir uns noch dic Ausstellung in Saint-Étienne-de-Chigny angeschaut. L'art en troglo. Unheimlich schön dort, das hätten wir nicht erwartet. Man kennt das Dorf ja nur vom Durchfahren." Weil der Burgherr mit dem gewinnenden, herzlichen Lachen jederzeit eine hübsche Geschichte auf Lager hat, dauert es nicht lange, bis er den Bogen von

den „troglodytes“ zum Zaunkönig gespannt hat. „Habt Ihr welche gesehen?“
„Nein … nicht so direkt. Weshalb sollten wir?“
Wir sind ein wenig verunsichert, aber Louis-Paul klärt uns auf. Der Zaunkönig trage denselben lateinischen Namen wie die Löcher in den Felsen. Er heiße Troglodytes troglodytes, weshalb dieser kleine Vogel womöglich einen Erstanspruch auf diese Behausungen hätte. Kaum dass wir darauf eine passable Antwort finden, lotst uns der kleine, drahtige Mann zum Sitzplatz unter der großen Libanon-Zeder, die vis-à-vis zum Haupthaus steht, das von ihm und seiner Frau Gildas bewohnt wird. Auf dem Tisch mit den vom Hausherrn selbst gestalteten Kacheln liegen fortwährend trockene Nadeln dieses riesigen Baums, es gibt vermutlich nicht einen Tag im Jahr, an dem dort keine Nadel zu finden ist, weil es womöglich auch keinen einzigen Tag gibt, an dem nicht wenigstens eine Nadel zu Boden fällt. Sollte es jemals einen Tag geben, an dem auf diesem Tisch und den Stühlen keine Zedernnadeln liegen, müsste man sich Sorgen machen. So aber: alles wie gewohnt. Gildas stellt Oliven und Gebäck auf den Tisch, Louis-Paul gießt einen Wein in die Gläser, und es dauert nicht lange, bis der erste Zederngruß im Vouvray schwimmt. Schmeckt trotzdem. Und so geht dieser Tag in einer entspannten Atmosphäre zu Ende, die das Grauen von Chambord vergessen macht.
„Wo wollt Ihr denn morgen zuerst hin?“, fragt Gildas.
„Wenn wir könnten, würden wir Ahmed besuchen in seinem wunderschönen Garten. Aber wir können ja leider nicht, weil La Chatonnière nicht mehr geöffnet ist.“
Wie wahr, es ist eine Schande. Für Besucher wurde der womöglich schönste Garten Frankreichs einige Jahre zuvor geschlossen; nur noch Gruppen mit mindestens zehn Personen durften hinein. Aus unerfindlichen Gründen wurde ein Sichtschutzzaun um den Park mit seinem kleinen Renaissance-Schloss gezogen. Was bleibt, sind Erinnerungen an frühere Besuche dieser zauberhaften Anlage. Vielleicht träumen wir uns die Nacht dorthin, das wäre doch schon mal was. Bonne nuit.

Wir haben geträumt. Eine Tür knarrt. Ein Schnurrbart hat Flügel.

Unsere Freundschaft begann mit einem Lächeln. Ahmed Azeroual beugte sich im Erdbeerfeld und jätete Unkraut, dann neigte sich sein freundlicher Blick zu uns. Wir stibitzten ein paar der prallen, roten Früchte und fühlten uns auf frischer Tat ertappt. Beschämt schauten wir zu ihm hinüber. Er richtete sich auf, ließ die Hacke zwischen den Pflanzen liegen und kam zu uns. „Hier, probiert die Erdbeeren. Sie schmecken gut. Dafür sind sie da", sagte er. „Oh, merci Monsieur, c'est très gentil", entgegneten wir ihm und stellten uns einander vor. „Nicht Monsieur, sagt einfach Ahmed zu mir. Ich sage Anke und Jens zu euch, ihr sagt Ahmed zu mir." Also nur Ahmed, ohne Monsieur, die Sache war schnell geklärt, und sie war ihm wichtig. Das ist bei ersten Begegnungen zwischen Fremden ungewöhnlich in Frankreich, und weil es sich bei Ahmed gleich noch um den Chefgärtner des bezaubernden La Chatonnière im Département Indre-et-Loire handelte, kommt uns dieser Augenblick bis heute unwirklich vor. Der Mann war und ist unter seinesgleichen europaweit bekannt, gewissermaßen ein Star der Branche. So war das, als wir La Chatonnière entdeckten und es als den schönsten aller schönen Gärten erachteten.

Verzaubert binnen eines Augenblicks. Ahmed schenkte uns eine Tüte voller Goldmohnsamen, zudem noch Töpfe mit schwarzem Basilikum und dazu noch eine Handvoll Cosmeen-Samen. Die Basilikumpflanze duftete im Auto köstlich vor sich hin. Wir hatten Visionen von Tomate mit Basilikum, Nudeln mit Basilikum, Flammkuchen mit Basilikum, ach, einfach alles mit Basilikum Gewürzte wäre uns in den nächsten Wochen recht gewesen. Wie großzügig von ihm, mit uns, den völlig Fremden, einfach so die Schätze aus dem Gewächshaus zu teilen. Jeder, der einen eigenen Garten hat, weiß, wovon die Rede ist. „Guter Mann, sehr guter Mann. Er hat ein Herz aus Gold", hatte ihn Béatrice de Andia, die Besitzerin von Château La Chatonnière, schon in den Neunzigerjahren gelobt. Ihm hatte sie zu verdanken, dass aus ihrem Gartentraum ein Traumgarten aus unterschiedlichen Räumen geworden war. Wie er da so stand zwischen den Pflanzen, verschwitzt von der Arbeit, glücklich und mit einem sonnengebräunten Lächeln … Vielleicht hat Ahmed, Träger des französischen Verdienstordens für Landwirtschaft (Officier Agricole), sogar ein Herz aus Goldmohn, nicht nur aus Gold. „Das ist Eschscholzia californica. Hübsch, nicht wahr? Ich stelle mich dorthin, dann kannst du ein schönes Foto machen", hatte er gesagt. Dass der gebürtige Marokkaner stolz war auf das, was er hier zusammen mit einem kleinen Gärtnerteam und seiner Frau geschaffen hatte, war eindeutig. Einige Jahre besuchten wir ihn auf La Chatonnière, stets empfing er uns mit offenen Armen. Er lud uns zum Tee ein in seiner Küche, aus der man gleich in den Garten hinaustrat, wo er frische Minze und Zitronenverbene schnitt. Er brühte den Tee in einer silbernen Kanne mit langem Hals auf und ließ das köstliche Getränk im hohen Bogen in kleine türkische Teegläser plätschern. Kein Tropfen ging dabei verloren; würde das Teeeinschenken jemals olympische Disziplin werden, so wäre Ahmed eine weitere Medaille sicher. Wir kehrten mehrmals zurück zu Ahmed und La Chatonnière, ein ums andere Jahr. Bis der Tag kam, an dem er uns nicht, wie sonst, fröhlich am Empfangshäuschen begrüßte, sondern mit traurigem Blick mitteilen musste, dass er nur noch Besuchergruppen mit mindestens zehn Personen Einlass gewähren dürfe. Er, der Zaubergärtner, war entzaubert worden, und sein Garten mit ihm. Welche Gründe auch immer dazu geführt hatten: Ahmed Azeroual haben sie nicht gefallen.

Gartentraum vergangener Nacht: La Chatonnière

Und deswegen haben wir in dieser Nacht im ruhigen Zimmer der Burgruine von Cinq-Mars-la-Pile von Ahmed und La Chatonnière geträumt. Vom Goldmohn, der wie eine Welle den Rosenhang hinabschwappte und den Küchengarten umspülte, in dem Salatköpfe wie an der Schnur gezogen standen und die Erdbeeren rot und verheißungsvoll hervorleuchteten. Wir haben von den unzähligen Rosen geträumt, die im Mai und Juni ihre Blüten wie aufgenähte Rüschenbälle zur Schau stellten und über Rankgerüsten wie Sahne auf der Mousse au Chocolat thronten. Im tiefsten Schlaf sahen wir die Iris, die den Himmel um sein schönsten Blau betrogen, wir dufteten Currykraut und Salbei, Thymian und Rosmarin, die um die besten Plätze an der Sonne konkurrierten. Der sinnliche Duft des Geißblatts flutete unsere Träume, und die sieben schiefergedeckten Türme des kleinen

Château der Renaissance, die in die Wattewolken zu reichen scheinen, schwebten am Morgen über unserem Bett. Gärten sind wie Musik. Es kommt zwar auf die Komposition an, doch gleichwohl sind sie Geschmackssache. Im Val de Loire, im Garten Frankreichs, gibt es viele wunderschöne Gärten. Die blühende Wucht des Jardin du Soleil von Villandry ist unbestreitbar, die Originalität von Rivau unerreicht, das Gartenfestival von Chaumont-sur-Loire wie ein Fenster in die Zukunft. La Chatonnière aber war alles zusammen. Ruhe und Sturm. Regen und Sonne. Himmel und Erde. Zeit und Raum. Ahmed und Goldmohn.

Die Träume sind geträumt, die Nacht ist vorüber, die Katze miaut vor der Türe des Gästezimmers. Auf der Burgruine von Cinq-Mars-la-Pile gibt es ein untrügliches Zeichen dafür, dass der Morgen angebrochen ist: Wenn die große, grüne Pforte am Eingang in ihren Angeln knarrt, weil Louis-Paul oder Gildas zur Boulangerie ins Dorf hinunterfahren, ist es Zeit, sich den Schlaf aus den Augen zu reiben. Man bleibt noch liegen, man hat genug Zeit, denn erst wenn die Pforte ein zweites Mal knarrt und einer von den beiden Gastgebern am Zimmerfenster vorbeischlappt, weiß man, dass gleich der große Tisch im Salon gedeckt wird. Dann rollt man sich aus dem riesigen Bett des Chambre, schlüpft in die Puschen und beginnt den Tag erstens mit der Morgentoilette und außerdem mit Vorfreude auf Baguette, Croissant, gesalzene Butter, hausgemachte Konfitüren und das wärmende Flammenspiel im großen Kamin. Manchmal – Louis-Paul ist einfach nicht so kälteempfindlich – züngelt da allerdings auch an kühlen, frühen Stunden kein einziges Flämmchen, dann muss man schon mal selbst das Feuer machen und sich in der Zwischenzeit am heißen Kaffee erwärmen. Oder an den Gesprächen mit den beiden Gastgebern. Vokabelsuche noch im Halbschlummer ist eine anstrengende Angelegenheit; man fährt mitunter schneller hoch als man vermuten würde. Das Feuerchen im Kamin kann da nicht mithalten. Andererseits sorgt das Morgendösen für manche Erheiterung. Etwa so:

„Habt Ihr gut geschlafen?“, fragt Gildas.

„Oh ja, das haben wir. Wir haben von Ahmed und La Chatonnière geträumt. Nur die fliegenden Schnurrbärte haben uns ab und zu dabei gestört“, antworten wir mit dem Brustton der Überzeugung, eine grammatikalisch einwandfreie Antwort vor neun Uhr morgens gegeben zu haben und deshalb besonders stolz darauf sein zu dürfen.

Und da ist er wieder, einer dieser Momente, in denen man jetzt und auf der Stelle gerne im Boden versinken möchte. Denn mit den fliegenden Schnurrbärten waren natürlich Stechmücken gemeint. „Moustique“ ist eben etwas anderes als „moustache“. Der Sachverhalt ist schnell geklärt, aber Gildas will versuchen, in

Zukunft das Zimmer auch unter magischen Aspekten zu vermieten. „Erleben Sie die Burg von Cinq-Mars und ihre fliegenden Schnurrbärte."

Bravo, der Tag hat doch perfekt begonnen, und wir fragen uns, ob fliegende Schnurrbärte nicht weit weniger schlimm sind als die Verantwortung von Henri Carvallo. Gut, ihm gehören Schloss und Gärten von Villandry, zu dem auch ziemlich viele Hektar Wald gehören. Aber Besitztum verpflichtet, und weil es in diesem umwerfenden Schlossgarten die Buchsbäume auf eine Gesamtlänge von unglaublichen 52 Kilometern bringen sowie 1015 Linden nach konstanter Pflege verlangen, verkehrt sich die kurzzeitige Neidphase schnell ins Gegenteil. Soll er sich um Himmels willen drum kümmern, der Monsieur. Und wie er das tut! Villandry steht nicht etwa nur in Blüte, sondern es erstrahlt, es ist ein Glanz, der das Blaue des Himmels an den Rand der Zeit zu verdrängen imstande ist, und blüht es mal nicht, weil vielleicht gerade Winter herrscht, dann bringt allein die Erinnerung an den vergangenen und die Vorfreude auf den nächsten Besuch die Fantasie dazu, Purzelbäume zu schlagen. Wenn das Val de Loire der Garten Frankreichs ist, dann verläuft hier eine Hauptschlagader. Das Belvedere macht seinem Namen alle Ehre: Der Blick auf den Ziergarten ist wie das Betrachten eines Gemäldes. Vom Buchs geformt sind hier die Liebesgärten; Quadrate der Glückseligkeit, aus denen im Frühling die Tulpenblüte Farbe ins Grün zaubert. Die daran sich anschließenden Gemüsegärten

Über 50 Kilometer Buchs: Château Villandry

zwischen Schloss und Dorf – nach klösterlich-mittelalterlichem Konzept strikt geometrisch gehalten – sind ebenso zauberhaft. Zauber, Zauber überall, und obwohl diese Quadraterei im Ganzen einer Inszenierung gleichkommt, schlägt das Herz Villandrys möglicherweise doch nicht hier, wo Ordnung herrscht, sondern oben im Sonnengarten. Im Jardin du Soleil stimmen die Farbkonzepte, wurden Gehölze und Stauden harmonisch miteinander kombiniert. Goldwolfsmilch und Salbei, Trollblume und erster Mohn, Felsenbirne und Flieder – und im steten Wechsel der Blüte-Gezeiten folgen bis zum Oktober immer neue Feuerwerke der Farbenpracht von geschickt gepflanzten Stauden und Bäumchen, die exakt dann zu blühen beginnen, wenn die Nachbarpflanze anfängt, wegzudämmern. Hier, weit entfernt von dem formalen Konzeptgarten, geht man über grüne Rasenteppiche und genießt die Stille. Es ist etwas verwunschen, und die einzelnen Gartenräume sind mit Hecken abgegrenzt. Kann es sein, dass nur die wenigsten der jährlichen 330.000 Besucher den Weg hierhin finden oder diesen Bereich sogar als uninteressant empfinden, weil die konzeptionelle Pracht der formalen Anlagen mehr Wirkung erzielt? Keine Ahnung, das soll uns nur recht sein, wir wählen gewissermaßen den Weg des geringsten Widerstandes und halten nach Pfaden Ausschau, die nicht überfüllt sind. Was woanders bisweilen unmöglich erscheint, ist in Villandry tatsächlich noch machbar. Und auch auf Château du Rivau, wo die Bäume Beine haben.

Riesenstiefel im Garten von Château du Rivau

Aber sie stehen ruhig und besonnen, laufen nicht weg. Die Beine, die diese Bäume im kleinen Waldstück des Gartens von Château du Rivau haben, sind Teil der Kunst, die hier in vielen Facetten gezeigt wird. Die Familie Laigneau hat rund um ihr weißes Prachtschloss einen Garten mit irrwitzigen Details zu einem verspielten Ort werden lassen. Caroline, Tochter des Hauses, hat einen großen Anteil daran. Vor einigen Jahren schrieb sie eine E-Mail mit der Einladung, sie doch besuchen

Insel des Glückes: Café am Château de l'Islette

zu kommen. Das haben wir getan, allerdings hat sie diesmal keine Zeit, weil eine chinesische Reisegruppe am Bahnhof in Tours empfangen werden muss. Bevor die nun eintrifft – wer weiß, wie viele da kommen –, genießen wir den Garten und den Rundgang durch das Märchenschloss in aller Ruhe. Von 1001 Wundern ist hier die Rede. Ob es nun so viele sind, wir haben sie nicht gezählt. Aber wir sehen Bäume mit Beinen, Zwerge im Unterholz und eine kokette und nicht ganz jugendfreie Badenixe. Wir hören Musik aus grünem Dickicht erklingen, schaukeln in Hängematten zwischen den bebeinten Bäumen und lassen uns von den Pfauenrufen aus dem Mittagsschlummer holen. Die Schlossgärten folgen Leitmotiven der Literatur und Legenden des Mittelalters. Rapunzel lässt ihr Haar herunter, in der Tat reicht es vom obersten Fenster des ersten Turms bis nach unten, und ein Riese scheint seine Gummistiefel und die Gießkanne vergessen zu haben. Über all dem schwebt der Duft von 450 Rosensorten eigentlich schon dann, wenn sie noch gar nicht blühen. Das nennt man wohl Magie. – Was sind wir froh, dass dieses Schloss wieder auferstanden ist, auferstanden aus Ruinen, denn sicher noch in Chinon, nicht weit entfernt, war der Rauch des Großbrandes, der einige Jahre zuvor weite Teile des Haupthauses gefressen hatte, zu sehen. Nun aber umfängt der Prachtbau wieder Frieden, glänzen die Schieferdächer im Sonnenschein, und ein Pfauenquartett sonnt sich in Eitelkeit vor einem Spiegel im Obstgarten. Ach, was sind wir heute wieder schön.

Die Quatrelle, im Schatten großer Bäume auf dem weiß gekiesten Parkplatz wartend, behauptet dasselbe, nur die Eitelkeit ist weniger deutlich ausgeprägt als bei den eingebildeten Vögeln. Wir sind außerdem sehr froh, dass die Savane auch nicht solche trompetenden Laute von sich gibt. Choke gezogen, Gas gegeben, und lässig surrt das Glück. Jeder Kubikzentimeter Leistung klingt knackig ausgewogen. Das Val de Loire scheint dem Auto gut zu bekommen. Der R4 lässt Straßen und Schlossfassaden zu seiner Bühne werden, legt sich geschmeidig in die Kurven und heischt in Ortschaften, an denen ungläubig blickende Pensionäre auf ihren Rollator gestützt auf dem Trottoir stehen, heimlich doch ein bisschen nach Applaus. Wir auch, das wollen wir ja gerne zugeben, und würden uns die blasierten Sportwagenbesitzer bei ihrem Treffen am Château de l'Islette nur ein einziges Mal in die Reihe der Porsches, Ferraris und Bentleys einscheren lassen, um ein witziges Foto zu schießen, hätten wir unseren Spaß. Die aber nicht. Mit eiserner Visage sagen die Spielverderber „non“, und wir werden das Gefühl nicht los, dass sie wohl Angst davor hatten, dass ein kleiner Renault 4 ihren PS-Monstern die Schau stiehlt. Die röhrende Schnellfahrgemeinde erteilt uns eine Abfuhr gerade vor jener Kulisse, die wie keine zweite für Lieb- und Leidenschaften steht. Dieser krasse Gegensatz lässt uns lässig auf die Schar Tiefergelegter blicken, die nach einer Weile auf der D57 davoneilen, während wir uns für die Liebe interessieren, die hier hinter dicken Mauern stattgefunden hat zwischen Camille Claudel und Bildhauer Auguste Rodin. Es war 1882, als die nicht einmal 18-jährige Camille den bereits berühmten Künstler kennenlernt. Er nimmt ihr Talent als Bildhauerin sofort war, und sie tritt als Gehilfin in sein Atelier ein, um ihn bei seinen Großaufträgen zu unterstützen. Daraus entsteht eine über zehn Jahre dauernde, enge Zusammenarbeit und schließlich eine leidenschaftliche Liebe. Claudel wird zum Modell, zur Gehilfin, zur Muse und zur Geliebten für Rodin, der jedoch mit einer anderen Frau liiert ist. Die heutige Eigentümerfamilie vermarktet ihr Schloss als „le château des amours de Camille Claudel et Auguste Rodin". Spätestens beim folgenden Brief der verzückten jungen Camille sollte das klar sein …

„Herr Rodin, da ich gerade nichts zu tun habe, schreibe ich Ihnen wieder. Sie können sich gar nicht vorstellen, wie angenehm es in L'Islette ist. Ich habe heute einen Spaziergang im Garten gemacht, alles ist gemäht, das Heu, der Weizen, der Hafer, man kann überall spazieren gehen, es ist entzückend. Wenn Sie Ihr Versprechen halten, werden wir das Paradies auf Erden erleben. Sie bekommen das Zimmer, das Sie wollen, um zu arbeiten. Die Alte wird Ihnen, so glaube ich, zu Füßen liegen. Sie hat mir gesagt, dass ich ohne Gefahr im Fluss baden kann, da wo auch ihre Tochter und ihr Dienstmädchen baden. Mit Ihrer Erlaubnis werde ich das tun, da es ein großes Vergnügen ist, und dann brauche ich mich nicht in die heißen Bäder in Azay zu begeben. Es wäre sehr lieb von Ihnen, mir einen kleinen dunkelblauen Badeanzug mit weißen Borten zu kaufen, und zwar zweiteilig, Bluse und Hose (mittlere Größe), im Louvre oder auf dem Markt Bon Marché (aus Serge) oder in Tours. Ich schlafe ganz nackt, damit ich mir einbilden kann, dass Sie da sind (…). Ich küsse Sie. Camille. Bitte, betrügen Sie mich nicht mehr." – Kess.
Weil der Tag langsam im Abend verglüht, wollten wir ohnehin gleich zum Chambre in Cinq-Mars zurückfahren …

Gäbe es ein Ranking für Loire-Schlösser, würde Château de l'Islette weit oben stehen. Dieses Prachtwerk der Renaissance wird von zwei Armen des Indre umschlossen. Von außen wirkt die herrschaftliche Anlage wie aus der Zeit gefallen, aber innen verbinden die jahrhundertealten Mauern Geschichte mit Gegenwart. Fernseher. Riesige Dusche. Mondän-moderne Küche und Sofalandschaften aus dem 21. Jahrhundert – die Besitzerfamilie Michaud hat es sich hier fein gemacht. Während die Schnellfahrergemeinde schon über alle Berge ist, werfen wir vom Inselcafé letzte verliebte Blicke auf die Amour-Architektur und lassen den Tag in der Burg Cinq-Mars-la-Pile, wo er mit einem Schnurrbartflug-Fauxpas begonnen hatte, auch mit einem Fauxpas enden. Denn ein neuer Gast hat sich eingefunden im Chambre d'hôtes von Gildas und Louis-Paul und belegt das zweite der beiden Zimmer. Olivier Baumont ist Musiker und Schriftsteller, und wie sich beim Abendessen im großen Saal, wo das Kaminfeuer mal wieder ein bisschen zu wenig glimmt, herausstellt, arbeitet er an einem neuen Werk. Er ist vom Geist der Burg von Cinq-Mars-la-Pile gefangen, diesem jungen Henri, der sich im Überschwang gegen den Mächtigsten seiner Zeit stellte.

„Ich schreibe ein Buch über Henri d'Effiat von Cinq-Mars (1620 bis 1642), der der Liebling von König Ludwig XIII. war und der enthauptet wurde, weil er sich gegen den Kardinal von Richelieu verschworen hatte. Es ist ein tragisches Schicksal, sehr bewegend und in der Geschichte Frankreichs relativ unbekannt. Die Burg von Cinq-Mars gehörte seiner Familie. Ich bin hier, um das Flair zu atmen, zu recherchieren und mich inspirieren zu lassen", sagt Olivier. Wenn der in Saint-Dié in den Vogesen geborene Künstler keine Bücher schreibt, spielt er Cembalo! Die lässige Frage am reich gedeckten Tisch, auf dem Gläser stehen, die Louis-Paul erneut mit einem roten Riesen aus Chinon befüllt hat, ob Olivier denn auch schon CDs herausgebracht habe, beantwortet er höflich bescheiden mit: „Ja, über 30." Oha, jetzt wäre ein großes Loch im Boden recht angenehm, in dem wir versinken dürften. Stattdessen ringen wir beschämt, knietief im größten Fettnäpfchen aller Zeiten stehend, nach freundlichen Worten. Der Maître winkt huldvoll ab. Woher sollten wir denn wissen, dass er schon über zwanzig Bücher und die besagten dreißig Barock-CDs herausgebracht, einen eigenen Wikipedia-Eintrag besitzt und zahllose Konzerte gegeben hat! Gegen dieses Malheur war der fliegende Schnurrbart von heute Morgen wirklich eine Kleinigkeit, wie, zum Teufel, konnten wir ahnen, dass ein Musiker dieses Formats mit uns am Abendbrot-Tisch sitzt und uns das letzte Käsestück vor der Nase wegschnappt.

Am nächsten Tag klingt der Motor nach Händel, Bach, Balbastre und Purcell. Barock statt Rock. Olivier ist mit dem Zug fortgefahren, wir im R4. Er gibt ein Konzert in Paris, wir spielen mit dem Gasfuß des Vierzylinders. Weiter geht's auf unserer aufregenden Reise mit der Quatrelle im Land der Trikolore.

Wir treffen eine dicke Dame. Wir essen eine Runzelbirne. Wir trinken uns einen Wein schön.

Jeanette ist eine Wuchtbrumme. Sie hat krumme Beine, reichlich Speck auf den Hüften, das ihren muskulösen Körper wie einen Wintermantel umspielt, und ein samtweiches Fell. Manchmal grunzt sie wie ein Schweinchen; es ist ein wohliges Zufriedenheitsgrunzen, denn die Burgruine von Château de Vaujours ist das weitläufige Zuhause der drolligen Bulldogge. Komplett ungeeignet als Wachhund agiert Jeanette, die Wundervolle, nicht selten als Bindeglied zwischen ihrem Herrn Antoine Pilette und neugierigen Besuchern. „Haben Sie etwas dagegen, wenn Jeanette uns begleitet?", fragt Antoine. Natürlich nicht, wer könnte dem breiten Lächeln seiner sehr besonderen Madame schon widerstehen? Sabber.

Jeanette passt auf das Château de Vaujours auf.

Château de Vaujours, das ist ein wahr gewordener Traum, thronend auf einem ebenso geplatzten. Geplatzt für alle Ritter und Könige, die in dieser ehemals riesigen Anlage aus dem 15. Jahrhundert eine glorreiche Zukunft sahen. Wahr geworden für Antoine Pilette, den Burgherrn mit belgischen Wurzeln und sichtbar französischer Seele (was hoffentlich kein Franzose und kein Belgier lesen wird). Jetzt sind nur noch Fragmente übrig, ein paar wenige Bogen und Fensteröffnungen, ansonsten Stein um Stein Ruine. Der junge Mann öffnete seine Entdeckung im Jahr 2011 für Besucher; seitdem führt er sie über das Gelände, erzählt vom Comte de Sancerre und Sonnenkönig Louis XIV., von Jeanne d'Arc und Agnes Sorel. Alles ein bisschen viel auf einmal, und um die Verwirrung komplett zu machen, sei hinzugefügt, dass Château de Vaujours nur zwei Kilometer von Château-la-Vallière entfernt liegt, dies aber kein Schloss, sondern eine Ortschaft ist. Spielt keine Rolle, denn die Burgruine reicht vollkommen aus, um die Szenerie und die von Vogelgezwitscher getränkte Ruhe en détail zu genießen. Wer inmitten dieser Anlage steht, spürt ihre wechselvolle Geschichte; für den sind Namen von Königinnen, Helden und Mätressen Schall und Rauch. Abseits des Glanzes der weißen Schlösser vermag die Patina des grauen Bollwerks ein ebenso großes Entdeckungsfeuer zu zünden. Dass ein Ami 8 zum Fuhrpark des Burgherrn gehört, wäre eigentlich nur eine Randbemerkung wert. Allerdings hat

Stein um Stein ein Abenteuer: Château de Vaujours

das schon auch einen Grund, denn der Oldtimerfan und -fahrer lädt von April bis September an jedem vierten Sonntag im Monat zu einem Treffen alter Fahrzeuge ein. „Rendez-vous mensuel de voitures anciennes“ steht auf den Plakaten zu lesen, die in der Umgebung ausgehängt werden und im Internet kursieren. Da macht sich so ein Ami 8 von Citroën aus den Endsechzigerjahren nicht übel. Er steht auf dem Kies des Hofes und wird von Jeanette bewacht …

… beziehungsweise auch nicht. Jeanette ist nämlich friedlich wie ein Schaf, zeigt ihren imposanten Vorbiss und schnauft so unüberhörbar, dass man Mitleid spürt. Englische Bulldoggen sind ein Paradebeispiel von Überzüchtung, haben Probleme mit Augen, Ohren und der Atmung. Würde die Quatrelle so schnaufen, brächten wir sie sofort in eine Werkstatt. Sie schnauft aber nicht, so wenig, wie es der Ami 8 Break von Antoine Pilette tut, der vor dem Panorama seiner Burgruine im Département Indre-et-Loire das zentralfranzösische Idealbild komplettiert. Eine Aufnahme in Sepia, und der Betrachter wähnt sich in den Sechzigerjahren, als der hübsche Citroën nach mehrjähriger Entwicklungsphase und fast dreihundert gebauten Prototypen, die zwei Jahre lang getestet wurden (was für ein Wahnsinn!), auf die Reise geschickt worden war, damit die Enttäuschung um seinen Vorgänger Ami 6 schnell verfliegt. Vom Ami 6 hatten sie sich viel versprochen bei Citroën, aber der Plan ging nicht auf; nach etwas mehr als einer Million verkaufter Exemplare wurde der seltsam geformte Hoffnungsträger aus der Produktion genommen, lange bevor die

Discowelle durch französische Tanztempel rollte. Es folgte der Ami 8 sowohl als Limousine mit Schrägheck und dann auch als Kombi namens Break. Eines von wenigen erhaltenen Exemplaren hat sich Antoine Pilette gesichert, und es bestätigt, wie dynamisch die Automobilbranche ist. Denn sein Ami 8 Break sieht mehr nach Oldtimer aus als der Renault 4, der jetzt neben ihm steht. Aber der erste dieser Amis lief vom Band, als die Marke Renault bereits den zweimillionsten R4 auf die Straße schickte.

„Einige R4 sind bei den Treffen auch immer dabei. Ihre Anzahl wird allerdings schon deutlich weniger", bemerkt Antoine. Umso schöner sei es, jetzt dieses Exemplar zu Gesicht zu bekommen. Seiner Meinung nach ein besonders schönes.

„Baujahr?", fragt er.

„1989."

„Geschweißt?", fragt er.

„Nicht ein Teil. Alles original!"

„Kilometerstand?", fragt er.

„47.000 und ein paar Zerquetschte", lautet unsere Antwort. En français: „47.000 et quelques-uns écrasés." Dass Antoine die Stirn in Falten legt, liegt wohl an unserer Wortwahl. Von „ein paar Zerquetschten" zu sprechen, ist vermutlich eine deutsche Redewendung, die sich nicht einfach so ins Französische übersetzen lässt. Was soll's, er hat es irgendwie verstanden, umrundet unser rollendes Zuhause und schaut auf Details. Jeanette legt sich auf den von der Sonne aufgeheizten Kies und beobachtet ihr Herrchen dabei, wie es mit der Hand über den Lack fährt. Bei der Gummidichtung an der Heckklappe bleibt sie hängen. Ja, die Gummidichtung. Altes Problem, das wir noch nicht behoben haben.

„Le caoutchouc est accroché à sept heures et demie." Das Gummi hängt jedenfalls auf halb acht ... Wenn Antoine nicht ein so zurückhaltender, geradezu schüchterner junger Mann wäre, würde er spätestens jetzt rücklings neben seiner drolligen Sabberbombe auf dem Kies liegen und sich vor Lachen den Bauch halten. Das mit den deutschen Redewendungen in französischer Sprache funktioniert einfach nicht, daran müssen wir dringend arbeiten.

Der Kies knirscht unter den Profilen. Einmal hupen. Jeanette grunzt, Antoine schaut uns nach und rätselt, wo beim Gummi halb acht ist. Die schmalen Reifen des Renault graben sich in das Pflaster der nächsten D-Straßen, die im Val de Loire zu außergewöhnlichen Zielen führen. Spüren wir sie auf!

„So lebe, glaube mir, warte nicht das Morgen ab: Des Lebens Rosen, heute pflücke sie." Pierre de Ronsard, König der Poeten Frankreichs, für den die hinreißende

Prieuré Saint-Cosme vor den Toren Tours zu einer formidablen Gedenkstätte geworden ist, die nicht von Touristen überrannt wird und auch deshalb ein wunderschönes Ziel ist, hatte im 16. Jahrhundert erkannt, was auf ewig gilt: sich das Glück zu greifen, die Freiheit, die Kunst, jetzt und hier und nicht, wenn's zu spät ist. So ist es mit dieser Quatrelle gewesen, in der wir sitzen und in deren Rückspiegel das Château de Vaujours kleiner wird. Wir hatten sie gesehen, geprüft, für gut befunden – gekauft. Wenn wir das nicht getan hätten, würden wir jetzt nicht hier sein. Einige Dauerträumer, im täglichen Hamsterrad zu sehr auf die Arbeit und das Erreichen der Rente fixiert, warten bis zu jenem fernen Tag, an dem der Chef ihnen Auf Wiedersehen sagt, „und dann kaufen wir uns einen Käfer, so wie wir ihn früher gefahren haben", sagen sie und meinen es nicht ernst. Sie kaufen sich den Käfer nicht, sie kaufen auch kein anderes Auto, keinen Renault, keinen Opel oder Volvo und auch keinen Ami 8 Break, obwohl sie dazu finanziell in der Lage wären. Sie haben jahrelang einen Traum vor sich hergeschoben, und als er endlich greifbar ist, sind die Träumenden träge geworden. Sie kaufen sich lieber eine Luxusküche, einen Gasgrill für draußen und das Fleisch dann im Discounter. Und sie holen sich ein neues Auto, noch mal so richtig mit Wumms unter der Haube, in Rentnergraumetallic, mit allem Gedöns und Pipapo. Damit kommen sie zwar voran, aber nicht an. Denn sie rauschen satt an allen kleinen Abenteuern vorbei und schaffen nicht den Ausweg aus ihrer Komfortzone heraus. Sie sind unterwegs, aber sie merken es nicht. Und sie können ihrem innersten Kern die Unruhe nicht nehmen; sie steckt darin wie sie selbst vormals im Hamsterrad.

Genau das wollten wir nicht.

Ronsard – ein Poet für die Liebe

Seine „Sonette für Hélène" sind mindestens so ergreifend wie die Prieuré Saint-Cosme, in der Pierre de Ronsard seine letzte Ruhe gefunden hat. Ronsard, dem zu Ehren eine Rose seinen Namen trägt („Rose de Ronsard"), gilt als einer der größten Romantiker Frankreichs. Im 16. Jahrhundert versetzten seine Werke verliebte Herzen in Entzücken – und tun es bis heute. Die Überreste der Abtei vor den Toren der Stadt Tours sind ein herausragendes Beispiel dafür, wie die Poesie von einst noch Hunderte Jahre später lebendig gestaltet werden kann. Romanische und gotische Spuren gibt es zu entdecken. Außerdem ist der Park zum Innehalten wie geschaffen. Wechselnde Ausstellungen im Refektorium vervollständigen das Gesamtpaket. (Info: prieure-ronsard.fr)

Poesie liegt in der Luft: Prieuré de Saint-Cosme, Grabstätte von Pierre de Ronsard

Deshalb hat Ronsard auf der Rückbank Platz genommen und begleitet uns. Ronsard, 1524 in der Provinz Vendôme geboren, gelangte mit Oden und Liebesgedichten zu Ruhm und ebenso in Ungnade, weil er unter anderem den Streit zwischen Katholiken und Protestanten formulierte. Dass seine Gebeine dennoch unter einer Grabplatte im Chor der Prieuré Saint-Cosme, also einem richtig kirchlichen Ort, ruhen, ist die Folge dessen, dass er hier einen Großteil seines Lebens verbrachte und schließlich 1585 auch an diesem Ort starb. Über vier Jahrhunderte mussten vergehen, um sich an den Dichterfürsten zu erinnern. Im Jahre 1933 führten Ausgrabungen zum Fund seiner Grabstätte. Es dauerte nicht lange, bis die Romantiker sich seines Werks endlich wieder entsannen. Heute ist die Prieuré ein Ort der Begegnung und des Umherschweifens – und eine nach Ronsard benannte Rose ruft ihn ins Bewusstsein. „Le prince des poètes" nennen sie ihn heute, obwohl er gewiss den Titel des Königs verdient hätte. – Wir streifen um die Steinhäuser der Prieuré Saint-Cosme und um das, was von der Priorei-Kirche noch übrig ist, stehen an seinem Grab, fühlen uns von seinem Geist begleitet und lassen uns in den Baumschaukeln, die aus den Kronen riesiger Platanen herabhängen, in kleine Schlummer wiegen. Der Wind streift durch die Kräuterhochbeete und schickt Düfte von

Lavendel und Rosmarin hinauf. Die laute Straße, das Poltern der Züge, die nach Tours rollen, all der Lärm der Moderne bringt die Würde und Ruhe, die die Abtei in La Riche ausstrahlt, keinen Millimeter ins Wanken. Ronsards Worte sind wie Kraftstoff für uns Vaganten, die den weißen Schlössern der Touraine ja keinesfalls entsagen, die sich aber von deren Schönheit nicht von solchen Wegen abbringen, die zu den ungeplanten Abenteuern führen.

Die geklopften Birnen aus Rivarennes gehören dazu. In diesem Dorf zwischen Chinon und Tours, das an der D7 liegt, ist Herrn von Ribbecks Lieblingsfrucht auf sehr besondere Weise zu einer Spezialität und kleinen Berühmtheit geworden. Lange Zeit galt ein altes Scheunengebäude als das Dorfmuseum. Zwei Räume nur, in einem Verkauf und Verkostung, im anderen gab es einen Film und einige Exponate zu sehen. Draußen standen Plastikstühle auf ungemähtem Grund. Aus dem putzigen, alten Steinhäuschen mit den blau-grauen Fensterläden ist nun ein moderner Museumssaal auf gepflastertem Terrain geworden, der das Zentrum für die Historie der Runzelbirnen aus Rivarennes ist. Selbst Busse haben da jetzt Platz. Musste doch nicht sein ... Aber das Handwerk rund um die Birnen, derer vieler Sorten in vorigen Jahrhunderten rund um Orléans und der weiteren Umgebung kultiviert wurden, ist noch immer erstaunlich. 1987 war die althergebrachte Weise der geklopften Birnen von einigen Enthusiasten wiederbelebt worden. Von einer über achtzig Jahre alten Dorfbewohnerin ließen sie sich das in Vergessenheit geratene Herstellungsverfahren erklären. Sie gründeten einen Verein, pflanzten neue Birnbäume und unterschiedliche Sorten, fanden noch altes Handwerkszeug auf Dachböden oder bauten es nach. Im Jahr 1991 eröffneten die Birnenbauern das Museum. Mit der „poire tapée", der geklopften Birne, wurde in früherer Zeit einstmals das Kernobst haltbar gemacht. Es landete in höllisch heißem Wasser, um dann geschält für einige Tage in einem nicht minder heißen Steinofen gedörrt und danach mit einem eigens dafür erfundenen Werkzeug geklopft zu werden. Geplättet. Aus dem bäuerlichen Snack, der früher in harten, langen Wintern überlebenswichtig sein konnte, ist heute eine Delikatesse geworden. Rund 1800 Kilogramm Birnen werden wieder jedes Jahr geklopft; im Frühherbst eines jeden guten Erntejahres weht nun der süßliche Birnenduft durch ganz Rivarennes. In einem Shop im Zentrum des Dorfs werden die köstlichen „poires tapées" angeboten, und man fragt sich ernsthaft, wann der spitze Turm der Kirche Saint-Dénis dort drüben eine Birnenform erhält, wo es doch auch Gotteshäuser mit Zwiebelkuppeln gibt.

Geklopfte Dörrbirnen einfach so oder in Wein eingelegt, Terrine à la Poire Tapée, Brioche aux Poires Tapées … Die weißen Schlösser, ob Azay-le-Rideau, Le Rivau oder Rigny-Ussé, leuchten wie Juwelen, aber die geklopften Birnen aus Rivarennes sind wie ungeschliffene Diamanten. Rivarennes in der Touraine. Worte wie Musik. Poetisch wie die Landschaft hier. Sie ist zum Verrücktwerden schön. Man schaue sich die kleinen Dörfer an, nicht nur mit den Augen, auch mit Herz und Händen. In Gizeux wird das Moos auf einer Mauer zum Kunstwerk, im Hintergrund die Boulangerie, und der Duft von Croissants zieht die Straße entlang. In Crissay-sur-Manse steht eine Acadiane, der Kastenwagen der Dyane von Citroën, so herrlich vor einer schiefen Bruchsteinmauer abgestellt, dass wir glauben, vor einem Kunstwerk zu stehen. Unsere Quatrelle macht gerade den Eindruck, sich hier besonders wohlzufühlen. Sie ist kein Auto, das uns hier von Ort zu Ort fährt, sie wird Teil der Landschaft – das kann kein moderner Renner. Crissay-sur-Manse liegt an der D21, die auf direktem Weg nach Chinon führt. Wir ziehen aber die Dörfertour vor, fahren durch den Fôret de Chinon und knödeln sehr entspannt auf der zur Südseite der Loire verlaufenden D16 entlang, die gleichzeitig als Deich die Aufgabe erfüllt, Madame Loire im Zaum zu halten, wenn sie Hochwasser führt. Wir erreichen Bréhémont. Und warum erreichen wir Bréhémont? Ganz sicher nicht, weil der Wein im „La Clef d'Or" so furchtbar gut ist, nein, ehrlich gesagt ist er sogar furchtbar, was nicht verwundert, wenn man bedenkt, dass der Wirt ihn vor unseren Augen aus einem Fünf-Liter-Tetrapak gezapft hat. Nächstes Mal nehmen wir lieber ein Bier. Aber hier in Bréhémont gibt es etwas, das es nirgendwo anders gibt, und das geht so: Normalerweise säuft man sich mit einem guten Wein ja Menschen oder Umgebung schön. Hier ist das anders, hier auf der Terrasse des „La Clef d'Or". Der Wein mag einfach sein, aber die Wolkensahne, die ein Bad in der Loire nimmt, veredelt jeden Augenblick. Wenn sich die Kumuli in den ruhigen Wassern des Flusses spiegeln, der direkt an Bréhémont entlangfließt, und wenn die Schwalben ihre Nester unter den Dachvorsprüngen der Häuser an der Avenue du 11 Novembre bauen, wenn man nur so dasitzt und genießt, trinkt man sich den Wein schön. Solange das Gesamtkunstwerk aus Land- und Ortschaft genau so bleibt, solange kann der Wirt hier ausschenken, was er will. Wir kehren noch immer wieder zurück.

„Monsieur? Noch mal zwei Glas bitte. Aber diesmal vom Roten."

Louis-Paul holt Getränke. Ein R4, in dem Pilze wachsen. Der Marquis wird geköpft.

Wenn Louis-Paul Untersteller, der Besitzer von Château de Cinq-Mars-la-Pile, Wein aus dem Keller zu holen gedenkt, schreitet er in seiner ihm typischen, leicht nach vorne gebeugten Art aus dem Salon seines Hauses, wo das Feuer im großen Kamin prasselt, hinaus in die Dämmerung des kühlenden Abends. Er muss ein Stückchen gehen, nicht weit. Der knirschende Kies unter den Sohlen seiner Schuhe durchbricht die Stille des scheidenden Tages, und wenn Louis-Paul die Brücke kreuzt, die über den Schlossgraben zu den beiden noch stehenden Türmen seiner Burgruine führt, dann biegt er nach einigen Metern rechts ins Unterholz ab. Hinter grünem Tann, Eiben und Efeu gut versteckt verbirgt sich der Eingang zu einem alten Eiskeller. Dreizehn Stufen führen hinab ins Allerheiligste. „Hier sind durchweg um die acht Grad Celsius. Diese konstante Temperatur ist perfekt für die Lagerung der Weine", sagt Louis-Paul. Und weil in der Touraine, in der sich sein Kastell befindet, auch die Rotweine kühler als anderswo getrunken werden, macht es auch nichts aus, wenn er ein wenig später als geplant zur Tat, will heißen: zu Bacchus' göttlichen Getränken sich fortbegibt.

Dort unten – das Dunkel nur von zwei funzeligen Glühbirnen durchbrochen – wägt der Genießer bisweilen lange ab, welchen guten Tropfen er in den Salon bringen soll, wo seine Frau Gildas das Essen serviert und Gäste willkommen sind, als gehörten sie zum inneren Zirkel der Familie. Das ist beileibe auch keine leichte Entscheidung, denn Louis-Paul kennt sich mit guten Weinen aus und hat einige davon zu bieten. Einem Vouvray demi-sec ist er niemals abgeneigt, auch nicht einem kleinen Gläschen am Nachmittag, schon deshalb, da die „Appellation" Vouvray gewissermaßen vom Turmplateau seiner stolzen Festung fast mit bloßem Auge zu erahnen ist. Auch Chinon liegt in der Nähe, Chinon, die Stadt, in der François Rabelais geboren wurde, jener Schriftsteller der Renaissance, aus dessen umfassendem Werk Louis-Paul ab und zu zitiert – und Chinon, das Anbaugebiet, aus dem einige der besten Weine Frankreichs hervorgehen. Davon hat er heute einen auserwählt, hatte ihn bereits am Nachmittag in eine bauchige Karaffe dekantiert und auf den großen, runden Tisch gestellt, der sich vor dem riesigen Kamin befindet. Aber vorher darf's noch ein weißer, leichter Sauvignon zum Einstieg sein. Deshalb sind wir jetzt hier unten im jahrhundertealten Eiskellergewölbe. So nimmt der kleine, drahtige Mann eine Flasche aus dem schiefen Holzregal, studiert das Etikett, indem er die Augen zusammenkneift, befindet die Wahl für gelungen und geht. Er knipst das Licht aus, lässt die schwere Holztüre hinter sich ins Schloss fallen, schließt ab und geht die dreizehn Stufen hinauf. Er bahnt sich seinen Weg durch das Dickicht – die Dämmerung ist längst hereingebrochen –, und begibt sich wieder auf den Kiesweg, über die Brücke mit den Lavendelsträuchern, bis zum Wohnhaus. „Le chat", der zugelaufene Kater, dem Louis-Paul nie einen Namen, aber eine Heimat gegeben hat, folgt ihm bis zu den knisternden Scheiten und holt sich seine Kraule für zwischendurch ab. Die Flasche wird behutsam geöffnet und sorgsam auf den Tisch gestellt.

Liebevolle Gastgeber auf Château Cinq-Mars: Gildas Malivel und Louis-Paul Untersteller

Louis-Paul ist ein großartiger Mensch. Und mit Gildas hat er eine starke Frau an seiner Seite. Nach Jahren unserer ersten Begegnung ist aus Gastfreundschaft Freundschaft geworden. Die Burgruine, die die beiden bewirtschaften, ist ein Juwel. Sie haben eine große Verantwortung. Sie erhalten die Festung Cinq-Mars im Alleingang beziehungsweise das, was im Laufe eines Jahrtausends davon übrig geblieben ist. Allein für das Rasenschneiden auf dem riesigen Grundstück benötigt der Burgherr mit dem Aufsitzmäher zwei Tage, und das ist nur die wenigste Arbeit. Es kommt vor, dass Louis-Paul das Gras im seit Langem trocken liegenden Schlossgraben zur Hälfte kürzt oder weniger, weil mal wieder die Maschine nicht einwandfrei funktioniert. Dann holt er Werkzeug, repariert so lange, bis ihm auffällt, dass heute aber auch noch die Eiben auf dem Plateau der sogenannten Juiverie, die gewissermaßen als vorderster Grundstücksteil der Festung über dem Ort Cinq-Mars thront, in Form gebracht werden müssen. Sie zu schneiden, ist für ihn kein banales Schnippschnapp, sondern er folgt einem historisch belegten Plan, an den sich Louis-Paul hält, wie es einst sein Großvater tat. Unten im Graben steht der Mäher, oben in der Juiverie steht Louis-Paul. Und vorne an den Ritterhäusern, die seiner Gildas und ihm als Wohnhaus dienen und in denen sie zwei Chambres d'hôtes für Gäste eingerichtet haben, steht eine Leiter aus Aluminium, die bis in die schwindelerregende Höhe der Regenrinne hinaufreicht. Immer steht dort diese Leiter, mal ein bisschen weiter vorne, mal weiter hinten, auch auf der anderen Seite. Es ist, als wenn Louis-Paul die Sprossenstiege zum Accessoire hat werden lassen in all den Jahren, in denen er mit seinen Reparatur- und Pflegemaßnahmen dieser Familienfestung Halt zu geben versucht, wie sie ihm Halt gibt. Dass es Tage gibt, an denen sich die beiden ein wenig mehr Zeit für die Kunst oder das Savoir-vivre wünschten, sei dahingestellt; womöglich tun sie das, vielleicht auch nicht. Die Festung Cinq-Mars, ihr feudales Zuhause, ist aber ohne Zweifel eine Lebensaufgabe zwischen Pflicht und Vergnügen.

Im Moment ist es Vergnügen, am großen Tisch im Salon, bei einem guten Wein und gutem Essen, im Gespräch mit den Gästen.
„Ich habe heute aus besonderem Anlass einen zehn Jahre alten Chinon dekantiert." Louis-Paul deutet auf die Karaffe.
„Sehr gut. Welcher Anlass ist es denn?", fragen wir ihn.
„Ihr habt gesagt, dass Ihr vor zehn Jahren das erste Mal bei uns wart." Er nimmt das Gefäß und füllt die Gläser. Es ist eine Geste, die größer ist als das Universum. Und dann sprechen wir natürlich, das war doch klar, über die Quatrelle, die an diesem Abend nach einem über 250 Kilometer langen Ritt aus der Bourgogne ins Tal der Loire, in den Garten Frankreichs, vor dem Antlitz der Burg schlummert.
„Ich kannte mal eine Quatrelle, in der wuchsen Pilze, weil sie so feucht war", erinnert sich der Burgherr mit einem breiten, freundlichen Grinsen. Dabei legt sich sein Gesicht in schönste Falten. Es seien keine Champignons gewesen, aber sie hätten sich in dem feuchten Milieu des Fahrzeuginneren sehr gut entwickelt. Der Renault 4 sei niemals hundertprozentig dicht gewesen.
„Wir haben noch keinen Pilzbewuchs in unserem festgestellt. Wenn es zu viel regnen sollte, bohren wir aber einfach ein Loch in den Unterboden, damit das Wasser abfließen kann, und machen bei voller Fahrt die Fenster auf, damit er wieder trocken wird", versichern wir. Solange kein Wasser in das Fahrzeug eingedrungen ist, sollte man sich die Bohrung natürlich sparen …
Aber tatsächlich ist diese ungewöhnliche Maßnahme nicht weiter irritierend; es war schon zu Studentenzeiten – man hatte ein Loch im Budget, warum also keines im Unterboden des Renault 4 – eine Möglichkeit, zumindest das meiste Wasser wieder aus dem Innenraum nach draußen zu befördern.
„Ja, das funktioniert. Es ist kein Schiff", sagt Louis-Paul. Und so vergeht der Abend am großen Tisch im Salon, im Beisein der Gastgeber und „le chat", am knisternden Kaminfeuer. Die Karaffe leert sich, das letzte Glas ist bald getrunken, und die Nacht bricht mit den Rufen des Käuzchens aus der Krone der Libanon-Zeder herein, während das Mondlicht sich schlafen legt in den Ästen der mächti-

gen Bäume, auf der Juiverie, dem Plateau über dem uralten, jüdischen Viertel der Ortschaft, und an den Fassaden.

Château de Cinq-Mars-la-Pile ist eine alte Festung, eine, die – wenn Steine sprechen könnten – ein Stück der atemberaubenden Geschichte Frankreichs wiedergeben würde. Sechzig Stufen führen hinauf aufs Plateau im ersten der beiden Türme. Im Erdgeschoss lässt Louis-Paul mit einigen Exponaten ein bisschen Historie erzählen, ansonsten erzählt der Ort selbst, wenn man aufmerksam hinhört, hinschaut, vor sich hingenießt. Feigen- und Walnussbäume, Farne und Sommerflieder, Zedern und Ginster säumen die Wege. Rauf und runter geht es in diesem verwunschen wirkenden Gelände. Im einstigen Wassergraben, heute trocken wie die Sommer der Touraine, flanieren Besucher und flitzen Eichhörnchen. Es ist eine Meisterleistung, ein Kraftakt architektonischer Vergangenheit, dessen Mauern hier von riesigen Farnen und Gehölzen umspielt werden. Im Gegensatz zu den Prachtschlössern links und rechts der Flüsse Loire, Vienne und Cher ist die Burgruine von Cinq-Mars-la-Pile unaufgeregt aufregend. Selbst an schönsten Sommertagen findet sich hier manchmal nicht mehr als ein Dutzend Touristen ein. Und wenn um 19 Uhr die Besuchszeit vorüber ist, haben Gäste, die sich in einem der beiden Zimmer einquartiert haben, die Festung ganz für sich allein. Wir lassen uns gefangen nehmen von diesem magischen Ort und fühlen Heimat in uns, wärmend und stark. Als Baum möchte man hier wurzeln, als Blume hier erblühen, als Samenkorn vom Wind erfasst über die kleine Lichtung vor den Ritterhäusern geweht werden. Es ist ein ergreifender Platz, ein Tor zum Herzen, an dem wir in Freude wandeln, und die Gezeiten, die die Festung umspielen, sind nicht mehr und nicht weniger als Tag und Nacht, als Frühling, Sommer, Herbst und Winter.

So friedlich sich die Türme heute über die Stille der Ortschaft auch erheben: Im 17. Jahrhundert kam es im Schatten der Festung zu einer folgenschweren Auseinandersetzung zwischen dem Besitzer, dem Marquis de Cinq-Mars, Henri Coiffier Ruzé d'Effiat, und Kardinal Richelieu. Natürlich ging's um Macht, worum sonst? Der erst 22-jährige Burgbesitzer hatte gedacht, als Belohnung für sein ausgezeichnetes Auftreten bei der Belagerung von Arras 1640 zu höheren militärischen Ehren zu kommen. Richelieu, der alte Knabe, war da ganz anderer Meinung, und schon entbrannte ein solcher Ärger, in dem der Marquis plante, den Kardinal aus dem Amt zu stoßen. Das Ende ist schnell erzählt: Richelieu verlor die Fassung und der Marquis seinen Kopf. Bester Stoff für ein Buch. Der französische Schriftsteller Alfred de Vigny fasste die tragische Begebenheit denn auch in seinem berühmten Roman „Cinq-Mars“ zusammen. Wer über die Festung streift, spürt die starke

Château Cinq-Mars-la-Pile bei Nacht

Geschichte und die Kraft, die von ihr ausgeht. Ein am Fuß des Ostturms ausgegrabener Degen ist eines von mehreren Exponaten, die im Saal mit seinem Kreuzrippengewölbe ausgestellt werden. Und ein Faksimile gibt den Inhalt eines Briefes des Marquis de Cinq-Mars an seine Mutter wieder, ein letztes Schriftstück, das er ihr zukommenlassen hat kurz vor seiner Hinrichtung.

Aber das ist Geschichte. Widmen wir uns lieber wieder der Gegenwart. Louis-Paul hat diesen Besitz geerbt. Sein Vater, der in Frankreich sehr bekannte Maler Nicolas Untersteller, Direktor der École nationale des beaux-arts, erwarb die Burg mit ihren Nebengebäuden im Jahre 1957, also – beiläufig hier aus gutem Grund erwähnt – zu jener Zeit, da die Entwicklung des Renault 4 unter dem Namen „Projekt 112“ rasant Fahrt aufgenommen hatte und der Konkurrenz im Hause Citroën die Zornesfalten auf die Stirn brannte, weil sie einen (besseren) Nachbau der Ente fürchtete. Einige Jahre nach dem Erwerb der Burg durch Nicolas Untersteller wird jedenfalls – es war garantiert ein sehr, sehr freudiger Tag – der erste Renault 4 auf dem großen Hof des Château de Cinq-Mars-la-Pile gerollt sein und viele weitere nach ihm, und jetzt steht dort wieder einer, eine Savane TL, ohne Pilze und ohne Loch im Boden. Sie fügt sich in diese Umgebung aus historischem Stein und jahr-

hundertealten Gehölzen wie das letzte noch fehlende Puzzleteil, und fertig ist das Bild, das sich in den Jahrzehnten zuvor wohl hundert-, ja tausendfach an diesem überwältigenden Ort gezeigt haben wird. Besitzer kamen, Besitzer gingen, die Geschichte nahm immer wieder einen anderen Lauf bis zu jenem Tag, an dem Nicolas Untersteller diesen Komplex zu seinem Zuhause machte. Er kümmerte sich um den Ausbau der Nebengebäude und um den Erhalt der noch zwei verbliebenen Türme, während seine Frau maßgeblich zur Gestaltung des Parks beitrug. In diesem Sinne führen Gildas und Louis-Paul das Erbe fort. Gildas gibt nie den Kampf gegen den Buchsbaumzünsler auf und bringt die Immergrünen in Form. Sie befasst sich zudem mit den historischen Plänen der Grünanlage und ist Gärtnerin, Gestalterin, Organisatorin und noch dazu wohl das Beste, was Louis-Paul hätte passieren können. Er ist ein Künstler und Lebenskünstler, sie ist sein Kompass – und beide sind sie die Seele dieser Forteresse.

Vor Überraschungen sind sie nie gefeit, leider auch nicht vor den negativen. So kam es, dass die beiden eines Winters von einer Reise zurückkehrten und sahen, wie der Wohnturm ihres Hauses abgesackt war. Nach heftigen Regenfällen unterspült. Ein Teil der Mauer war in den Burggraben hinuntergepoltert, der Riss durch die Fassade des Turms, in dem sich unter anderem ein Wirtschaftsraum und einige Exponate Louis-Pauls befinden, reichte von der Tür bis zur Regentraufe. Wie groß der Riss in den Herzen von Gildas und Louis-Paul war, haben sie nie gesagt; sie haben vielmehr die Dinge pragmatisch und voller Tatendrang in Angriff genommen, einen Architekten gesucht und gefunden, der sich mit dem Restaurieren von historischen Gebäuden auskennt. Die Mauern sind weitestgehend wiederhergestellt, die Wunden vernarbt. Grundgütiger, Balzac, der die Loire so liebte, hätte diese Festung von Cinq-Mars-la-Pile sehen sollen, ihm, dem Romantiker, wären die Worte sanft und schön wie Samtwolken aus dem Federkiel geflossen und hätten diese

Burg umarmt. Der Mond wirft das fahle Licht seines Antlitzes auf diese traumhafte Anlage. Gegen Mitternacht liegt die Burgruine in seliger Nachtruhe. Louis-Paul hatte noch ein wenig in seinem Atelier gearbeitet, bevor er sich zu Bett begab. Wir schlummern längst im Chambre mit seinem Mix aus blumigen Vorhängen und Möbeln aus der Jahrhundertwende. Draußen, vor den Fensterläden, schnurrt „le chat“ und träumt von einer Maus. Wir träumen von Cinq-Mars und davon, dass uns Louis-Paul und Gildas in Bälde adoptieren werden … Und wenn am nächsten Morgen so zwischen acht und halb neun Uhr die große Pforte des Haupteingangs in ihren Angeln quietscht und rumpelt, dann wissen wir, dass einer von beiden in die Ortschaft hinuntergeht, um frische Croissants und Baguette zu kaufen.

Und in der Tat: So ist es dann auch. „Bonjour, du schöner Morgen im Garten Frankreichs! Die Nacht war schön und schnarchig, die Katze putzt ihr Fell, und alles, was sich findet, rinnt aus frischem Quell.“ Louis-Pauls frischer Quell ist Kaffee, so schwarz wie eine sternenlose Novembernacht mit Regenwolken, der in einem Extrakännchen aufgegossen wird. Wir sitzen wieder am großen Tisch im Salon und laben uns an dreierlei Sorten Baguette, in denen trotzdem kein volles Korn zu finden ist, pardon, auch nicht im „baguette aux céréales“, ein Mysterium für sich. Griechische Musik fließt aus den Lautsprechern des Radios, weil der Hausherr sie so sehr liebt. Von Tautropfen benetzte Sonnenstrahlen fallen durch die Fenster in den Salon. Fernsehen gibt es hier nicht, „weil es darin nur wenig Gutes gibt“, sagt Louis-Paul. Er hätte vermutlich ohnehin wenig Zeit dafür, denn der junge Tag stellt ihm eine Menge Arbeit in Aussicht. Die Stromleitung am Eingangsportal muss er reparieren, den Rasen vor den Ritterhäusern mähen. Außerdem will er auf dem Wochenmarkt in Langeais einkaufen. Langeais ist nicht weit entfernt, und der Wochenmarkt dort ist gewissermaßen ein Hotspot der Region, wo man sich trifft und wirklich alles findet, was der Franzose braucht – herrliche Würste, goldene Butter, frische Knoblauchzöpfe, flauschiges Federvieh und modische Schuhe. Louis-Paul lässt sich dort mitunter gerne verführen – allein wegen der Ästhetik dieser Waren. Kehrte er eines Tages doch mit einem schillernden Steinbutt aus Langeais zurück; der Fischhändler hatte ihn nicht lange überzeugen müssen. Sein Künstlerherz war vollends erfüllt von den Schuppen des Fisches, die wie ein lebhaftes Muster aus Kieseln ganz dem Vorbild japanischer Gärten auf ihn gewirkt haben müssen. Er brachte ihn mit in die Küche, wo Gildas erst nicht recht wusste, was sie damit anfangen soll. Dass der Steinbutt dennoch zu einem köstlichen déjeuner wurde, ist nicht zu bezweifeln, aber „LP“, der keinen geringen Teil der Künstlergene seines Vaters abbekommen hat, kauft eben mitunter nicht im Hinblick auf die Gaumenfreude, sondern allein aus Freude an der Schönheit.

Ein Paradies für Marktschwärmer

Langeais ist gemeinhin für sein bemerkenswertes Schloss bekannt, das eher den Eindruck einer wehrhaften Burg vermittelt und im Zentrum der kaum 5000 Einwohner zählenden Stadt steht. Dass sich die Festung in einem außerordentlich guten Zustand präsentiert, ist einem gewissen Jacques Siegfried zu verdanken, der im 19. Jahrhundert viel Geld und Zeit investierte, um den Feudalbau auferstehen zu lassen. Unbedingt sehenswert! Und doch ist da noch etwas anderes, das Langeais so verlockend macht: der Wochenmarkt. An jedem Sonntagvormittag wird Marktschwärmern hier eine Mischung aus französischem Savoir-vivre, landwirtschaftlichen Erzeugnissen und handwerklicher Finesse geboten, garniert mit Bücherständen, Modeartikeln, gackernden Hühnern und allerlei anregenden Gesprächen zwischen Käse, Wurst und Wein. Es gibt viele schöne Wochenmärkte in Frankreich – vor der Kulisse des mächtigen Schlosses gehört dieser allerdings zu den beeindruckendsten von allen. (Info: langeais.fr, chateau-de-langeais.com)

„LP“ – ein Künstlerleben. Im Sommer geht er spät in seine Werkstatt voller Bilder, Bücher und Skulpturen, die dem Trakt des Chambres d'hôtes vorgelagert ist, aber im Winter, in denen der Park ihm nicht so viel Arbeit abverlangt wie sonst, lebt Louis-Paul seine künstlerische Ader intensiver aus. Es kommt vor, dass er Holzschnitte erstellt, aber meistens entstehen Kupferstiche, solche, in denen Kinder auf dem Rücken von Rosalie reiten, einer Eseldame, die zusammen mit zwei ziemlich bockigen Schafen auf einer der Festung zugehörigen Weide lebt. Das Bild zeigt eine Szene aus dem Burggraben. Ein anderes Werk Louis-Pauls deutet auf Fischköpfe und Gräten hin, die wie ein Blumenstrauß wachsen. „L'envolée végétale“ hat er das Œuvre genannt. Jedes Jahr entsteht ein neues dieser kleinen Kunstwerke in einer Auflage von hundert oder weniger und erreicht als Gruß zum neuen Jahr Familie und Freunde. Diese ulkigen Gedanken, diese Bravourleistung des leichten Meisterwerks, begegnet Gästen des Chambre aber auch schon unter der Dusche! Denn Louis-Paul wäre nicht ein Spross der Familie Untersteller, wenn er die Kacheln der Badezimmer nicht selbst gestaltet hätte. Garnelen schwärmen dort in Schulterhöhe, ein Fischreiher beobachtet die Lage und vielerlei Arten Fische beginnen scheinbar mit jedem Tropfen zu leben, der aus dem Duschkopf regnet. Es ist ein fröhliches Ensemble aus versierter Kunstschaffenheit und einem kleinen Fetzen kindlicher Freude, die sich Louis-Paul Untersteller bewahrt hat und die hier zum Ausdruck kommt. Die schwarze Hauswinkelspinne am oberen Rand hat er übrigens nicht in die Kachel gebrannt, die ist ganz echt.

Wir fahren über eine Brücke. Wir sind von Schlössern umringt. Die D-Straße ist eine Droge.

„Saumur la blanche!“ Eindrucksvoll thront das Schloss über dem Südufer der Loire. Als weiße Stadt ist sie bekannt und Heimat der berühmtesten französischen Reitschule, die den Namen „Cadre Noir“ trägt. Ausgerechnet. Ihr blendendes Antlitz hat sie dem Kreidegestein aus der Umgebung zu verdanken. Zum Bau von Schlössern und Kathedralen wurde es in Felsenhöhlen abgebaut. In Saumur sind viele Häuser aus diesem Tuff entstanden, nicht nur die herrschaftlichen. Ein Renault 4 in Alpaga-Beige vermag vor diesen Fassaden leicht ergraut auszusehen, aber die Fahrt zur hochgelobten 30.000-Einwohner-Perle war wie ein Jungbrunnen für den alten Knaben; er rollte wie von alleine, getrieben auf der D952, einer ausgesprochen magischen Route, die am Nordufer des majestätischen Flusses entlangführt, der manchmal nur ein paar wenige Meter von der Fahrbahn entfernt gemächlich Richtung Atlantikküste fließt. Diese Straße schafft eine Verbindung über mehr als zweihundert Kilometer von Blois bis Angers. Die Pläne in muffigen französischen Amtsstuben sitzender Straßendurchnummerierer mögen für Außenstehende unergründlich sein; es wird aber wohl seine Richtigkeit haben, dass dieselbe Route ab Blois ostwärts abbricht, um nach über achtzig Kilometern hinter dem Ort Châteauneuf-sur-Loire erneut aufzutauchen. Verrückt. Von dort führt sie bis Gien und Briare, wo schon bald die Franche-Comté erreicht ist. Vor allem aber ist es die Hauptachse der D952 ab Blois westwärts, immer westwärts, die uns zeigt, dass sie keine ordinäre Fahrbahn ist, um von A nach B und C und D zu gelangen, sondern sie ist ein phänomenales Geleit zu den schönsten Zielen, die man sich nur vorstellen kann – und deshalb selbst eines. Wenige Boulevards, und ja, diese D hat die Bezeichnung Boulevard fraglos verdient, sind konsequenter an ihre Umgebung gebunden. Die D952 wirkt, als sei sie natürlich gewachsen und nicht das Ergebnis infrastruktureller Notwendigkeiten, denn die Panoramen, die sich von diesem Streifen Asphalt darbieten, sind von erlauchtem Liebreiz. Deshalb stehen wir ja gerade hier in der weißen Stadt mit der wiehernden schwarzen Garde und ihrem Schloss nahe bei den Wolken, dessen Anblick uns über die Brücke lockte, weg vom magischen Pfad, auf dem wir wie auf Schienen zu gleiten schienen.

„Du graue Stadt am Meer“, hat Theodor Fontane über Husum geschrieben. Haben Montaigne, Ronsard oder Balzac ihre Dichtkunst eigentlich jemals so meisterlich auf Saumur gemünzt? „Du weiße Stadt an der Loire, du Sahnewölkchen über Blau. Von Rotweinreben eng umschlungen, schmeckst du am Gaumen, auf den Zungen, und bleibst, auf königlich Geheiß, auch bei grauem Wetter weiß.“ Sie hätten das besser gekonnt, davon ist auszugehen, aber Saumur hat Gedichte verdient, wie sie die D952 verdient hätte. „Du D mit deiner Neunfünfzwei, ein Asphaltstreifen Liebelei, ob West, ob Ost, wo wir auch kamen, schenkst du uns schönste Panoramen." Am Rest dieses epochalen Werks arbeiten wir, aber ein Anfang ist gemacht. Des Öfteren fallen einem die richtigen Worte erst unterwegs ein, in Situationen, in denen man sie am wenigsten vermutet, etwa wenn hinter der nächsten Kurve ein neues Bild entsteht von dieser Welt dort draußen, außerhalb der drolligen Blechbüchse, vor der kleinen Windschutzscheibe sich darbietet und Lettern aus Baumwipfeln fallen, die sich zu Wörtern formen, um Verse zu bilden und Strophen zu bauen. In einem Renault 4, der Quatrelle, die die Franzosen nur halb so lieben wie ihre Ente, aber immerhin, sie lieben sie, ist das möglich, weil wir darin noch die Straße spüren können und ihrer Geschichte lauschen. Das Sirren des Vierzylinders im mittleren Drehzahlbereich bei Tempo 70 lässt uns vergangene Königreiche finden und neue träumerisch auf dem Sand der Loire-Inseln erschaffen; das stete Geräusch des Aggregats bringt uns voran und ist ein Lied, das jedes Radio vergessen macht. Abgesehen davon, dass die Lautstärke in diesem Auto grundsätzlich nicht dem Musikhören förderlich ist, weshalb wir auch nicht darüber nachdenken, eines Tages noch ein Radio einzubauen. Für wen? Und warum? Wir horchen lieber dem, was hinter und über der Vorderachse unter der Haube geboten wird, und wenn am Heck das schmale Auspuffrohr ein heiseres Räuspern von sich gibt, sobald man den Fuß vom Gas genommen hat, dann sind wir echt glücklich. Was für ein Spaß!

Genug gesehen von Saumur, nehmen wir die Strecke aufs Korn. Wieder über die Brücke und die Île Offard, die als Werder der weißen Stadt wie ein Tor ins Reich der Schönen wirkt. Wir fahren ostwärts auf der D952, weil sich auf diese Weise gar königliche Aussichten ergeben. Fahr, du Quatrelle, Savane mit TL, brause los und zeige uns leuchtende Schlösser aus dieser umwerfenden Perspektive. Zehn Kilometer ist Montsoreau nur entfernt, geschwind erreicht. Das Schloss ist vergleichsweise von bescheidenem Ausmaß, aber von unermesslichem Wert insofern, als dass in seinen Gewölben eine Ausstellung zur Geschichte der Loire zu sehen ist. Wie die Fischer die Segel setzten, um auf Fang zu gehen, wie der Fluss das Leben bestimmte, wie die Hochwasser für Verderben sorgten. Hoch oben, vom Plateau, erkennen wir die Vienne, die einen Kilometer stromaufwärts ihren feuchten Kuss an Mutter Loire gibt. Als die Untertanen für die gnädigen Herren, die nicht immer gnädig waren, im 15. Jahrhundert diesen feudalen Kasten aus und auf den Felsen bauten, hatten sie die strategisch günstige Lage zur Sicherung der Straße von Chinon nach Saumur im Blick. Die schöne Aussicht, die Besuchern heute den

Atem raubt, war ihnen, wie zu vermuten ist, egal. Die Burg ist weniger fein strukturiert wie Château Saumur oder Ussé, sondern wie eine Festung gebaut und trotzdem voller Erhabenheit und Würde. In der französischen Literatur nimmt sie eine Paradestellung ein. Richtig berühmt wurde Château Montsoreau durch Alexandre Dumas' Roman „La dame de Montsoreau". Auch François Rabelais und Gustave Flaubert erwähnten den mächtigen Brocken in einigen ihrer Werke. Und William Turner, der bedeutendste britische Maler in der Romantik, bannte während seiner Loire-Reise Château Montsoreau auf Leinwand. Ohne R4, versteht sich. Der ist zwar ein Oldtimer, aber so alt nun auch wieder nicht. Gerade aber hätte Turner seine Freude daran, den Pinsel zu zücken und ihn in Farben zu tauchen, denn zu Füßen von Château Montsoreau gibt sich „La Quatrelle" als Model die Ehre und wird von einigen Franzosen umringt, die sich gerade mehr für das Auto als für die Festung interessieren.

An Montsoreau jedenfalls kann man nicht einfach vorbeifahren, da muss man hin, übrigens nicht alleine des Schlosses wegen. Es gibt eine Internetseite, auf der die „Association Les Plus Beaux Villages de France" die schönsten Dörfer Frankreichs zusammenfasst. Über 150 haben die Damen und Herren, die der Organisation angehören, dort zusammengestellt. Montsoreau ist darin enthalten. Das liegt an seiner prestigeträchtigen Kulisse zwischen Anjou und Touraine. Mit Blumen geschmückte Gassen führen an Häusern und Hütten vorbei, die aus weißem Tuff gebaut sind und deren Schieferplatten an Sonnen- wie an Regentagen glänzen. Südlich des Ortes liegt ein Teil der Weinberge des Saumuranbaugebiets. Das alles sind

Nördlich der Loire ist alles in Butter

Sachen gibt's ... So verbindet die Loire als majestätischer Fluss nicht nur Schlösser, Burgen und Gärten im Zentrum Frankreichs, sondern stellt auch eine natürliche Grenze zwischen Butter und Olivenöl dar! Dieser Fluss ist gewissermaßen die Barriere für Geschmacksüberschreitungen. So gilt nördlich ihrer Ufer die Butter als Schmierstoff für lukullische Genüsse, während südlich von Mutter Loire vor allem Olivenöl zum Kochen verwendet wird. Ein gespaltenes Land? Nun ja, immerhin gab es eine Umfrage, in der angeblich 75 Prozent aller südlich der Loire wohnenden Franzosen Butter mit entsetztem Gesichtsausdruck vollkommen ablehnten, während für Bretonen, Normannen und andere „Nordlichter" nichts anderes in die Pfanne, den Teig und aufs Baguette kommt. Bon appétit.

gute Gründe, Montsoreau in die Liste der schönsten Dörfer aufzunehmen. Crissay-sur-Manse steht auch darin und ist quasi gleich um die Ecke erreichbar. Die Schönheit des Loire-Tals haftet nicht allein an der Pracht seiner Schlösser, sondern strahlt aus eben jenen kleinen Dörfern, die von Patina veredelt sind. Krumm gewordene Mauern aus Stein säumen Wege und schmale Straßen, aus deren Ritzen Spornblumen emporwachsen. Ringsumher blühen Raps und Reben und umschäumen diese Dörfer, Dörfer wie Montsoreau und Crissay-sur-Manse. Und wenn mal die Weinstube nicht geöffnet hat, dann wenigstens die Kirche, die Reisenden immerhin die Gelegenheit gibt, zum Stoßgebet innezuhalten, auf dass die verspielte Schönheit niemals Schaden nehmen möge.

Falls nun im Komitee der Dorfbewerter noch zwei Plätze frei sind, würden wir uns überreden lassen, die Jobs zu übernehmen. Nur mal so als Hinweis. Nach Crissay fahren wir jetzt aber nicht, weil wir dort schon waren. Außerdem müssten wir in diesem Fall den Plan aufgeben, uns weiterhin kompromisslos von der D952 leiten zu lassen, und weil wir schon so viele Pläne auf unserer Reise erfolgreich über den Haufen geworfen haben, wollen wir wenigstens diesen einen mal von Anfang bis Ende durchziehen. Also wieder rüber auf die andere Seite. Die Brücke, die in Montsoreau über die Loire führt, trägt die Nummer D952A. Über Brücken zu fahren, daran gewöhnt man sich in dieser Region, und es ist teilweise eine sehr besondere Herausforderung, weil es Viadukte gibt, die nur eine Fahrspur haben. Andere haben zwar zwei, sind aber so eng, wenn sich zwei Allerweltsautos in die Quere kommen, dass sie schon mal die Spiegel einklappen müssen. Müssen wir natürlich nicht. Der Renault hat mit 150 Zentimetern Breite und 366 Zentimetern Länge eine Topfigur, nicht sehr ausladend (zum Vergleich: Schon ein Renault Clio, Baujahr 2019, bringt es auf 173 Zentimeter von Spiegel zu Spiegel). Insofern: Gas geben, rüberheizen und bei der nächsten Pâtisserie nicht schon wieder drei Törtchen bestellen …

Die nächste Kathedrale, die von der D952 auf der anderen Uferseite zu erkennen ist, besteht aus Kühltürmen und wenig Königlichem. Bei Beaumont-en-Véron steht ein Kernkraftwerk. Es ist nicht das einzige an diesen Ufern und total hässlich. Weiter, Gaspedal gedrückt halten und freuen über La Croix Rouge, La Chapelle-sur-Loire und Les Trois Volets. Niedlich, diese Ortsnamen, man könnte sie nicht treffender erfinden. Dann kommt Langeais, das kennen wir, danach Cinq-Mars-la-Pile, dort wohnen wir für ein paar Tage. Irgendwann ist Tours erreicht. Bevor Paris Hauptstadt wurde, war sie es, die Göttergleiche, deren Erzbischöfliches Palais heute Sitz des Museums der Schönen Künste ist, sie, die dem Kloster Marmou-

Buchsbaumballbombastisch: Château d'Amboise

tier, das vom heiligen Bischof Martin von Tours 372/375 gegründet worden war und heute ein Internat beherbergt, eine Heimat gibt, sie, deren botanischer Garten reichhaltige Pflanzensammlungen offenbart. Ein Tag reicht nicht aus für eine Tour durch Tours. Vielleicht fahren wir deshalb so forsch weiter, die D952 will kein Ende nehmen, wir sind an sie gebunden. Ungefähr dreißig Kilometer bleiben wir auf dieser Route, bis sich Amboise in etwa so aufdringlich darbietet wie ein Köter, der sich auf den Rücken wirft und dort gekrault werden will, wo's am schönsten ist.

Diese Stadt, dieses Schloss, atemberaubend! Wenn auch Saumur als die weiße Schöne der Loire gilt, wenn auch Tours als die reiche Erhabene angesehen wird: Das Flair in Amboise ist mit keiner anderen Stadt zu vergleichen. Halb lenken wir sie, halb zieht es die TL Savane selbst über die einzige Loire-Quere, die es hier gibt. Sie führt über die Île d'Or, die goldene Insel, direkt auf die Innenstadt mit dem darüber thronenden Schloss zu. Bienvenue à la Château Royale d'Amboise! Die Geschmäcker mögen verschieden sein, und doch ist kaum anzuzweifeln, dass es wenige Prachtbauten gibt, die mehr Potenzial enthalten als diese Festung. Einerseits ein Koloss, andererseits ein sanfter Riese. Château Royale d'Amboise eröffnet hochinteressante Einblicke in vergangene Jahrhunderte und ist eng verbunden mit dem Leben und dem Tod Leonardo da Vincis, dessen Grabstätte sich hier befindet.

Lebenskunst und Luxus vergangener Epochen. Im Park steht eine im Jahr 1840 gepflanzte, riesige Zeder im Beisein Hunderter Buchsbaumkugeln, die dem Zünsler bislang nicht zum Opfer gefallen sind. Vom Balkon aus betrachten wir das Stadtzentrum, das die Festung umrundet, sehen die Loire, die Insel und die Landschaft, die zum Weltkulturerbe der Menschheit gehört. Die Burg wird umschäumt von allerlei Restaurants und Bars dort unten in der Stadt, auf die wir blicken, wie es einstmals die Könige auf ihre Untergebenen getan haben, die dieses Wunder auf Erden auf einem Felsplateau bauen ließen. Wenn man sich vor Augen hält, dass von der ursprünglichen Anlage, die mit Beginn der Renaissance die größte Frankreichs war und 247 Zimmer beinhaltete, nur noch ein Bruchteil vorhanden ist, wünschte man sich auf der Stelle eine Zeitmaschine.

Restaurants und Boutiquen säumen die Straßen im verkehrsberuhigten Zentrum der 15.000-Einwohner-Stadt. Unten am Ufer der Loire sitzen die Menschen entspannt bei einer Flasche Rotwein und Baguette, halten die Füße in den Fluss und werfen Stöckchen, um Fifi bei Laune zu halten. Das Savoir-vivre scheint in Amboise ziemlich ausgeprägt zu sein. Die D952 verspricht nicht zu viel, wenn sie Stadt und Schloss so verheißend präsentiert wie ein Küchenchef das Gänge-Menü

Zu Füßen des Schlosses Amboise befindet sich ein quirliges Städtchen.

im Sterne-Schuppen. Als wolle sie sagen: „Voilà, seht nur hinüber. Ich biete euch die schönsten Panoramen, und dieses hier ist der Hauptgang." Und nichts davon zu viel versprochen! In Amboise trifft elegantes Flair auf französische Lässigkeit, und es gibt kaum einen Besucher, der sich dem Bann dieser willkommen heißenden Kleinstmetropole entziehen könnte. Wir jedenfalls nicht, und wenn das Parkticket am Quai du Général de Gaulle nicht schon das Limit überschritten hätte, würden wir bleiben. Andererseits reicht die D952 aber auch noch ein Stück weiter. Wir fahren also abermals über die Brücke zurück und gondeln weiter gen Osten, weil Chaumont-sur-Loire auch nicht mehr weit entfernt ist.

Ein Blick hinüber auf die andere Seite, wir kennen das jetzt schon, und wieder eine Brücke. Weiß der Teufel, warum sie als D1 hier auftaucht, eigentlich kennen wir die D1 aus einer anderen Region. Aber es besteht kein Zweifel, es ist sie, wieder einmal, so steht's im Atlas geschrieben und so ist's am Wegesrand ausgeschildert. Ob sie zu viel trinken in den Straßenverkehrsbehörden? Welcher Regel folgt dieser Nummernsalat? Das letzte Mal, als wir auf der D1 unterwegs waren, knatterten wir durchs Burgund und kamen in Donzy an. Es ist verwirrend, aber es spielt auch keine Rolle. Immerhin staunen wir jetzt über das nächste Château. – Nein, ehrlich gesagt staunen wir vor allem über den langen Aufgang und dann über den Park, der seit 1992 jedes Jahr aufs Neue für eine internationale Gartenschau genutzt wird. Das Gartenfestival von Chaumont-sur-Loire ist ein Fenster in die Zukunft.

Bis Blois ist es nicht mehr weit, dort endet die D952 – vorerst. Und was tun wir? Wir fahren zurück, aber diesmal auf der anderen Seite. Ist das verrückt? Da hochloben wir die D952 als attraktive Panoramaroute, knattern freudestrahlend in unserer ureigenen Zeitmaschine darauf umher – und stellen nun fest, dass die Strecke(n) auf der Südseite genauso schön sind. Und vor allem: weniger befahren! Achtung, merken: Die D751 macht hübsche Kurven direkt zwischen Chaumont-sur-Loire und Amboise. Sie ist die kleine Schwester der D952, genau genommen noch hübscher, in Teilstücken grün markiert, was in Atlanten im Übrigen immer ein gutes Zeichen ist. La Godinière, Mosnes, Montlouis-sur-Loire, dann Tours, huch, da sind wir schon wieder! Hier verliert sich die Spur der D751 kurzzeitig. Richtung Villandry geht's über die D7, wobei ein Abstecher auf der D88 gut tut, denn er führt auf die Halbinsel zwischen Loire und Brüderchen Cher. Schöner als auf der anschließenden D16 kann kein Reisender unterwegs sein. Sie verbindet Dörfer wie La Durandière, Bréhémont und Château Ussé, das Märchenschloss wie für Dornröschen gebaut, die allesamt nicht vom Schöndörferkomitee erwähnt werden. Tun wir's also hier.

Von Ussé nimmt die D7 unseren R4 wie einen guten Freund auf ihren Teer und trägt ihn bis Candes-Saint-Martin und Montsoreau. Ab Montsoreau hat diese Route départementale das Nümmerchen 947, das hinter Saumur, wo unser Rundkurs dieses Kapitels begonnen hatte – wie lange sind wir eigentlich unterwegs gewesen, ist ja der reine Wahnsinn … –, erstaunlicherweise wieder die Zahlenkombination 751 erhält. Muss man nicht verstehen. Muss man nur befahren. Da ist sie folglich wieder, die Stadt mit den weißen Häusern, dem roten Wein und den schwarzen Rössern der berühmtesten Reiterstaffel Frankreichs. War das ein erlebnisreicher Rundkurs, einfach super. Wer jetzt glaubt, wir hätten ihn mit all diesen Erfahrungen an einem Tag in einem Stück gefahren, der glaubt auch an den Weihnachtsmann.

PS: Die D751 übertrifft das Ausmaß der D952 bei Weitem. Denn sie führt von der weißen Stadt bis an den Rand des rauschenden Meeres, bisweilen der Loire nah ans Ufer gerückt, dann abermals in höflichem Abstand zu Ihrer Majestät, sogar durch Nantes, der sechstgrößten Stadt Frankreichs, bis an das Ufer des Atlantiks in Pornic.

PPS: Die D751 in östlicher Richtung entlangzubrausen, ist genauso toll und führt zu neuen Abenteuern und Entdeckungen. Womit wir bei den Frauenzungen angekommen wären …

Neben der Spur … rosa Bier und Frauenzungen.

Wenn man von der sehr alten, geschichtsreichen Stadt Tours auf der südlichen Loireseite der D751 folgt (ab Blois unerklärlicherweise die D951, aber das Phänomen der undurchschaubaren Nummerierungen kennen wir ja schon) folgt, lässt man eine fast 2000 Jahre alte Siedlung hinter sich, deren schwere Kathedralen-Türme und beeindruckende Bauwerke sich dennoch leicht in das urbane, moderne Leben eingefügt haben. Man versteht sehr gut, warum die Römer hier eine Kolonie gründeten und dafür die Eingeborenen vertrieben haben. Was schön ist, will man eben für sich selbst haben. Gegen die römische Übermacht waren die Kelten chancenlos. Der einzige – posthume – Trost für die Verlierer könnte der sein, dass sich die nächsten fast 2000 Jahre niemand sicher sein konnte, wie lange er die Prächtige an der Loire würde besitzen können. Nach den Römern kamen nämlich die Merowinger, dann die Franken, und selbst die Wikinger schauten auf einen nicht ganz so freundlich gesinnten Besuch vorbei. Sie benahmen sich so unfein, dass die Stadtväter schließlich eine massive Mauer ziehen ließen. In den nächsten Jahrhunderten wuchs die Stadt, kam aber nie so richtig zur Ruhe. Heute versprüht Tours Lebensfreude. Ruhig ist es dort jetzt aus anderen Gründen nicht. Erst außerhalb, der attraktiven D751 folgend, auf der wir gerade unterwegs sind, ist der Trubel verflogen. Die Straße führt so nah an der Loire vorbei, dass die weißen Blütenteppiche, gleich schaumigen Inseln auf dem Wasser treibend, zum Greifen nahe sind. Die südliche Route führt durch kleine Dörfer und bleibt den großen Städten fern. Amboise, Chaumont-sur-Loire, Blois – Namen wie Sahnebonbons auf der Zunge, und märchengleich sehen wir die Silhouetten der Städte und Ortschaften vor uns aufragen.

Sully-sur-Loire gehört nicht zu den bekanntesten Schlössern des Loire-Tals, ist nicht so imposant wie Chambord, nicht so einschüchternd wie Amboise, nicht so filigran wie Chenonceau – und doch hat diese Anlage alles, was man sich wünschen kann. Eine schöne Lage inmitten einer Wasserlandschaft in Blickweite zum Fluss, einen kleinen Park, ein paar anständige mittelalterliche Wehrtürme, eine komplett erhaltene Schlosskonstruktion und die Möglichkeit, das Ganze in Ruhe zu erkunden. Denn dieses feudale Gebäude liegt im Zentrum der Stadt, und sollte die erkenntnisreiche Entdeckungstour über die vielen Treppen, Räume und Säle einen durstig werden lassen, liegt die nächste Bar-Tabac nicht fern. Das Schmuckstück, das es nun schon siebenhundert Jahre lang geschafft hat, weder als Steinbruch zu verkommen, noch in den diversen Kriegen völlig zerstört zu werden, präsentiert sich in Disney-Manier, und das ist hier positiv gemeint. Genau so würden Kinder ein

Parkett und Kronleuchter: großer Saal im Château Sully-sur-Loire

Schloss malen mit großen und kleinen Türmen, Burgmauern, Wassergraben und Brücke. Innen sind die meisten Bereiche für Besichtigungen geöffnet; aus den Fenstern blicken wir auf die Loire und seufzen in dem Wissen, dass wir hier niemals morgens in seidenen Kissen aufwachen werden, während eifrige Bedienstete ein Bad einlassen und gleichzeitig das Frühstück kredenzen.

Dann eben nicht, mittlerweile gibt es andere Freuden als im goldenen Käfig zu wohnen. Eine davon ist der nun dringend gewordene Besuch in einer Bar, ob mit oder ohne Tabac. Sully-sur-Loire ist ein nettes Städtchen, das alles hat, was man zum Flanieren braucht. Ein paar interessante Geschäfte, noch mehr interessante Restaurants und eine erkleckliche Anzahl an kleinen Kneipen, die an diesem Nachmittag gut besucht sind. Hinein ins Paradies, der Maître tritt heran, doch auf die Frage nach dem regionalen Bier schüttelt er ablehnend den Kopf. Nichts da! Zurzeit trinkt alle Welt das Frühlingsbier einer belgischen Marke, es sei äußerst schmackhaft. Wir widersprechen ihm nicht und ordern zwei Gläser. Was er keine sieben Minuten später schließlich auf den Tisch stellt, ist formidable: ein großer Kelch, der mit einer rosa schimmernden Flüssigkeit gefüllt ist, gekrönt von einer leichten Schaumschicht. Das ist doch mal was, aber was genau? Hier hilft nur trinken, und tatsächlich: Es schmeckt überragend. Ruckzuck ist der erste Humpen geleert, und während wir lässig noch einmal dasselbe ordern, fällt der Blick aus dem Kneipenfenster auf eine gegenüberliegende Bäckerei. Auf der Scheibe steht geschrieben, dass dort Frauenzungen die Spezialität des Hauses seien. Das bringt uns zum Rätseln, ein Rückfall in mittelalterliche Zeiten, wo aufmüpfigen Frauen die Zungen …? Nein, kann nicht sein.

Um herauszubekommen, worum es sich handelt, hilft nur der Gang hinüber, sozusagen auf die andere Seite der Genüsse, und siehe da: Was hier als „Langues de femmes“ bezeichnet wird, ist ein zartes, langes, breites Mandelgebäck, durch das man fast durchschauen kann, so dünn ist es. Gekauft – und wieder rüber in die Bar. Gleich wird ein Stück zum Bier probiert, einfach köstlich. Das zweite Bierchen schmeckt gleich noch besser. Anscheinend hat das Getränk auch eine bewusstseinserweiternde Wirkung, denn schlagartig wird uns klar, dass wir nicht mit einer einzigen Tüte dieser Frauenzungen zum Chambre d’hôtes zurückgehen können. Noch mal hinübergesprungen – war der Weg eben auch schon so hügelig? Der Bäcker reicht die zweite Tüte über den Tresen. Über den stolzen Preis von 12,50 Euro für hundert Gramm gehen wir nonchalant hinweg. Frauenzungen – so lustig kamen sie uns eben noch gar nicht vor. Aber jetzt können wir uns kaum halten vor Lachen. Wie sollen wir dieses filigrane Gebäck eigentlich noch 2500 Kilometer befördern, ohne dass es in Krümelform zu Hause ankommt? Wohin mit den Blauen Zungen oder waren es die Rauen Zungen? … Egal, noch zwei Bierchen, ach, wir sind ja schon wieder auf der anderen Seite der Straße, also, Maître, her mit dem Stoff, bevor wir verdursten.

Langsam wird’s eng im Kofferraum.

Möge sich der Mantel des Schweigens über unseren Heimweg legen, den wir tütenschwingend und bestens gelaunt in leichter Schlangenlinie Richtung Chambre d’hôtes antreten. Diese Zungen haben es aber auch in sich. Das nächste Mal bleiben wir nur beim Bier.

Wir sind bewaffnet. Wir sind fasziniert. Wir werden nicht kriminell.

Beim Barte Merlins: Heute galoppieren wir aus dem Tal der Loire in die von Mythen und Legenden umwobene Bretagne, um dem sagenhaften Zauberer und seinem sprechenden Pferd im Fôret de Brocéliande auf die Schliche zu kommen und das Artusschwert zu finden. Es wird ein langer Ritt, sicher um die 250 Kilometer weit, weshalb Gildas und Louis-Paul, unsere Lieblingsburgbesitzer aus Cinq-Mars-la-Pile, Käse, Wein und Baguette in den Korb auf der Rücksitzbank legen, sodass wir als Ritter der Landstraße unterwegs zu Rittern einer eigenen Tafelrunde werden können. Wir glauben zwar sowieso nicht, dass wir überhaupt zum Hungern kämen während dieser Hüftgoldexkursion, denn herzhafte wie süße Verlockungen bieten sich überall, selbst auf dem plattesten Lande, ungefähr so zahlreich dar wie Blätter an Bäumen. Andererseits kommt es nicht infrage, ein mit so viel Liebe gepacktes Lunchpaket abzulehnen. Gildas war dafür gewissermaßen vor dem Aufstehen in den Ort gefahren, um beim noch einzig verbleibenden Bäcker eine frische Knusperstange zu kaufen. Das Käuzchen im Astgeflecht der Libanon-Zeder wünschte ihr einen guten Morgen und die Katze tauchte im frischen Tau des Grases ab, um sich in der Hoffnung auf einen lebendigen Happen auf die Lauer zu legen, als die Hausherrin zurückkehrte und den Tisch im Salon deckte. Außerdem sind im Picknickkorb Dinge enthalten, von deren Existenz wir vorher nichts ahnten, die es aber unbedingt zu würdigen gilt. Da ist einerseits der Grolleau de Cinq-Mars, ein Rotwein. Grolleau ist der Name der Traube, von denen die meisten – ob nun situierter Genießer in feiner Gesellschaft oder kapitaler Rebsaftsäufer – noch nie etwas gehört haben. Man muss nur mal im Freundes- oder Bekanntenkreis fragen. „Kennst du den Grolleau?" In neunundneunzig von einhundert Fällen kommt die Antwort zögerlich. „Nein … kenne ich nicht. Ist der neu im Viertel?"

Wir haben in Erfahrung gebracht, dass der Grolleau ungefähr so viel Sanftheit auf die Zunge schmuggelt wie der Klang seines Namens: G-r-o-l-l-e-a-u. Louis-Paul, der in den zurückliegenden Tagen sehr feine, ausgewogene Weiße wie Rote aus seinem Keller hochgeholt, in eine bauchige Karaffe dekantiert und uns im Schattenwurf der beiden Türme seiner über Cinq-Mars stolz und würdevoll thronenden Forteresse genießen lassen hatte, grinst sein breitestes Grinsen und sagt: „Ein Wein aus Cinq-Mars-la-Pile – ist doch eine wunderbare Erinnerung, nicht wahr?" Er weiß hundertpro, dass es sich um keinen ernsthaft harmonischen Gaumenkitzler handelt, sondern um einen Alltagswein mit ruppigem Gemüt. Aber wenn wir die Flasche zu Hause entkorken, den Inhalt in einfache Gläser schenken und damit durch den eigenen bescheidenen Garten schreiten, werden wir mit Vergnügen auf die Zeit zurückblicken, die wir mit den beiden Gastgebern auf ihrer Burg, in ihrem Park und vor dem großen Kamin im Salon verbracht hatten und die wir so sehr schätzen, weshalb wir ihnen heute Morgen beim Frühstück scherzhaft vorgeschlagen haben, uns zu adoptieren. Sie haben nicht eindeutig widersprochen …

Und dann ist da andererseits, der Wein wäre nun hinlänglich erklärt, noch ein Käse, der aussieht wie ein kleines, graues Mühlrad und ein Odeur verbreitet, das immens ist. Es ist ein Lieblingskäse von Louis-Paul, der ihn wahrscheinlich auf dem Wochenmarkt in Langeais gefunden hat, wo er alles findet, was ihm irgendwie gefällt. Louis-Paul mag den schneidenden, scharfen Geschmack. Auch diesen Käse haben uns die beiden für unterwegs eingetütet. Wir vermuten, den rabiaten Ziegenmilchstinker, der unvorstellbar lange gelagert worden sein muss, ohne reichlich Baguette und Butter nicht verzehren zu können, aber auf der anderen Seite ist es auch nicht übel, etwas dabei zu haben, womit potenzielle Diebe in die Flucht geschlagen werden könnten. Es ist jedenfalls notwendig, die Schiebefenster bis zum Anschlag zu öffnen, und zwar alle vier. Es zieht wie Hechtsuppe, aber Halsschmer-

Auf Château Langeais wurde Anne de Bretagne mit Karl VIII vermählt.

zen sind besser, als während der Fahrt ohnmächtig zu werden. Ganz zu schweigen von der sehr intensiven Würze am Gaumen! Dieser Käse fegt Mundraum und Kehle durch wie ein Habanero-Chili; wir sollten uns überlegen, geradewegs nordwärts zu fahren. Bis Le Mans sind es nur um die einhundert Kilometer. Am dortigen weltbekannten 24-Stunden-Rennen hat noch nie ein Renault 4 teilgenommen. Wir würden's tun, jetzt, ausnahmsweise: mit geöffneter Heckklappe und dem Waffenkäse, offen ausgelegt im Gepäckraum, in Bröckchen zerteilt. Rambazamba fürs Riechorgan. Wer auch immer hinter uns fahren wird, ob im Ferrari, Ford oder Lamborghini, er wird die Sinne verlieren und mit Karacho von der Strecke kippen. Auf dem Siegertreppchen würden wir keinen Tropfen Schampus versprühen, sondern Grolleau trinken. – Oha, anscheinend fängt der Käse schon an, uns die Sinne zu vernebeln. Wir lassen Le Mans mal lieber, wo es ist, weil in dieser Richtung landschaftlich ohnehin nicht ganz so Erbauliches zu erwarten wäre, und lenken die Quatrelle in Richtung Ortsmitte, als wir vom großen Hof der Burg fahren. Gildas und Louis-Paul winken uns hinterher, wir winken zurück. Ein Wiedersehen wird es erst im nächsten Jahr geben; der Abschied fällt uns nicht leicht, das tut er hier nie. Ein Grund mehr, ihn wieder und wieder erleben zu wollen.

Der Burgberg verschwindet im Abgasdunst. Bei Langeais fahren wir über die Brücke, um zur südlich gelegenen Seite der Loire zu gelangen. Die D7 führt nach Bréhémont, und wir fahren einmal mehr am „La Clef d'Or" vorbei, einer der urtümlichen Kneipen, die gleichzeitig Restaurant und Auskunftsstelle sind. Gestern saßen wir noch hier, tranken ein Glas Rosé und aßen das Tagesmenü, interessiert beäugt von ein paar Kennern der hiesigen Bar-Tabac-Szene. Die weißen Wolken spiegelten sich im Wasser der Loire, die Schwalben zogen mit schrillen Rufen um die Häuser, und nirgendwo anders hätten wir zu diesem Zeitpunkt sein wollen. Hier in der Nähe ist auch das Schloss Ussé, das den Schriftsteller Charles Perrault zu seiner französischen Version von „Dornröschen" inspiriert haben soll. Hier geht's zudem fix nach Chinon und zum Birnenmuseum in Rivarennes. Auch der Künstlerort Turquant mit seinen in den Tuffstein gegrabenen Höhlenwohnungen und Künstlerwerkstätten ist von hier aus gut zu erreichen. Wir waren dort und meinten uns ins Auenland verirrt zu haben! Das Gestein wurde kilometerlang ausgehöhlt und die schönsten Häuser davorgesetzt. An bestimmten Tagen öffnen die Besitzer die Türen, und es gibt so viel zu bestaunen, dass man selbst auf der Stelle einziehen möchte. In den Felsen sind winzige Ateliers und riesige Gewölbe zu entdecken, gemütliche Räume mit Kamin und Labrador. – All diese tollen Erinnerungen haben wir auf unserer Weiterfahrt jetzt im Gepäck, und sie wiegen nichts, sie machen uns sogar noch leichtfüßiger; es ist, als wenn der Renault 4 knapp über dem Asphalt schweben würde, so fühlt er sich an. Oder liegt's am leeren Tank? Ein paar Liter sind nur noch drin, zu wenig, um noch weit zu kommen, aber mehr als genug, um bis zu einer Tankstelle zu gelangen, die mehr ist als die Summe ihrer Zapfsäulen: Sie ist das gesellschaftliche Zentrum von Candes-Saint-Martin.

Sankt Martin kennt wohl jeder, und nun befinden wir uns in der Tat genau in jenem Dorf, in dem der Heilige am 8. November 397 starb. Etwas über zweihundert Einwohner hat das Nest. Im schmalen Ortskern, die Fassaden von hellem Kalktuff beherrscht und die Durchfahrt nicht breiter als zwei R4-Chassis, erhebt sich an der Stelle des Sterbehauses die imposante Wallfahrtskirche Saint-Martin. Dass der Leichnam aufgrund eines Streits der Kleriker in Tours beerdigt wurde, obwohl auch Poitiers scharf darauf war, zeigt, dass es in früheren Jahren der Zivilisation ebenfalls schon versierte Marketingstrategen gab, die wussten, wie man die Pilger anlockt. Hier in Candes, das – wie so einige andere Ortschaften – zu den schönsten Dörfern Frankreichs zählt („Les Plus Beaux Villages de France"), wird das Gedenken an den barmherzigen Bischof von Tours aber mindestens genauso nachhaltig wachgehalten. Was nichts an der Tatsache ändert, dass wir trotzdem Kraftstoff brauchen. Die Heilige Tanke von Candes ist bestes französisches Savoir-vivre, weil es drinnen noch ganz anderen Sprit gibt. Es handelt sich nämlich gleichzeitig um eine Bar-Tabac und Brasserie mit schwerem Vollholztresen und Clubzimmer plus Poststation! Auf der Raucherterrasse, keinen Filterfingerschnipp von der Benzinquelle entfernt, haben Tankende (die einen und die anderen ...) einen hübschen Blick auf die Vienne, die von hier nicht mehr lange braucht, um in die Loire zu münden. Die Gäste sitzen gemütlich an den kleinen Bistrotischen in direkter Nachbarschaft zu den drei Zapfsäulen. Mancher Gast lässt auch mal kurz den Motor laufen, wenn er sich schnell die Zeitung holt. Benzinduft und frischer Kaffee ver-

Kleine Städte mit Charakter

„Petites Cités de Caractère" dürfen sich rund 190 Kleinstädte in Frankreich nennen. Was sie unter diesem Siegel eint, ist ihre ländliche Lage, die überschaubare Größe und der Charme aus kulturellem Erbe und lebendiger Gegenwart. Saint-Florent-le-Vieil mit seinen steilen Straßen und dem prächtigen Blick über die Loire ins Land ist ein Beispiel par excellence. Klostergarten und Abtei, Église Saint-Pierre und die „Promenade Julien Gracq", Häuschen und Kopfsteinpflaster – so zeigt sich Frankreich von seiner schönsten Seite. (Info: ville-saintflorentlevieil.fr, petitescitesdecaractere.com)

mengen sich zu einer interessanten Melange. „Bonjour!" Ein Fischer ruft und winkt. Er fährt mit seinem Kahn hinaus auf den Fluss. Was er auch angeln wird, den Segen des Heiligen Martin hat er. Solange er teilt.

Das Glas ist leer, der Tank ist voll. Die Reise geht weiter, auf einer D-Straße. D-Straßen sind die besten, D-Straßen sind das Leben, auf D-Straßen fährt man dem Glück entgegen, während Autobahnen und Nationalstraßen eher dazu dienen, schnell voranzukommen, ohne links und rechts die Schönheit dieses Landes zu erblicken. Das ist wie bei den Bäumen: Die dicken Wurzeln geben zwar den Halt, aber über die schmaleren kommen die Nährstoffe. Die D16 ist zum Hallelujaschreien, und das würde selbst der Heilige Martin einem sicher kaum übel nehmen. Wir gelangen bis Saint-Florent-le-Vieil, eine „Petite Cité de Caractère". Bereits aus weiter Ferne können wir die Erhebung erkennen, auf der eine mächtige Kirchenanlage steht. Rundherum scheinen die Häuser angeklebt zu sein. Abbiegen, die nächste Gasse hoch – schon schraubt sich der Renault wacker nach oben. Der Vierzylinder schafft enge Kurven nur im ersten Gang. Die Straßen in Saint-Florent, die zum Aussichtsplatz führen, sind steil und schmal; wir fahren so nahe an den Häusern entlang, dass wir die Blumen aus den Kästen auf den Fensterbrettern pflücken könnten. Entgegenkommen sollte hier niemand …

Das Städtchen überrascht an der Église abbatiale an der Place Jeanne Buissonnière mit einem unglaublichen Weitblick. Oben angekommen, lässt sich die sehnige Maschine Luft vom Ventilator zufächeln. Hätten wir sie vor der Abreise vor einigen Wochen nicht mit einem neuen Schalter für den Minipropeller versehen lassen, würde uns der R4 in dieser Minute was husten. Aber so: sans problèmes. Der Platz öffnet sich, rundherum klassizistische Bauten aus dem hellen Stein der Region, am Ende ein Park mit weitem Blick ins Land. Bei diesem Panorama ist die Kirche fast nur Beiwerk. Aber auch nur fast, denn die Anlage ist gewaltig. Zu gerne würden wir hineinschauen, aber das ist ausgerechnet jetzt nicht möglich. Regelmäßig finden hier Konzerte statt, und zur Stunde wird eine Ausstellung vorbereitet, weshalb das Portal verschlossen ist. Schade. Wenn schon nicht Kirche, dann wenigstens Kaffee. Dafür muss man hier nicht weit gehen, denn ganz in der Nähe gibt es eine hübsche Brasserie. Darin herrscht kreatives Chaos; anscheinend ist unten im Ort gerade ein Reisebus angekommen. Völlig aussichtslos, schnell einen „petit noir" zu bekommen, weil erst fünfzig andere Gäste auch einen wollen.

Dann eben kein Kaffee. Wieder durstig runterfahren zur Hauptstraße. Auf die Brücke. Über den Fluss, aus dem wir jetzt gerne einen ordentlichen Schluck nehmen würden. Hier an den Ufern der Loire können wir verstehen, wieso diese Gegend gelobtes Land und Garten Frankreichs in der Umrahmung durch Vienne, Indre und Cher genannt wird. Das Funkeln des Flusses verblasst allmählich im Rückspiegel und die Bretagne rückt näher. Dörfchen wie Aviré sind wie Gold, das überall zu finden ist. Die „Place du Lavoir" am Fluss Sazée, der alte Waschplatz, ist hübsch hergerichtet. Hunde bellen, ein Traktor quält sich durch die enge Ortsdurchfahrt, und leise rüttelt der Wind in den Bäumen am Ufer. Immer wieder diese Waschplätze! Viele Dörfer halten sie in Ehren, in ganz Frankreich ist das so, in manchen verkümmern sie, dann fahren wir weiter und wundern uns, aber in den meisten werden sie gehegt und gepflegt. Dann halten wir an. Wie hier. Der Käse duftet, die Baguette ist noch knackig. Es ist eine geschmackvolle Pause. Der Waschplatz am Fluss in Aviré ist verhältnismäßig jung. 1910 ist er gebaut worden, sein Dach wurde mit Schieferplatten aus der Region gedeckt. Bis 1966 hatten hier die Frauen des Dorfes ihre Wäsche gewaschen, ergo sogar noch vier Jahre, nachdem der erste Renault 4 auf die Route départementale geschickt worden war. Ist das nicht erstaunlich? Man würde doch annehmen, dass 1966 schon die Waschmaschinen ihren Siegeszug angetreten hatten, aber dem war nicht so, nein, hier an den Ufern

Inseln aus Sand: So sieht die Loire an vielen Stellen aus.

der Sazée hockten die Frauen damals noch und arbeiteten schwer. Wir schnaufen hier nur schwer, weil es heiß ist und der R4 sich in der stundenlangen Sonnenfahrt wie eine Sauna aufgeheizt hat. Verglichen mit den waschenden Frauen aus Aviré und all den anderen Ortschaften ein Luxusproblem. Die Geschichte dieses Ortes ist auf einem Infotableau sehr gut erklärt. 1999 war „le lavoir" restauriert worden.

Genug pausiert. Es wird Nachmittag, und das Ziel ist noch ein ganzes Stück entfernt. Wir nehmen wieder Fahrt auf und rollen durch die sonnendurchflutete Landschaft. Die Grenze zur Bretagne haben wir überfahren, ohne es zu merken, aber spätestens im Großraum von Rennes, südlich der Hauptstadt, ist es uns klar. Und dann nähern wir uns dem sagenumwobenen Wald. Immer tiefer gleiten wir hinein in Frankreichs Westen. Kaum jemand vermag sich den Reizen der Bretagne entziehen zu können, jedenfalls fällt uns gerade keiner ein. Sie ist nicht schöner als das Loire-Tal, nicht abwechslungsreicher als Burgund und Franche-Comté, und unbedingt rauer, kühler als Provence und Dordogne, aber das Magische, das in ihren Flüssen fließt, durch ihre Baumkronen rauscht, das in ihren Winden weht und in ihren Steinen wohnt, wirkt wie ein Kompass, der uns jetzt zu ihr kommen lässt. Die Poesie ist ein Ungeheuer. Selbst der berühmte Pierre de Ronsard, wortgewaltiger Poet und Romantiker, der einen Teil seines Lebens in der Prieuré de Saint-Cosme verbrachte, die uns in guter Erinnerung ist, könnte nicht alle Facetten dieses mysteriösen und geheimnisvollen Landstrichs umschreiben, wie er wahrhaftig ist. Im Wald von Paimpont, dem Fôret de Brocéliande, soll sich der Heilige Gral mit einigen Tropfen des Blutes Jesu Christ befinden; die Ritter der Tafelrunde des denkwürdigen Königs Artus machten sich daran, diesen Becher zu finden. Wir versuchen es auch, wollen Zauberer Merlin und dem mythischen Schwert Excalibur auf die Schliche kommen. Haben schon andere versucht. Wissen wir. Vollkommen egal.

Diese Geschichte ist zu gewaltig, zu faszinierend, als dass man davon ablassen könnte. Nach langer Fahrt durch tiefgrüne Wälder öffnet sich ein Tal mit einem Städtchen. Wir checken im Hotel ein. Ort: Paimpont, über 1600 Einwohner, Département Ille-et-Vilaine. Im „Le Relais de Brocéliande" nimmt man die Legende gerne zur Kenntnis; der Gästefluss will nicht abreißen. Interessanterweise ist der Fôret de Brocéliande auf keiner modernen Landkarte vermerkt. Er wird aber dem Wald rund um Paimpont zugeschrieben, und das ist noch lange nicht alles. Es soll ein Schloss unter Wasser geben, wo Lancelot aufwuchs, das Tal ohne Wiederkehr, wo untreue Liebhaber von der Fee Morgane gefangen gehalten wurden und wo der „Goldbaum" steht, das Grab der Riesen und die Geheimnisbrücke. Es gibt einen

Mystisch, magisch, zauberhaft!

Felder, Wälder, Moore: Das Landesinnere der Bretagne, das Argoat, ist mindestens so berauschend wie seine Küsten und das „Ende der Welt", das Finistère. Durch die Kronen der Bäume des Forêt de Paimpont (auch Forêt de Brocéliande genannt) schwebt eine besondere Magie, denn in diesem mystischen Überrest der einst dichten Bewaldung von Armorika soll sich die Zauberquelle befinden, an der sich der Zauberer Merlin mit Fee Viviane getroffen hat. Im Bann dieses Landstrichs ranken sich die Legenden um die Artussage. Dieser Wald ist ein Hort mystischer Stätten. Das Dorf Paimpont ist der beste Ausgangspunkt, um sich selbst auf die Suche nach dem magischen Wasser zu machen. (Info: bretagne-reisen.de, tourisme-broceliande.bzh)

geradezu elbischen Weiher mit dem Namen „Spiegel der Feen", in den Wanderer womöglich nicht zu lange blicken sollten … Der Wald ist durchzogen mit jahrtausendealten Megalithen, zu denen früher raunend die schrecklichsten und romantischsten Geschichten erzählt wurden. Heute, wo jeder sein Smartphone zücken und sich die Wanderkarte herunterladen kann, würde man annehmen, dass der Zauber verflogen ist, aber das ist nicht der Fall. Touren durch diesen Forst sind beliebt; Besucher zucken bei jedem unverhofften Knacken und Rascheln im Geäst zusammen. Merlin und Viviane waren nun mal Zauberer – und nicht die zahme Sorte aus den Kinderbüchern. Nachts würde hier wohl keiner freiwillig, nur mit einer Fackel bestückt, durchs Unterholz marschieren. Wir jedenfalls nicht.

Am frühen Abend ist die Zeit der Kaufleute und Gastronomen. Der Ort Paimpont hat einen bescheidenen Tourismus entwickelt, der sich auf etwas Wassersport an der Seeanlage und das Wandern im Waldgebiet bezieht. Natürlich werden mystische Devotionalien in kleinen Läden angeboten, aber das hält sich angenehm in Grenzen. Der Étang de Paimpont ist ein größerer See, der sich hinter der Abtei aus dem 13. Jahrhundert längs des Örtchens befindet. Beim abendlichen Erkunden der Umgebung passiert es: Ein Wunder geschieht, mitten in der Ortschaft! Neben uns Radfahrer, vor uns Fußgänger mit Hund und Kind, und keiner hat etwas bemerkt. Aber wir!

Direkt neben der „Rue des Chevaliers Table Ronde" befindet sich eine Art Schrottplatz; angestrahlt von der untergehenden Sonne stehen dort zwei Renault 4, zwei Enten und einige andere automobile Schätze, hübsch durcheinander gewürfelt. Wir sind wie vom Donner gerührt! Umgehend beginnen wir mit der Inspektion der unverhofften Kostbarkeiten. Der Gesamtzustand ist leider nicht so gut wie erhofft, aber dass wir hier, in dieser entlegenen Gemeinde, überhaupt zwei Kumpel unseres Autos begegnen, die vielleicht einst vom selben Fließband rollten, bewegt uns. Leider müsste ein echtes Wunder geschehen, um diese Gefährten aus dem Rostschlaf zu retten. Es wurde schon vieles entfernt, was wir selber noch fix gebrauchen könnten. Nicht dass wir so einfach Hand anlegen würden, nein, sicher nicht, aber auf unser Klingeln am Haus des Händlers rührt sich nichts. Und weil R4-Besitzer stets einen Schraubenzieher mit sich führen, wäre so ein Rücklicht schnell abmontiert. Keine große Sache. Aber die magischen Wasser, sie sind nah, es dämmert, und die eben noch belebte Straße ist plötzlich menschenleer. Nannte man die Zauberin Viviane nicht auch die Dame vom See, Königin des Wassers? Den Schraubenzieher lassen wir wieder ganz flugs in der Jackentasche verschwinden. Wegen eines Rücklichts in den ewigen Abgründen des finsteren Waldes zu verschwinden, die eisigen Hände der Hüterin dieses dunklen Gewässers an den Knöcheln zu spüren, um dann endgültig in die Tiefe gezogen zu werden, behagt uns nicht. Non, merci, das Risiko ist uns zu groß. Brav wenden wir uns ab, ein letzter sehnsüchtiger Blick – und schon sind wir in Richtung Hotel unterwegs.

Dieser „Vierer“, gesehen in Paimpont, hat schon bessere Tage erlebt.

Aber es besteht kein Zweifel daran, dass wir definitiv in der Bretagne angekommen sind. In einem sehr besonderen Wald, nicht nur seiner Legenden wegen, sondern weil das einst waldreiche Land recht kahl geworden ist im Laufe der Jahrhunderte. Nur noch rund zwölf Prozent der Fläche steht unter Bäumen; keine Region in Frankreich hat weniger Forst. Aber keines dieser Gebiete hat einen geheimnisvolleren Fôret als das keltisch geprägte Argoat („Land“). Morgen schon werden wir Richtung Armor („Meer“) fahren, die wilden Wasser des Atlantiks sehen, Salzgeruch atmen und endlich eine Riesenportion Moules-frites essen, dieses merkwürdige Gericht, bei dem man die Pommes in die Brühe des Muschelsuds dippt und dabei aufs Meer schauen kann. Herrlich, wir können es kaum erwarten.

Ein Herz aus Granit. Die Puppen der Liebe. Wir trinken zwei Bier.

Wenn man, wie wir das tun, schon viele Jahre nach Frankreich fährt, Frühling für Frühling, Sommer für Sommer und manchmal auch im Herbst, und dabei schnell vorankommen will, hat man so seine eingeschlagenen Wege. Einer der beliebtesten war für uns die Autobahn 2 aus Belgien kommend an Valenciennes vorbei, die bei Morval auf die Autobahn 1 leitet; sie mündet direkt in die „Autoroute du Nord", die geradewegs Richtung Paris führt und sehr verkehrsreich ist. Wir entschlossen uns deshalb stets, nach wenigen Kilometern auf die Autobahn 29 Richtung Amiens abzubiegen und dann mit kühnem Schlenker Richtung Normandie und Bretagne zu fahren. Ausnahmslos auf der Autobahn, und an jeder „péage" und auf dem Ring von Caen immer ein Megastau. Wir kannten es nicht anders. Bis Rennes änderte sich daran wenig, von dort ging es nicht mehr auf der Autobahn, sondern auf der Nationalstraße schnell voran. Wenigstens ohne Stau. Wie oft wir diese Strecke früher mit einem schnellen Auto und eben nicht im R4 gefahren sind, lässt sich nach all den Jahren nur noch schwer feststellen – jedenfalls war's sehr oft der Fall. Und so wie wir haben es in jedem Sommer viele Tausend andere Touristen aus Deutschland auch gemacht, fixiert darauf, endlich den Zielort zu erreichen. Wenn wir dann nach zehn, zwölf Stunden endlich auf den Ring rund um Rennes einfuhren, müde und genervt, wussten wir, dass das Urlaubsziel am Atlantik noch weitere zwei Stunden entfernt ist. Was wir zu jener Zeit indes nicht wussten, aber schon ahnten: dass es abseits der langweiligen Autobahnen und Schnellstraßen viel zu entdecken gibt und das an uns ewig vorbeirauschen wird, wenn wir an unserem Reiseverhalten nichts ändern. Etwa so ein Städtchen wie Moncontour, ein Stein gewordener Wunschtraum für Mittelalterfans, Anhänger dunkler Ecken und Liebhaber von Orson Welles' drittem Mann. Dort sind wir nun angekommen, denn wir rasen nicht mehr, sondern reisen.

Wir haben weite Schleifen durch die Bretagne gezogen – die Magie des Zauberwaldes von Brocéliande noch in den Gedanken –, und schon folgt das nächste mystische Highlight. Als wir dem Flüsschen Évron folgend am Fuß einer Erhebung ankommen, ahnen wir noch nichts von alldem, was uns Moncontour bieten wird. Im ersten Moment nehmen wir nur den Vorort eines Städtchens wahr, aber zum Centre Ville zeigt das Schild in einer scharfen Kurve eindeutig nach oben. Von der Hauptstraße kommend, empfiehlt es sich normalerweise, den Blinker zu setzen. Geht aber gerade nicht, denn die mysteriöse Blinkerausfallkrankheit auf der linken Seite ist mal wieder ausgebrochen. Freundlich lächeln, den Arm aus dem

Schiebefenster hängen und nach links deuten – geht doch. Jetzt zurückschalten in den zweiten Gang, und schon erklimmen wir das Stadtzentrum von Moncontour. Es reichen wenige Sekunden, um festzustellen, dass es hier super ist. Alte, trutzige, graue Steinhäuser stehen in unterschiedlichsten Ausführungen nebeneinander und wirken, als wenn sie sich selbst stützen würden. Die Straßen sehen so aus, als hätte man eine Kulisse zu einem Edgar-Wallace-Film aufgebaut und nach Drehschluss einfach vergessen. Es gibt praktisch keine neuen Gebäude in Sichtweite. Das alles hier ist mehrere Hundert Jahre alt. Diese bretonische Stadt, die der Zeit entrückt zu sein scheint, ist ein Funkelstein Frankreichs. Eingebettet ins Vallée de l'Évron, zählt sie zu den „Petites cités de caractère", den besonders reizvollen, kleinen Städten; landesweit sind rund einhundertachtzig mit diesem Label versehen worden.

Ein zweiter Blick zeigt uns, dass es ein, zwei Bars und Restaurants gibt, dazu ein paar Läden – Herz, was willst Du mehr? Eine Unterkunft wäre nicht schlecht, denn hier werden wir uns heute nicht mehr fortbewegen, es gibt reichlich zu erkunden! Wir tuckern suchend durch die Straßen und kommen an einem ummauerten Parkplatz mit dahinter liegender Auberge an. Sieht zwar alles unbewohnt aus, aber das könnte auch am plötzlich einsetzenden Regen liegen. Wir trauen uns hinein, niemand ist zu sehen. Wir könnten – rein theoretisch – das komplette Infomaterial vom Tresen mitgehen lassen. Bevor wir ins kriminelle Fach wechseln, taucht aus dem Dunkel der Rezeption aber dann doch glücklicherweise ein freundlich dreinschauender Herr auf, der uns ein Zimmer in der „Hostellerie de la Poterne" an der Rue de l'Éperon vermietet. Wie durch Zauberhand erscheint des Weiteren eine resolute, freundliche Dame, die uns durch den Hotelgarten über eine rostige Eisenstiege hinaufbringt und danach einen asphaltierten Weg entlang begleitet, der auf der Rückseite des Hotels zu den Zimmern führt. Der Regen läuft uns in den Kragen, der Trolley wiegt auf einmal eine Tonne, aber dann sind wir angekommen. Hinter einer Reihe von Türen am Wegesrand verbergen sich die Zimmer, jedes mit eigenem Austritt auf die Straße und – Überraschung – mit direktem Blick von der Toilette auf den Parkplatz vor dem Hotel. Und wer steht dort unten? Genau! Hach, wie der Lack perlt … man könnte glatt vergessen, dass man den Weg über die rostige Stiege und den Garten im strömenden Regen gleich noch mindestens einmal antreten muss, um den Rest des Gepäcks zu holen.

„Installieren Sie sich", wünscht die Madame und verabschiedet sich. Der Regen wird stärker und die Tropfen laufen an der Fensterscheibe herunter. Wir vereinbaren, wer zum Auto sprinten muss; der Gewinner darf auf der Toilette sitzen und beim Gepäcktransport zusehen. Von eben diesem Thron sieht man nicht nur auf

Geschichtsträchtig: Moncontour-de-Bretagne lädt zum Flanieren ein.

den Parkplatz mit einem einsam stehenden R4, man schaut auch auf die Fassaden gegenüber und in deren Fenster hinein. Außer karger Möblierung gibt es darin allerdings nicht viel zu entdecken. Da ist es schon interessanter, den Herrn Gepäckträger im sprichwörtlichen Schweinsgalopp zum Auto rennen zu sehen, wahllos Koffer und Taschen greifend, um im gleichen Tempo zurückzusprinten. Interessant, dass ein kräftiger Regen ausreicht, um sich für Olympia qualifizieren zu können. – Am anderen Morgen werden wir erfahren, dass in einem der Gemäuer gegenüber eine ältere, deutsche Dame wohnen soll, die kaum ein Wort französisch spricht und die hier fast keiner zu Gesicht bekommt. Angeblich sei sie eine Schriftstellerin, die auch schon Bücher veröffentlicht habe. Sollte sie Inspiration für ein neues Werk gesucht haben, so hat sie sicherlich jetzt Material für ein prima Ehedrama sammeln können, alleine durch das Beobachten des Parkplatzes vor ihrem Haus. Denn die Taschen, die aus dem Renault geholt wurden, waren nicht die gewünschten. Was nützt es, wenn im Hotelzimmer keine Wäsche zum Wechseln vorhanden ist, dafür aber die Tasche mit der Schmutzwäsche vergangener Tage steht. Und wo zum Teufel sind die Duschutensilien? Nutzt alles nichts: wieder zum Auto laufen, wieder wildes Gestikulieren am Toilettenfenster. Es ist übrigens nicht hilfreich, wenn derjenige, der nicht laufen muss, sich bestens amüsiert … Männer können so nachtragend sein.

Zeitreise ins Mittelalter

Obgleich Moncontour-de-Bretagne in seinem mittelalterlichen Kleid mit Hausfassaden aus Granit und Fachwerk wie aus der Zeit zu fallen scheint, verglüht das Städtchen dennoch nicht in musealer Starre, sondern schafft eine charmante Verbindung vom Hier und Jetzt in seine von den Chouans (königstreue Aufständische) und Tuchwebern geprägte Geschichte. Schmale Gässchen führen kreuz und quer, rauf und runter durch Moncontour, das bei Nieselregen noch mehr Ausdruckskraft erhält und neugierigen Entdeckern kleine Schauer über den Rücken laufen lässt. Hübsch sind die bunt gestalteten Laden- und Chambre-Schilder. Hügel, Wälder und Heideland umkränzen den Ort, dem die Stadtmauern und Türme aus dem 13. Jahrhundert Halt geben und in dessen Zentrum die Kirche Saint-Mathurin steht, deren Glasfenster aus dem 16. Jahrhundert zu den schönsten in der ganzen Bretagne zählen. Den Titel „Petite cité de caractère" hat sich Moncontour redlich verdient.

Als endlich alles verfügbar ist, springen wir geradezu aus dem Zimmer. Jetzt wollen wir die Stadt erkunden. Direkt in der nächsten Straße führen massive Treppen nach oben Richtung Marktplatz, auf deren Stufen und Steinen schon vor Hunderten von Jahren die Bewohner gegangen sind. Die schmalen Wege von Moncontour sind bekannt und berüchtigt; manche scheinen fast senkrecht in die Tiefe zu führen, überall findet man sie. Zwischen zwei Häusern führen sie, dunkel und etwas glitschig, hinunter auf andere Gassen oder zu versteckten Hauseingängen, und kein Licht fällt hinein. Aber es war früher die schnellste Möglichkeit, zum Fuß des Berges zu gelangen, wenn man außerhalb der Stadt etwas zu erledigen hatte. Später, als wir in einer Kneipe sitzen, sehen wir diese engen Steintreppen direkt am Außenbereich des Biergartens entlangführen, während nebenan auf dem Grundstück der untere Teil auch nur durch eine steile Treppe zu erreichen ist. Aber noch ist keine Kneipenzeit, wir lassen uns durch die Straßen treiben, bewundern die alten Gebäude und staunen darüber, wie viele Geschäfte es in diesem kleinen Ort mit rund neunhundert Einwohnern gibt. Zudem hat jedes ein eigenes Eisenschild an der Fassade über dem Eingang hängen, auf dem der Beruf zu erkennen ist, der hinter diesen Mauern ausgeübt wird. Weil in den vielen Gassen kaum Platz zum Wenden oder Parken vorhanden ist, stehen die meisten Autos unten an der Hauptstraße. Dadurch wirkt das Zentrum von Moncontour wie aus der Zeit gefallen. Es gibt zwar eine moderne Touristeninfo und einen kleinen Supermarkt, ansonsten aber: optisches Mittelalter. Wir erfahren zudem, dass Moncontour-de-Bretagne, so der vollständige Name, zu den schönsten Städtchen Frankreichs gehört. Das wundert uns nicht – uns wundert etwas ganz anderes: dass hier nicht viel los ist. Keine Touristenbusse, keine Reiseführer mit Schild vorneweg, keine Souvenir-Shops mit Plastik-Tinnef.

In der Pâtisserie Poireau, die in einem besonders hübschen Haus mit roten Fachwerkverzierungen residiert, gibt es eine große Auswahl an kleinen Küchlein, die mit Sahne, Crème oder Mousse gefüllt und glasiert sind. Das ist so eine französische Eigenart: Große Tortenschlachten werden in Frankreich nicht geschlagen. Pâtissiers kreieren lieber viele kleine. Und hier steht eine verführerische Armada. Wir wissen zwar genau, dass wir in wenigen Stunden etwas Herzhaftes zu Abend essen werden, aber die Gier obsiegt binnen weniger Sekunden. Mit vier besonders reichhaltig bestückten Törtchen wenden wir die Schritte umgehend in die nächste Bar-Tabac und ordern Kaffee. Hier stört es niemanden, wenn man zum Getränk die leckeren Happen auspackt, die man anderswo gekauft hatte. Dafür darf es einen dann auch nicht nerven, wenn gerade Pferderennen im TV läuft und die Lautstärke die Tassen auf dem Tisch vibrieren lässt.

Wir sitzen am Fenster, draußen regnet es weiter, drinnen dampft der Kaffee. Während wir in die Törtchen beißen, fangen wir an zu sinnieren. Was wäre, wenn wir in so einem Ort leben

Törtchentempel: Pâtisserie Poireau in Moncontour

Vier Kalorienbomben mit Kaffee

würden? Genügend Häuser stehen zum Verkauf. Möglich wäre es. Nur: Säßen wir dann jeden Abend hier in der Bar und würden über den Platz schauen? Würden wir in einem alten Steinhaus wohnen, das noch mit Holz im Kamin beheizt wird, weil alle anderen Möglichkeiten das Lokalkolorit stören würden? Trügen wir drei Paar Wollsocken und ein Schaffell über den Schultern, weil es hier im Winter so bitter kalt wäre? Genau an dem Punkt der Überlegung fällt uns ein, dass wir Zentralheizung eigentlich doch ganz gut finden. Leicht kugelig im vorderen Bauchbereich brechen wir auf. Die Fortsetzung unseres Spaziergangs wird uns gut tun. Direkt gegenüber der Bar steht eine Kirche, die sich gedrungen und mächtig zwischen den alten Häusern duckt. Die Église Saint-Mathurin ist eine Wehrkirche, sie bot also Schutz in unsicheren Zeiten. Auch dieses Gotteshaus kann frei besichtigt werden. Besonders erwähnenswert und inspirierend sind die Fenster aus dem 16. Jahrhundert. Es ist erstaunlich, welche Wirkung das bunte Glas an einem trüben, regnerischen Tag wie dem heutigen hat. Wie müssen sie erst früher auf die Bewohner der umliegenden Dörfer gewirkt haben, für die der Kirchgang oftmals das einzige Vergnügen der gesamten Woche war?

Wie jede anständige Stadt, die je auf einer Erhebung gebaut wurde, gibt es auch in Moncontour eine Festung, aber nur Reste davon sind übrig. Bei unserer Entdeckungsrunde über die mit Kopfsteinpflaster belegten Gassen und Sträßchen bleibt unser Blick immer wieder an Teilen der alten Festungsmauer hängen, und hier und da stehen auch noch Überreste ehemaliger Türme. Erst der Blick auf die Stadtkarte zeigt das ganze Ausmaß der vergangenen Pracht. Die Festung thronte weit oben, reich geschmückt mit Türmen und Erkern; die Mauer umfasste die Ansiedlung. Heute gibt es nur noch Relikte von allem und einen Kräutergarten. Was das historische Ensemble so charmant macht, ist der Baustil von typischen Steinhäusern, gepaart mit Fachwerk. Diese Gebäude neigen sich mal hierhin, mal dorthin, als gäbe es etwas Interessantes zu hören. Manches Nachbarhaus neigt sich in dieselbe Richtung, und schon sieht eine Straße so aus, als hätte der Wind das Ganze in Form geblasen.

Auf dem weiteren Weg durch die Stadt öffnet sich ein kleiner Platz, und dort steht ein Schmuckstück, ein Haus aus gelbem Sandstein mit Fachwerkeinsätzen und den magischen Worten „Théâtre du Costume“, handschriftlich auf einer Tafel vermerkt. Wir tauchen in eine Zauberwelt ein. Wohin wir auch blicken, wir sehen Puppen, Tiere, Szenen aus der Geschichte. So hübsch ist das alles zusammengestellt, so liebevoll bis ins kleinste Detail ausgearbeitet, dass wir am liebsten alles einmal anfassen würden. Schon taucht über all diesen Puppenköpfen eine kleine

Szene aus dem „Théâtre du Costume" von Kostümbildnerin Carolyne

Gestalt auf. Beim Näherkommen entpuppt sie sich als Carolyne, die dieses magische Reich geschaffen hat. Carolyne ist 88 Jahre alt und hat es sich als Lebensaufgabe gesetzt, die Räume mit naturnahen Szenerien von bedeutenden Ereignissen zu füllen. Dabei entwirft die Dame jede Puppe und jedes Kostüm eigenhändig und ohne fremde Hilfe, fädelt die Perlen für Hauben und Schmuck, schustert herzallerliebste Schuhe und macht selbst vor der Unterwäsche nicht Halt.

„Bitte überzeugen Sie sich", sagt sie und drückt uns beherzt zwei Puppen in die Hand. „Schauen Sie, mit welcher Sorgfalt die Stiche gesetzt sind!" Dabei dreht sie Marie Antoinette auf den Kopf, schlägt die Röcke zurück und offenbart, was der echten Königin wohl recht peinlich gewesen wäre. „Feinste Spitze und Wolle, so war das damals üblich", resümiert Madame C und zupft das Beinkleid wieder zurecht. Wir sind froh, dass wir keine Wollbuxen tragen müssen, aber nun ereifert sich die gelernte Kostümbildnerin, die Jahrzehnte für die französischen Filmindustrie gearbeitet hatte: „In den Schlössern war es kalt, da freute man sich, wenn unten herum alles schön warm verpackt war. Zudem gibt es hier jede Menge verzierte Spitze, die einer Königin angemessen ist." Wir versichern eilig, dass wir das ganz genau so sehen, und wundern uns im Geheimen nicht mehr über die ausladenden Kleider der damaligen Zeit. Die mussten so sein, damit die Bollerbuxen drunter passten.

Froh, dass die Schlüpferfrage umfassend geklärt ist, wandern wir weiter durch die Ausstellung. Vom Henker bei der Arbeit bis zur Dame in der Badewanne wird wirklich keine Alltagsszene ausgelassen. Ein super Amüsement, nicht nur für Kinder. Leider wittert Carolyne bei uns alemannisches Banausentum, und um diesem Umstand Abhilfe zu schaffen, nimmt sie uns in die Mangel. Jede Figur wird nun durchgesprochen und genau erläutert. Das ist hochinteressant, leider vergisst die Madame dabei aber, dass unser Französisch nicht für alle Feinheiten der Schneiderkunst vergangener Epochen ausreicht. Wir sind schon etwas ermattet, als Hilfe in Gestalt von zwei neuen Besuchern naht. Carolyne muss den Eintritt kassieren, und wir flüchten nach vielen Danksagungen und angedeuteter Verneigung zur Tür hinaus.

Schmale Gassen führen durch Moncontour.

Das schreit nach Alkohol! Es regnet Bindfäden. Es wird dunkel und die Straßenlampen, die den alten Gaslaternen vergangener Zeiten ähneln (natürlich!), werfen einen sanften Schimmer auf das nasse Kopfsteinpflaster. Es ist absolut niemand zu sehen, kein Mensch ist unterwegs. Wir hatten vorhin auf dem zentralen Platz einige Bars und Restaurants entdeckt und machen uns auf den Weg. Die Kneipe, in der wir landen, ist warm, gemütlich und durchaus gut besucht. Es gibt doch noch Einwohner, die sich vor die Türe trauen. Das Haus steht im oberen Ring der Stadt, und somit geht man im hinteren Teil eine steile Treppe nach oben; nach unten geht es raus auf einen kleinen Biergartenplatz. Hier sehen wir, dass die Häuser nicht breit sind, aber tief, und weil sie in den Hang gebaut wurden, lebt man auf verschiedenen Ebenen. Vom oberen Kneipenzimmer – mehr eine Art Empore – blicken wir aus dem Fenster über die Westseite von Moncontour. Die Häuser zu beiden Seiten haben Hanggärten, die ohne die steilen Aufgänge nicht zu erreichen wären. Leider sind aber nicht mehr alle Häuser bewohnt, auch hier in solch schönen Orten ist das Problem der Landflucht deutlich zu erkennen. Wenn es nicht so weit von Deutschland entfernt wäre und wenn es eine anständige Garage gäbe, dann, ja dann könnten wir vielleicht über einen Zweitwohnsitz nachdenken, so gut gefällt es uns hier. Aber da sind wir schon wieder bei den Winterfellen und der nicht vorhandenen Zentralheizung angekommen. Ordern wir lieber noch zwei Grimbergen, gute, belgische Biere mit gewisser Umdrehung. Das heizt auch ein an so einem nassen, kühlen Abend.

Kulinarisch beschließen wir den Tag in einer Crêperie, um daraufhin noch einmal zu flanieren. Wieder eine andere Richtung eingeschlagen, wieder einen anderen Weg gegangen. Moncontour ist voller Überraschungen und Wendungen. Wir folgen der Straße bergauf; rechts und links gibt es immer wieder kleine Abzweigungen, an deren Ende wir über die weiter entfernten Hügel sehen könnten, wenn's jetzt nicht schon dämmern würde und so diesig wäre. Egal welchen Weg wir einschlagen, wir können nichts falsch machen. Diese Stadt zu Fuß zu erkunden, ist unheimlich spannend. Eine kleine Gasse, die wir zufällig auswählen, um wieder in den unteren Bereich zu gelangen, führt uns an einem Häuserrand entlang, der Weg ist steil und das Pflaster holprig. Kein Auto kann hier fahren, wir sind alleine unterwegs, ganz alleine, und nur das Licht in den Häusern zeigt, dass hier überhaupt noch Menschen wohnen. Es ist eine eigenartige, morbide Stimmung, so, als hätten wir einen Zeitsprung gemacht. Käme uns ein Chevalier mit Federhut und Cape entgegen, wären wir nicht erstaunt.

Bis wir irgendwann an einer breiteren Straße ankommen, auf der wir bis zur „Hostellerie de la Poterne" zurückfinden.

Ein zauberhafter Weg liegt hinter uns. Im Märchen würde man ihn nicht wiederfinden, bevor man nicht den Wichteln einen Gefallen getan hätte. Wichtel haben wir aber nicht getroffen, also tun wir uns lieber selbst einen Gefallen, indem wir uns unter die heiße Dusche begeben, weil der Regen uns komplett durchweicht hat. Von der Dusche aus kann man übrigens auch prima auf den Parkplatz schauen, das Auto glänzt im orangefarbenen Straßenlaternenschimmer, und aus dem gegenüberliegenden Fenster der unbekannten Schriftstellerin scheint das Licht in den Abend hinein. Die Möblierung hat sich nicht verbessert, allerdings haben sich jetzt anscheinend Personen zum Essen rund um den Tisch versammelt. Man winkt herüber, wir winken zurück. Moment mal, wir befinden uns in der Dusche, das Fenster des Badezimmers hat keinen Vorhang, alles ist hell erleuchtet! Peinlich. Es wäre gut, wenn sich jetzt ein großes Loch auftun und uns direkt aus dem Badezimmer zur Kneipe befördern könnte – wir würden uns unterwegs auch etwas anziehen.

Ein Alien fletscht die Zähne. Wir essen bei der Königin. Eine Stadt wird verehrt.

Ein Fabelwesen, das am Springbrunnen vor dem Tore der Kapelle Saint-Nicodème vor Jahrhunderten mit versierter Hand aus hartem Stein gearbeitet worden ist, sieht aus wie ein Abbild des Aliens. Von Ridley Scott, dem Regisseur der erfolgreichen Kinofilmreihe, steht auf dem Informationsplateau neben dem Gotteshaus allerdings nichts zu lesen. Wie die Geschichte uns zeigt, sind Figuren, Brunnen und Kapelle aber auch schon viel, viel älter als die besagten Kultstreifen der Achtzigerjahre, die uns das kalte Grausen lehrten und den Wunsch, andere Bewohner des Weltalls kennenzulernen, ziemlich weit nach hinten stellten. Lieber bleiben wir auf Erden, wo es noch unzählige Rätsel gibt, die es zu lösen gilt. Das ist ohnehin nicht zu schaffen in einem einzigen Leben, das ist die tragische Komponente daran. Andererseits kann es auf diese Weise nie langweilig werden. Es geht unentwegt weiter, die Entdeckungen hören nicht auf. Vor der Kulisse der Chapelle Saint-Nicodème Gedanken zu wälzen, auf welcher Glaubenskraft (und welchen Fieberträumen) dieses fesselnde Gebäude entstanden ist, vermag ein nächstes Mosaiksteinchen im großen Puzzle unserer Reise mit der Quatrelle zu werden.

Nun stehen wir genau hier, in Sichtweite der hohen Kirchenpforte, und davor ist nun dieser bizarre Brunnen platziert. Eigentlich eine Brunnenskulptur, die aus drei Elementen besteht. Zu jedem gehört ein Wasserspeierkopf und vor dem Becken noch eine kleine Sitzbank. Wer mochte sich wohl hier niederlassen im direkten Gegenüber mit einer gruseligen Fratze, die einen kalt betrachtet? Wir dürften nicht die einzigen sein, denen die Ähnlichkeit der Zähne fletschenden Maske zum Alien über dem einen der drei Becken des alten Quells aufgefallen ist. Eine andere Figur zeigt das Antlitz eines greisen Mannes. Wie Statler sieht er aus, einer der Opas aus der Muppet Show, die in der Loge sitzend das Programm aufs Korn nehmen. Eine Muschel umkränzt den verwitterten Kopf, als wenn die Murmel eine Perle wäre. Flechten haben sich an den Stein gewöhnt, Moos haftet an den feuchten Stellen, und untenherum sprießen Farne aus den Becken und Stufenritzen. Sprudelnder als die Quelle, die leise wispert, so unmerklich, dass dieses heilige Wasser kaum mehr als einer Pfütze gleichkommt, sind da schon unsere Überlegungen, warum ausgerechnet hier, wo nur dreieinhalb Häuser inmitten einer sonst unbebauten Landschaft stehen, eine solche Stätte des Glaubens im 16. Jahrhundert errichtet worden war. Wir entdeckten die Kirche auf der D1 fahrend über die Äcker blickend; wieder einmal die D1, die überall im Lande aufzutauchen scheint, was natürlich nicht stimmt, aber wie oft haben wir nun schon die D1 befahren? Im Burgund. An der

Loire. Jetzt im Herzen der Bretagne, wo sich der Blavet in großen Bogen durch die Landschaft schlängelt. Und immer gibt uns die erste aller D-Straßen durch besonders schöne Landschaften ihr Geleit. Ist das wirklich nur Zufall? Nur den Turm hatten wir erblicken können, der wie eine Fata Morgana auftauchte über dem noch jung in Ähren stehenden Buchweizen, aus dem die Crêpes und Galettes gemacht werden, die Nationalspeise der Bretonen. Wie mitten aus dem Feld wachsend. Wem sich die Architektur auf diese Weise präsentiert, lenkt natürlich sofort ein in den Stichweg, der zu diesem Ziel führt. Blinker setzen. Ruder herumreißen. Die fehlende Servolenkung ist schon lange kein Thema mehr.

Der Weg zu Saint-Nicodème heißt Saint-Nicodème, das ist praktisch, weil man das Ziel nicht verfehlen kann. Er macht Kurven, ist schmal, und nach einer kleinen Weile gelangen wir auf eine Kuppe, von der aus diese paradiesische Feste zu Ehren Nikodemus' ganz und gut zu erkennen ist. Selbst für bibeltreue Christen spielt er, der im Johannesevangelium im Neuen Testament Erwähnung findet und dem ein durchaus ambivalentes Verhältnis zum Heiland bescheinigt wird, keine Hauptrolle, und wenn die Kapelle, die eigentlich schon die Größe einer Kirche besitzt, nicht seinen Namen tragen würde, wer weiß, ob wir Saint-Nicodème jemals auch nur einen Funken Beachtung geschenkt hätten. Auf jeden Fall stehen wir nun hier, und der Augenblick nimmt uns gefangen. Ein bisschen gespenstisch ist das Flair ja schon, was aber nicht am Alien liegt, sondern an den dunkel dräuenden Wolken, die sich unheilschwanger um die Spitze des Kirchturms versammelt haben. Das mag eine optische Täuschung sein, denn in Wirklichkeit ist er um die 48 Meter hoch, aber die Wolken hängen so tief, als wenn sie sich gleich ausschütten möchten. Mächtige Steinquader sind als Stufen verbaut worden, die auf das Grundstück der Kirche führen, die von Gras umgeben ist. Es müssen immense Mühen gewesen sein für die Menschen, die zwischen 1520 und 1540 diese Wände aus dem Boden stampften. Der Wind rauscht durch die Baumkronen, die Wasser des Brunnens sind seltsam still, und eine Amsel sitzt schweigend auf einem Vorsprung des Daches und schaut auf uns in etwa mit demselben Ausdruck herab, mit dem die Monstrositäten am Quell Grimassen schneiden. Die Szenerie erscheint fast surreal, und wären da nicht die Jeanshosen, die zum Trocknen aus dem Fenster des Pfarrhauses gehängt worden sind und die der Wind zum Tanzen bringt, entdeckten wir dieses spannende Stück westfranzösischer Geschichte wohl in einem vollkommenen Gefühl von Sepia und Schwarzweiß.

Saint-Nicodème, die Kirche, die aus dem Acker wächst, wie die Bretonen dieses Kleinod trefflich umschreiben, ist eines von vielen Gotteshäusern, die sich im

Der Himmel öffnet sich über der Kirche von Saint-Nicodème.

Flussverlauf des Blavet zu beiden Uferseiten in einer herrlich abwechslungsreichen Landschaft zeigen, so elysisch, dass jeder, der zu Hause die Zeit damit verbringt, an seiner Modelleisenbahn zu basteln, dieses Fleckchen mit seinen attraktiven Wechseln aus Wald und Fluss und Ackerlandschaft inklusive den niedlichsten Dörfern, die man sich vorstellen kann, geradewegs nachbauen wollte. Unser Blick auf den Turm und das alte Gemäuer will nicht weichen, aber die Jeanshosen winken schon zum Abschied; es gibt ja auch noch so viele weitere Ecken zu entdecken. Wir bringen den Anlasser zum Röcheln und mölmern mit knapp unter tausend bescheidenen Kubikzentimetern die verschlungenen Wege entlang, die hier in der Nebensaison frei sind. Der kleine Renault wirkt dabei nicht wie ein Raumschiff aus Aliens Welten, sondern passt exakt in die Kulisse, als würde ein Louis-de-Funès-Film der Sechzigerjahre gedreht werden. „Der Gendarm von Saint Tropez" zum Beispiel. Darin kam allerdings keine Quatrelle vor, sie war 1964 wohl noch zu frisch, obwohl schon seit eineinhalb Jahren von den Produktionsbändern laufend. Dafür brannte sich eine andere Szene ins Gedächtnis: die Nonne, die Ente fährt, als wenn's kein Morgen gäbe. Und der Gendarm auf dem Beifahrersitz schwitzt Blut und Wasser.

Wir gehen es gelassener an als Mutter Oberin. Auf der Ablage über dem Gepäckraum tanzen zwei Hüte, und aus dem Korb hinterm Beifahrersitz duftet es nach Käse und Würstchen. Der R4 als lukullischer Lastenträger, immer bereit, sich rechts ranfahren zu lassen, damit wir eine Knabberei zu uns nehmen. Touristen, nein, danke, die wollen wir hier nicht, die stören nur beim Entdecken dieser Abenteuer, von denen es hier Hunderte gibt. Ach, wir gehören selbst zu den Touristen? Moment mal, wir suchen Argumente, der D1 folgend, die Schiebefenster geöffnet, den Fahrtwind geatmet. Also (und Obacht, denn es folgen jetzt 91 Wörter bis zum nächsten Punkt!): Touristen erkennt man für gewöhnlich daran, dass sie vor einem angeblichen Highlight in der Warteschlange stehen oder am Band auf dem Flughafen auf ihr Gepäck warten, weil sie von anderen Menschenmassen in erstaunlicher Weise angelockt werden wie grün schimmernde Fliegen von halbwarmen Kuhfladen, und mit denen sie dann auf einen Dampfer steigen, was nur möglich ist, indem sie wieder in der Schlange stehen und auf das Gepäck warten, das aber irrtümlicherweise einen anderen Flughafen angesteuert hat und von dem sie nicht wissen, ob es noch vor dem Ende ihres Urlaubs ankommt. Reisende wie wir machen hingegen um jede größere Gruppe, die nach Kegelverein und Kreuzfahrern müffelt, einen Bogen. Das Tal des Blavet ist, so kommt es uns vor, der größte Bogen, den wir gerade schlagen können. Unfassbar himmlisch! Knabberwürstchen gefällig?

In den Fels gebaut: Chapelle Saint-Gildas

Und unfassbar einfach ist es hier auch noch. Denn genau genommen bewegen wir uns mit unserer Karre in einem Karree aus D1, D2 und D3, südlich des Städtchens Pontivy. Von der Kirche, die uns so sehr beeindruckt hat, führt die D1 nach Saint-Nicolas-des-Eaux. Kaum um die Ecke gebogen auf die Promenade des Estivants, winkt ein älterer Herr mit seiner Krücke und einem erstaunten Lachen, das uns sagen will: „Merci, dass Ihr zwei mit diesem Auto unterwegs seid!" Er blickt uns lange nach, und wir zweifeln nicht, dass er früher selbst eine Quatrelle gefahren hat, ihre Form liebte, ihren Motor, ihr Durchsetzungsvermögen, auch am steilen Berg voranzukommen, und sei es im ersten Gang. Zähes Luder. In Saint-Nicolas-des-Eaux, wo der Blavet in derselben Art eine Kehrtwendung macht wie die Mosel bei Trittenheim, dient der erste Gang nur dem Einparken. So schön kann eine Promenade sein. Kennt man nicht als Hamelner, wo die Weser – von den Stadtvätern weitgehend unbeachtet – vorbeifließt, weil man wohl glaubt, keine Promenade zu brauchen. Überhaupt: Der Blavet, eine der blauen Adern im Département Morbihan, der südlichen Bretagne, lässt immerzu neue Sichtachsen erscheinen. Die Wege führen auf und ab, es sind keine Berge, es sind Hügel, die der kleine, stolze Renault zu erklimmen hat, und nach wenigen Kilometern gelangen wir bereits an das nächste Gotteshaus, was weniger ein Haus, sondern ein Häuschen darstellt: Chapelle Saint-Gildas schmiegt sich waghalsig an eine Felswand. Sie liegt in einem Tal, und wäre es nicht ausgeschildert, so würden es nur wenige Suchende finden. Darinnen eine farbenfrohe, sich drehende Installation aus Glas und Stein. Im nächsten Jahr wird es ein anderes Kunstwerk sein. Kunst in der Kirche – hier ist das üblich und eine tolle Möglichkeit, diese alten Glaubenshäuser zu besuchen. Manche sind über vierhundert Jahre alt und waren sicherlich mit das wichtigste

Haus in der Gemeinde. Wenn man sie heute nun besucht, dann aber angefüllt mit Kunstinstallationen oder Fotografien, Bildern oder Skulpturen, erschließt sich einem ihre Schönheit und Schlichtheit auf eine ganz andere, unerwartete Weise.

Eigentlich ist man darauf eingestellt, ein schlichtes, bisweilen auch tristes Inneres zu erblicken, denn die Gegend war immer arm. Nun aber zeigt sich in der Kunst ein Widerhall des tiefen Glaubens, der uns fremd anmutet, da sich die Zeit verändert hat. Es glänzt und funkelt, und durch die Kunst ist das Gebäude belebt, geradezu bewohnt, so, wie es zu früheren Zeiten auch war, denn die Kirche war der Mittelpunkt, um den sich alles drehte. Man fährt von Gotteshaus zu Gotteshaus und stellt fest, dass nicht das Pompöse entscheidend ist, sondern die Kirchlein großartiger werden, je kleiner sie gebaut wurden. Niemand entdeckt sie auf den ersten Blick. Wer sie gefunden hat, weiß nichts über sie; er muss erst die Luft atmen, die sie umgibt, er muss dem Klang ihrer Akustik lauschen und stillhalten, für einige Momente die Augen schließen, dann sieht er mehr, dann spürt er Vergangenheit und Gegenwart an einem heiligen Ort. Und er kriegt Hunger.

„Ich bin die dritte Generation. Schon meine Großmutter führte diese Crêperie, danach meine Mutter“, sagt Isabelle Le Touzic. Sieben heiße Platten stehen in der Küche des „Au Coin Tranquille“, was so viel wie „In der ruhigen Ecke“ heißt. Ruhig ist die Landschaft rundherum, aber das geschäftige Treiben in der Crêperie erinnert mehr an eine Art Bienenstock in Groß. Nach dem Crêpe Blé Noir

Typisch bretonisch: Crêpes und Galettes

Eines der berühmtesten Gerichte der Bretagne sind Crêpes Suzettes, eine Art Pfannkuchen mit Orangen und Grand Marnier. Crêpes werden aber auch in Dutzenden anderen Varianten angeboten. Alle süßen Crêpes werden mit Weizenmehl (blé oder froment) zubereitet, während herzhafte Crêpes aus dunklem Buchweizenmehl (sarrasin oder blé noir) hergestellt werden – dann aber Galettes heißen. Sei's drum: Beides ist köstlich. Die Crêperie ist in Frankreich weit verbreitet; die Dichte dieser Gasthäuser ist in der Bretagne allerdings ungleich höher als anderswo. Hinter den Fladen versteckt sich übrigens ein Brauch heidnischen Ursprungs. Denn am 2. Februar, dem Fest der Mariä Lichtmess, wurden früher runde, flache Brote ausgeteilt. Die Crêpes sollen mit ihrer Form die Sonne symbolisieren, um an diesem Tag böse Geister und die kalte Jahreszeit zu vertreiben. Das hat bislang immer funktioniert.

Jambon Œuf Fromage (Schinken, Ei, Käse) wird man süchtig, nach der Caramel au beurre salé maison schließlich irrsinnig ob solcher Geschmacksexplosionen. Und weil nach dem Essen noch Zeit bleibt, um Ansichtskarten zu schreiben, tun wir das auch. – Ansichtskarten. Wie antiquiert! Andere schicken Mails und SMS oder melden sich dauersendend über WhatsApp aus ihrem Urlaubsort. Wir nicht. Wir schreiben Karten mit hübschen Motiven aus der Gegend. Ein paar, nicht viele, an Freunde und Familie. Jetzt und hier, in der Crêperie im himmlischen Tal des Blavet. Besser kann man die Atmosphäre nicht aufs Papier bringen. Außerdem – gerade hier! Das Städtchen Baud ist nah, und dort gibt es ein ganzes Museum voller Postkarten. „Cartopole" heißt es. Nahezu 40.000 alte Postkarten zeigt es, die meisten über hundert Jahre alt. Wer im Cartopole zu Gast ist, taucht anhand der Bildmotive und Illustrationen dieser Karten in das Leben eines bretonischen Dorfes zu Beginn des 20. Jahrhunderts, entdeckt die alte Landwirtschaft, Traditionen und Berufe. In einem Landstrich, wo es so etwas gibt, muss man Postkarten schicken. Ehrensache.

Crêpes-Königin Isabelle Le Touzic führt die Crêperie „Au Coin Tranquille".

Madame Le Touzic strahlt. „Noch ein Crêpe?"

„Non, merci. Das ist wirklich sehr freundlich von Ihnen, aber wir wollen nicht platzen", antworten wir und trinken das Glas aus. Chouchen, ein typisches Gebräu bretonischen Ursprungs, ein Honig-Apfelwein, der erste für uns. Es wird lange dauern, bis ein zweiter folgt ...

„Wir wollen jetzt aufbrechen. Uns gefällt es hier sehr gut. Es gibt so viele schöne, kleine Kapellen. Wir machen uns auf die Suche nach der nächsten", sagen wir der Crêpe-Königin.

„Dafür müssen Sie nicht mal ins Auto steigen. Die nächste ist gleich hinter meinem Gasthaus", antwortet sie und deutet an, dass wir nur um das Gebäude herumgehen müssen. Und tatsächlich: Dort, von Wiesen umrahmt, auf denen Esel versuchen, mit ihren felligen Ohren die Fliegen zu vertreiben, steht die niedliche Chapelle de Saint-Trugdual. So klein ist sie, ohne Turm, aber der Turm ist ja nicht ausschlaggebend, es ist das Kreuz Jesu, dessen Blut in einem Kelch in die Tiefen des Fôret de Brocéliande getragen worden sein soll. Ein Mysterium, bis heute. Und wie Artus und seine Tafelrundenritter machen auch wir uns auf den Weg, Neues zu erleben. Mit dem Unterschied, zu finden, ohne suchen zu müssen. Denn im Verlauf des Blavet kommt die Chapelle Sainte-Barbe du Faouët zum Vorschein; sie liegt nicht direkt an den Ufern des träge fließenden Stroms, doch ein Hinweisschild an der D3 und die abknickende D156 führen schließlich zu diesem Haus des Glaubens, das seine Besucher mit einer monumentalen Doppeltreppe empfängt, auf der man zum Eingang hinabgeleitet wird. Diese Kirche steht auf einer Art Plateau, wurde in die Felsen gehauen, man schaut von oben aufs Dach. Uns kommt es vor, als wenn sie am Abgrund balancieren würde! Wer die Arbeiten damals beaufsichtigte und wer auch immer den Plan entwarf, diese Kirche so errichten zu lassen, wie wir sie noch heute erleben können, war ein Meister seines Fachs. Er muss Nerven wie Drahtseile gehabt haben, was ihm nicht wirklich bewusst gewesen sein dürfte, weil es vermutlich noch keine Drahtseile gab. Seltsamer Gedanke …

Wie dem auch sei: Am Blavet entlangzufahren, an Schleusenhäuschen Station zu machen, an den Staustufen den Wassern beim Rauschen zuzuhören und von einem Kirchlein zum nächsten zu fahren, die im Dunstkreis des 149 Kilometer langen Flusses zu entdecken sind, dessen Quelle bei Bourbriac im Département Côtes-d'Armor entspringt, ruft größtmögliches Entzücken hervor. Bei uns. Und beim Renault 4 erst recht, denn je weniger Autos ringsherum unterwegs sind, desto wohler fühlt sich unser treuer Freund. Kernig klingt der Motor, wie geschmiert rollt die Quatrelle, und Bäume werfen ihre Schatten mit frühlingsfrischem Grün auf die vor uns liegenden Kilometer. Wir erfreuen uns an den vielfältigen Bildern dieser Gegend, die spätestens bei Hennebont vom ländlichen allmählich ins städtische Antlitz wechselt, bis schließlich die wechselhafte Kulisse der Küstenstadt Lorient mit ihren Hochhäusern und Hafenanlagen zum Vorschein kommt. Wir sind schon mit ganz anderen, modernen Autos auf der Nationalstraße über Rennes kommend nach Lorient kutschiert, und jedes Mal haben wir uns gefreut, wenn wir über die Brücke des Blavet gefahren sind und am Pegel erkennen konnten, ob Ebbe oder Flut ist. Mit dem R4 bis Lorient zu kommen, ist aber unvergleichlich, es ist ein Riesenspaß. Wir johlen vor Freude im Auto, als die ersten Wohntürme vor uns auftauchen, ab hier ist es vertrautes Terrain. Lorient ist eine Küstenstadt, die im Krieg stark zerstört wurde und sicherlich nicht zu den schönsten Vorzeigeprojekten französischer Sechzigerjahre-Architektur gehört, aber eine junge Bevölkerung und eine

Die unterschätzte Stadt

Lorient ist mehr als die Summe seiner Häuser und Straßen. Lorient ist eine quirlige Stadt mit studentischem Leben, Savoir-vivre am Atlantik und großen Traditionen. In jedem Sommer findet hier das größte keltische Musikfestival der Welt statt. Zum „Festival Interceltique" kommen über 700.000 Menschen dorthin, wo kaum 60.000 wohnen, um der Crème de la Crème der keltischen Musik zuzuhören. Wer's beschaulicher mag, lernt die Stadt bei einem Spaziergang kennen. Acht Routen wurden für Entdecker ausgearbeitet. Eine führt ins Villenviertel, eine andere von Hafen zu Hafen. Welchen Weg man auch immer einschlägt: Es gibt viel zu entdecken. Und mindestens einen Lieblingsplatz – zum Beispiel die Hochsitze am Maison de l'Agglomération an der „Promenade du Péristyle", um den Schiffen und Fähren zuzuwinken. (Info: lorient.bzh, festival-interceltique.bzh)

Beste Aussichten vom Hochsitz am Quai de la Péristyle

dichte Gastronomie-Szene, gepaart mit hoher Einzelhandelsdichte, offenbart dem Besucher ein Schmuckkästchen der Moderne. An den Rändern schon etwas angeschlagen und durchaus manchmal etwas schmuddelig, aber durch all dies weht die frische Brise des Atlantiks und bläst die Köpfe und die Straßen frei.

Wollen wir in dieses Gewusel jetzt wirklich mit unserem fast kratzer- und beulenfreien Oldtimer hineinfahren? Wollen wir riskieren, unseren mobilen Sonnenschein in enge Parkbuchten zu bugsieren? Wollen wir in überfüllten Kreiseln – und Lorient hat viele überfüllte Kreisel – bedrängt werden? Wollen wir eigentlich nicht, fahren aber trotzdem Richtung Zentrum und sehen auf der Brücke von Lanester den Blavet Richtung Ozean münden. Sein Delta wird vom Scorff geküsst, die Wasser vermischen sich, und wir vermischen uns mit dem Gewimmel. Wir finden einen Parkplatz. Wir finden hier immer einen. Das Geheimnis liegt darin, niemals daran zu zweifeln, einen Parkplatz zu finden, schon gar nicht mit einem R4. Zugegeben: Mit Paris Centre haben wir das so noch nicht ausprobiert, aber grundsätzlich ist es hilfreich, wenn man vor dem Einfahren in ein Stadtzentrum das Kinn leicht anhebt, dem Gesicht einen blasierten Ausdruck einverleibt, die Augen ein wenig zusammenkneift und nicht einen Gedanken daran verschwendet, keinen Parkplatz zu finden. Das funktioniert ohne Ausnahme. Und kaum, da wir das Hôtel Gabriel mit dem Museum und den Tour de la Découverte umrundet haben, wird auch schon ein Plätzchen frei, unten, nahe am Wasser, beim Maison de l'Agglomération. Ausgestiegen. Angekommen. In der weißen Stadt am Meer.

Um es so zurückhaltend wie möglich zu formulieren: Wir lieben Lorient über alles!

Wir finden, dass diese Stadt mehr Beachtung erhalten muss. Im Fernsehen gab es vor einiger Zeit einen Fünfteiler mit dem Titel „Die Küsten Frankreichs“, bei dem die gesamte Gegend hier mit keiner Silbe erwähnt wurde. Brest schon. Quimper auch. Vannes wie selbstverständlich. Aber kein Wort über Lorient. Dabei ist's hier quirlig wie in einer Schlagsahne, die gerade angerührt wird. Kleine Boutiquen säumen die Straßen der Innenstadt; an der Place Alsace Lorraine öffnet die Galeries Lafayette jeden Morgen außer sonntags und bringt Pariser Flair ins Atlantikjuwel, und in der Marina, die sie hier „Bassin à flot“ nennen, was so viel wie „schwimmendes Becken“ bedeutet, orakeln die Takelagen der Sportboote über Wind und Wetter. Viele Bars säumen die Wege im Zentrum, und weil es eine Universität gibt, ist keine davon leer. Diese Stadt verjüngt sich augenblicklich, wie es scheint, und gleicht aus, was gemeinhin als demografischer Wandel wie ein Damoklesschwert über uns allen hängt. Sie ist ein Jungbrunnen für die Seele, sie ist international und bodenständig zugleich, weil hier in sprichwörtlichem Sinn die Segel gesetzt werden und das ganze schöne Leben lang ein Platz zur Rückkehr freigehalten wird. Aber all das Lebendige, all diese Frische, all dieses Fidele dieser Küstenperle droht oft vor dem Angesicht der martialischen U-Boot-Bunker zu verblassen, die wie dunkle Schlünde am Le Ter liegen. Kolosse aus Beton, während des Zweiten

Durchgefahren: Der Baustil in Lorient ist markant.

Weltkriegs von der deutschen Wehrmacht gebaut. Sie lagern dem Fischereihafen vor. Wir ahnen, wie modrig darinnen das Wasser sein dürfte. Tentakel wabern aus den Becken, die Wände sind glitschig, die Luft verbraucht. Doch noch ein Lebensraum für das Alien? Kein Sonnenlichtstrahl fällt in diese gewaltigen Hallen mit ihren meterdicken Wänden. Eben diese nautischen Schrecken sind es, die manchen Reisenden dazu bewegen, Lorient großräumig zu umfahren, noch mehr, wenn ihm bewusst wird, dass achtzig Prozent dieser stolzen Stadt nach dem Krieg in Schutt lagen. Wie Phönix aus der Asche hat sie sich erhoben, aber ja, mit so einer Geißel ist es eben schwer, Entdecker zu locken. Romantisch veranlagte Globetrotter wollen pittoreske Häuserzeilen, Neobarock und Gründerzeit-Villen, aber doch nicht diesen Nüchternheits-Chic aus den Sechzigerjahren. Bei uns ist das anders: Wir stehen im Herzen der Meeresmetropole und stehen hier nicht zum ersten Mal, denn – ach, drücken wir es zurückhaltend aus:
Wir lieben Lorient abgöttisch!

Stürme rollen heran, Schiffe fahren in den Hafen ein, Fähren setzen zur Île de Groix über, und die salzige Meeresbrise, die an keinem Tag so ganz verschwindet, bläst Gedankenunrat aus den Köpfen (leider bläst sie auch den Müll ins Meer). So sachlich-schlicht die Wohngebäude nach dem Krieg auch hochgezogen worden waren: Da sind immer noch Juwelen, Häuser, die nicht zerbombt wurden und aus diesem Getümmel des pragmatisch angelegten Betons hervorblitzen. Wir streifen umher, zwischen Rue Auguste Nayel und Quai des Indes. Unten an der Promenade du Péristyle lassen die Stadtväter moderne Architektur des 21. Jahrhunderts entstehen. Warum die Wohnungen teils voll verglaste Flächen haben, ist ein Rätsel, das wir nicht lösen. Man steht morgens in aller Seelenruhe auf und zeigt sich mit nichts als Schlüpper bekleidet und wirrem Haar wie auf dem Präsentierteller. Diese Immobilien werden mit unverbaubarem Blick beworben. Stimmt schon. Für die, die da oben stehen. Und auch für die, die da unten nach oben gucken …

Tour de la Découverte, Wahrzeichen von Lorient

Keine Stadt ist perfekt. Aber diese ist perfekt für uns. Deshalb weisen wir in aller Bescheidenheit darauf hin: Wir lieben Lorient, wie wir keine andere Stadt lieben, und heben darauf ein Glas Bier in der Tavarn Ar Roue Morvan an der Place Polig Montjarret. Übrigens nicht ohne noch ein Gerücht aus der Welt zu schaffen, das sich hartnäckig hält: Keine Sekunde der Verfilmung von Lothar-Günther Buchheims Roman „Das Boot“ ist jemals in den Bunkern von Lorient entstanden. Die Darstellung des Auslaufs wurde im U-Boot-Bunker La Pallice in La Rochelle gedreht, das liegt viel weiter südlich. Andere Szenen entstanden auf dem Bodensee. Zu filmen ist eben Einstellungssache. Und Städte großartig zu finden, auch. Weshalb wir Lorient … aber nein, das hatten wir ja längst erwähnt, n'est-ce pas?

Wir sitzen an einem Tisch. Monsieur Maquette war im Fernsehen. Pénéty ist überall.

„Pénéty? Kenne ich nicht, wo soll das denn sein?“
Jean-Marc ist ein „breton pur beurre“, ein Kerl, wie geschöpft aus der guten bretonischen Butter, gewürzt mit dem Salz des Atlantiks, dem Fleur de Sel. Wir würden vielleicht „geschnitzt aus dem richtigen Holz“ sagen, aber die Sache mit der Butter charakterisiert die Menschen hier treffender, denn vom üppigen Essen verstehen sie so einiges. Jean-Marc ist einer, der in dieses Land am Meer passt wie die Felsen in die Brandung, wie die Wolken in den Himmel, wie das Hermelin auf die historische Flagge der Bretagne. Es gibt Tage, an denen er auf seine Harley-Davidson steigt und mal losfährt, am liebsten auf der Küstenstraße Richtung Guidel-Plage in der Nebensaison. Zu seinem 60. Geburtstag hatte die Familie zusammengelegt und ihm seinen Traum von diesem heißen Ofen erfüllt. Geschwister, Kinder, Kindeskinder, Onkel, Tanten. Wenn er jetzt zurückkehrt von seinen Ausfahrten, tanzt auf dem Boulevard de Toulhars der Sand, der vom Strand herübergeweht wird. Oft kommt das freilich nicht vor; als fürsorglicher Großvater hat Jean-Marc mit dem Kinderwagen vermutlich mehr Kilometer zurückgelegt als mit seinem Motorrad. Kreuz und quer in Larmor-Plage, einer schmucken Ortschaft am Rade de Lorient, wo andere Menschen liebend gerne Urlaub machen. Wir zum Beispiel. Den Atlantik vor der eigenen Haustür findet er zuweilen trotzdem ein bisschen kühl, weshalb er mit der Familie von Zeit zu Zeit in ein Flugzeug steigt, um Richtung Spanien zu entschwinden und dort in die Fluten zu hüpfen. Als Gast in seiner in jeder Hinsicht berauschenden Heimat zwischen Armor und Argoat, der Küste und dem Landesinneren, mag man das nicht nachvollziehen können, denn weil Jean-Marc hier alles hat, wonach Urlauber trachten – die weißen Wellen und Gischten an einem Traumstrand keine zweihundert Meter Luftlinie vom eigenen Haus entfernt in einer Ortschaft, die es an nichts mangeln lässt und im Großraum einer Stadt, die in ihrer schlichten Schönheit wie ein Diamant zu funkeln weiß –, würde man annehmen, dass er und die Seinen überhaupt niemals verreisen müss-

Mit Harley und Herz: Jean-Marc

ten. Aber sie tun es und finden es normal, wie wir selbst es normal finden, dann und wann nach neuen Ufern zu trachten. Vielleicht kennt unser treuer Freund aus dem Morbihan, der mit Schwiegersohn Pascal nicht lange fackelt, wenn es darum geht, die lahm gewordene Batterie eines Renault 4 zu wechseln, Pénéty deshalb nicht … Zurück zur Ausgangsfrage.
„Pénéty? Kenne ich nicht. Wo liegt das denn?", fragt er und schenkt ein.

Immer schenkt er ein, wenn wir mit ihm zusammen an einem Tisch sitzen, das ist zur Tradition geworden, und wenn er es nicht tut, dann tun wir es. Wir haben weiß Gott wie viele Male mit diesem lustigen Kerl mehr als nur einen gehoben. Nicht bis zum Kopfschmerz, sondern höchstens bis kurz davor. Auf der Terrasse des kleinen Fischerhäuschens zum Beispiel, das zum großen Grundstück gehört, auf dem er mit seiner Familie lebt. Oder in der Wohnküche von Mémé, seiner vor einigen Jahren im 88. Lebensjahr verstorbenen Schwiegermutter Armande Le Guennec, die auch weit in ihren Achtzigern noch mehr als nur das Anstandsgläschen zum Anstoßen leerte. Was waren das doch für schöne Zeiten, dort, an ihrem runden Holztisch. Wir saßen und stammelten Französisch, mit den Jahren wurde es besser, und über die Lippen Mémés, die noch den Krieg unter der Knute der Deutschen miterlebt hatte, rollte nicht ein einziges vorwurfsvolles Wort über diese schlimme Zeit, weil sie wusste, dass nachfolgende Generationen für diesen Mist nicht zur Verantwortung gezogen werden konnten. Wir schrieben ihr Ansichtskarten und Briefe, womöglich in verstörendem Kauderwelsch, zumindest in den ersten Jahren, dann wurde unser Gefühl für die französische Sprache allmählich besser, und sie

Panorama zum Schwärmen:
Strand in Larmor-Plage

hob alles auf, sie legte sich eine Sammlung dieser jahrelang währenden Korrespondenz an. Sie schickte Briefe zurück, dann und wann, Weihnachtsgrüße und Anfragen, ob wir denn auch im nächsten Sommer nach Larmor-Plage kommen wollten, und auf diese Weise entwickelte sich eine Beziehung. Freundschaft ist ein großes Wort, es war sicher keine Freundschaft zu Mémé, aber doch ein sehr respektvolles Verhältnis zueinander. Eines Tages überreichte sie uns zum Ende des Sommerurlaubs ein Bild, das die alte Fischfabrik am Plage de Toulhars zeigt, die schon lange keine Fabrik mehr ist, sondern zu einem Wohngebäude direkt am alten Hafen Larmors umgebaut worden war. Sie hatte dieses Bild selbst gemalt. Acryl auf Leinwand. Mémé malte gerne und gut. Blumensträuße. Landschaften. Häuser. Wenn eine Künstlerin ein Gemälde verschenkt, und sei es auch nur ein kleines, dann ist das eine Geste, die doch immerhin von großer Zuneigung geprägt ist. Dieses Bild hängt bei uns im Schlafzimmer. Als wir Jahre später den Brief Jean-Marcs zum Tode seiner Schwiegermutter erhielten und öffneten, warf in dem Moment die Sonne ihre Strahlen herein auf das Werk, das Mémé gemalt hatte.

Aber was ist jetzt mit Pénéty? Jean-Marc rätselt nach wie vor. „Ich war noch nie dort. Ich kann Euch wirklich nicht sagen, wo Pénéty liegt."

Wir aber ihm. Doch der Finger auf der Landkarte muss noch warten, die morbihanische Gastfreundschaft kommt dazwischen. Der Hausherr hat einen besonderen Tropfen geöffnet, einen Portwein, dem auch Mémé nicht abgeneigt war. Er schenkt ihn in Weingläser ein, unportugiesisch randvoll. Auf dem Tisch steht in Scheiben geschnittenes Baguette mit dreierlei Pasteten und Wurst, daneben zwei Sorten Käseberge, die an die Monts d'Arrée erinnern, die Höhenzüge der Bretagne östlich der Halbinsel Crozon. Vor dem Herd hat er Pizza bereitgestellt, mühevoll mit allerlei Leckerem belegt. Ausnahmsweise ohne Butter. Wir sitzen zu sechst am Tisch, denn Jean-Marcs Frau Maryannick sowie Schwägerin Christine und Schwager Pierre-André sind auch noch dabei. Pénéty spielt gerade keine Rolle, wir kommen in dieser Frage nicht voran, es wird angestoßen. Wir sprechen über Monsieur Maquettes neue Projekte. Monsieur Maquette heißt eigentlich Pierre-André Le Guennec und ist ein mindestens so handfester Pure-Butter-Bretone wie Jean-Marc. Pierre-André baut kleine Welten. Eben: maquettes. Modelle. Den Fall Roms hat er auf weniger als einem Quadratmeter dargestellt, die Gärten von Babylon sind auch nicht viel größer, und wie er die Cheopspyramide zu der Zeit ihrer Entstehung als Minimaluniversum in die Tat umgesetzt hat, ist à la bonheur. Ein gallorömisches Dorf, der Circus Gai et Neronis in Rom, Omaha Beach am 7. Juni – alles hergestellt aus Karton, Kork, Draht und viel Geduld. Seine Modelle haben die Kraft, den Zuschauer in frühere Epochen zu versetzen. Sie tauchen in die Geschichte ein. Dafür sitzt Monsieur Maquette Stunde um Stunde in seinem Atelier zu Hause im nahen Ploemeur, packt die fragilen Kosmen behutsam in seinen grauen „camion“ und fährt damit, wenn es sein muss, bis nach Ulm oder auch nach Heidelberg. Und sowieso in ganz Belgien und Frankreich. „Es finden Messen statt, wo sich die Szene trifft“, sagt Pierre-André, der ziemlich bescheiden anmerkt, dass er mit seinen Arbeiten sogar schon im Fernsehen vorgestellt wurde. France 3 brachte einen Bericht über ihn, die Zeitung La Télégramme ebenso wie die Ouest France. Er ist richtiggehend bekannt geworden in diesem Genre, gehört zu den Besten. Dann sind da noch die Bars und Brasserien in der Umgebung, in denen er von Zeit zu Zeit eines oder zwei seiner Œuvres ausstellt. Womit die Arbeit eigentlich erst richtig begonnen hat, denn an Ideen mangelt es ihm nicht; es seien noch so viele Szenerien zu arrangieren. Den Kanal von Panama hatte Pierre-André in der mittelfristigen Planung, nahm dann aber doch Abstand von dem Mammut-Projekt. „Ich war ja noch nie da, das ist schwierig“, sagt er. Beim Fall Roms war er allerdings auch nicht dabei.

Nach Pénéty zu fahren, um eine Dorfidylle samt Renault 4 als ästhetische Miniaturversion zu erschaffen, wäre eine goldige Alternative. Er könnte sich dort in aller Ruhe umsehen, auf dem Sozius der Harley seines Schwagers sitzend. Allein die

Abendstimmung in Larmor

Frage schwebt weiterhin unbeantwortet über dem reich gedeckten Küchentisch: Wo liegt Pénéty?

Jean-Marc serviert Pizza und schenkt schon wieder Port ein, der bernsteinfarben in den Gläsern leuchtet. Die Landkarte landet erst einmal auf der Kommode. Wir brauchen unsere Hände; mit der einen heben wir das Glas, mit der anderen greifen wir nach den Köstlichkeiten auf den Tellern. Dann zieht Jean-Marc eine Pizza aus dem Ofen. „Voilà!“ Er sechsteilt sie. Sie ist großzügig mit Käse und Schinken belegt, außerdem Oliven und scharfe Chilis. Als er gestern die Einladung ausgesprochen hatte, war die Rede von einem Apéritif. Normalerweise dauert der in Frankreich um die anderthalb Stunden, manchmal zwei, höchstens. In Armor und Argoat drehen sich die Uhren anders. Dort sitzt man gemeinsam schmausend an einem Tisch, erzählt ausgelassen und lässt es sich lange gut gehen. Diese sehr bretonische Variante des Apéritifs kann bis Mitternacht dauern. Die nächste Pizza ist schon in den Ofen geschoben worden, und weil die beiden Flaschen Portwein jetzt leer sind, öffnet Pierre-André den Rosé, den sein Schwager gerade aus dem Kühlschrank geholt hat. Nebenbei läuft der Fernseher, darüber muss man sich hier keine Gedanken machen, das geht schon in Ordnung, es wäre eher seltsam, wenn er nicht angeschaltet wäre. Ein Bericht zur bevorstehenden Tour de France, die in einigen Wochen starten wird, flimmert über den Bildschirm. Durch Pénéty führt sie nicht. Faden wieder aufgenommen. Wir nutzen die Gelegenheit.

„Wir sind schon in Pénéty gewesen, und es ist gar nicht so weit von Larmor-Plage entfernt, so um die 45 Kilometer. Der schnellste Weg führt über die D769 bis Plouay und dann über die D18 bis Inguiniel. Von dort führen Wege, die nicht mal mehr mit einem D gekennzeichnet sind, nach Le Pénéty, die sind wirklich furchtbar schmal. Da muss man dann ein bisschen suchen. Das Dorf ist sehr klein, hat aber immerhin eine Chapelle Notre-Dame.“

Es verging eine kleine Ewigkeit, bis wir es endlich finden konnten. Wir waren in Locmaria, in Lochrist und Manéandol. Weiler und winzige Dörfer, aus deren bezaubernder Mitte immer ein Kirchturm der jeweiligen Chapelle hervorsticht. Sie brachten uns fast um den Verstand. Wir fragten einen Mann, der an seinem Gartenzaun das Eingangstor reparierte, nach dem Weg. Er schaute griesgrämig unter seinem Hut hervor, als wollte er nicht glauben, was er vor sich sah: Zwei Deutsche in einem Renault 4, dazu noch in aufdringlich rostfreiem Zustand, auf der Suche nach einem ganz bestimmten Dorf, in dem es nichts gibt außer einer kleinen Kapelle und ein paar Häusern. Er konnte sich dennoch überwinden und ließ uns wissen, dass wir umzukehren hätten, dann links, rechts, links, am besten wieder nach Inguiniel zurück. Dort stehe ein Wegweiser nach Pénéty. Wir fuhren mit aufgeschobenen Seitenfenstern, um die Luft zu spüren und dem Fahrtwind zu lauschen, abermals durch diesen Teil des wilden Hinterlandes an Wald und Wiesen zurück und suchten wie von Sinnen den Wegweiser, hörten die ersten Grillen des Jahres zirpen und die ersten Menschen in diesem Jahr grillen. Zurück in Inguiniel hielten wir wieder vor der Église Saint-Alban, kehrten um und versuchten es dann mit der Rue des Hirondelles. Ein paar Hundert Meter und dann links ab auf – voilà – die Rue de le Pénéty. Ja, mit Artikel sogar gekennzeichnet. So steht's zwar nicht im Michelin-Atlas, aber egal: Wir kamen noch vor Anbruch der Dunkelheit an. Wir waren morgens um zehn Uhr losgefahren.

Aber jeder, der sich die Fähigkeit erhält, Schönes zu erkennen, wird nie alt werden, sagt Franz Kafka, und wir erkannten die Schönheit Pénétys in vielen Facetten auf Anhieb. Hutzelige Häuschen, unter deren Dachvorsprüngen sich Bienen ein Nest gebaut haben und Spatzen zwischen den Fugen nisten, säumen dort die Straße, auf der nur selten ein Auto fährt. Aus einer Quelle plätschert Wasser in einen Brunnen, rundherum wachsen wilde Möhre, Löwenzahn und Butterblume, ist ja logisch, dass die besonders gut in der Bretagne wächst, und je näher dies zum großen, weiten Meer geschieht, desto mehr ist sie eine Salzbutterblume. Obstbäume stehen wie zufällig verteilt auf den Wiesen. Totalnatur. – Über der See ist nur noch das Nachleuchten des Tages zu sehen, über Larmor-Plage dämmert es. Unsere Ausführungen stoßen auf Interesse und werfen die Frage auf, was uns nach Le Pénéty verschlagen hatte. Das ist einfacher zu erklären als der Weg dorthin, der mit Landkarte auf dem Schoß in jedem Auto – und in der Savane TL erst recht, weil: ganz klassisch und authentisch – besser zu finden ist als mit einem Navigationsgerät. Es soll GPS-Apparate gegeben haben, die seien auf der Suche nach diesem sehr kleinen Dorf so verzweifelt gewesen, dass sie ihren Geist noch kurz hinter Inguiniel aufgegeben haben. Eine Form der Selbstzerstörung, bevor die Sache mit einer Implosion völlig aus dem Ruder geraten wäre. Wir waren in Pénéty, weil wir Annie und Philippe besucht hatten, Annie, die ihre Heimat liebende Bretonin, und Philippe, ihr Mann. Sie haben dort noch einen Landsitz. Das alte Pfarrhaus, das die beiden vor einigen Jahren gekauft hatten, mit einem hübschen Garten drumherum, ist von der Dorfkirche nur durch eine Mauer und ein Tor getrennt. Es lächelt aus Fenstern mit mintgrünen Rahmen und himmelblauen Läden. Violett leuchten die Hortensien im Garten und an den Steinmauern. „Es gibt keine Zufälle im Leben", hatte Annie uns gesagt, als wir im Zentrum dieser Schönheit verweilten. Wer möge dies besser beurteilen können als sie, die europäisch denkende Bretonin mit einem Faible für die deutsch-französische Freundschaft, deren Vater in der Résistance im Zweiten Weltkrieg gegen die deutschen Besatzungsmächte gekämpft hatte. Dass sein Widerstand von Pénéty aus geschah, wusste sie nicht, das hatte sie erst später erfahren, nach dem Kauf des Hauses. Und dass sie dort, wo wir nun bei den Guillards und Le Guennecs untergekommen sind, als Studentin wohnte, ist eine unglaubliche Geschichte von sich kreuzenden Lebenswegen.

Und jetzt wissen endlich auch Jean-Marc und seine Anverwandten, wo sie Pénéty finden. Wenn sie denn jemals hinfahren. „Das ist interessant. Ich war noch nie in Pénéty. Ihr kennt Euch hier besser aus als ich“, sagt er und fährt mit dem Finger auf der Landkarte die Strecke zwischen Larmor-Plage und dem Dörflein entlang, bevor des Ofens Signallaute um Bitte zur augenblicklichen Entleerung klingeln und die nächste Pizza auf den Tisch gestellt wird. Als Dessert wartet ein Kouign-amann, eine Spezialität der Region um Douarnenez, die es im Laufe der Jahre zu einer Gaumengröße in der gesamten Bretagne gebracht hat. Den kriegt man wirklich überall hier im Nordwesten Frankreichs, und er schmeckt immer, dieser dicke Fladen aus Butter und Zucker. Eigentlich verhält es sich mit dem Kouign-amann wie mit Pénéty; auch Pénéty ist irgendwie überall, es ist ein Paradebeispiel für die Kleinteiligkeit einer Landschaft. Schnuckeldörfer wie dieses gibt es im Argoat wie Sand am Meer, und das Meer ist nie weit entfernt. Sie zu entdecken, ist eine Frage von Zeit und Muße. Nicht nach dem Wahnwitzigen Ausschau zu halten, nicht den Sensationen hinterher zu hecheln, sondern in aller Gelassenheit mit dem Renault 4 die schmalen Straßen zu fahren, die diese Dörfer wie an einer Perlenschnur aufgereiht miteinander verbinden, Bäche wie den Scorff über kleine Brücken zu kreuzen, Kirchen wie Kernascléden am Wegesrand aufzuspüren und eine Pause an einem Waldrand einzulegen, ist das wahrhaftige Abenteuer. Weil wir auf diese Weise frei sind von Verpflichtungen, frei sind von Zwängen, an Bord eines Riesendampfers am Buffet in der Schlange stehen zu müssen oder den Flug nach Mallorca oder ein anderes Irgendwo nicht zu verpassen, um am Zielort festzustellen, dass das Gepäck erst morgen ankommt. Nichts für uns.

Genau so erzählen wir es den anderen an diesem Abend an diesem Tisch in dieser Küche. „Mit einer Savane macht das Ganze ja auch richtig Spaß. Auf dem Modell habe ich Autofahren gelernt“, sagt Jean-Marc und schaut durchs Küchenfenster auf den schlafenden Renault. Ob er sich bald auf seine Harley schwingt und nach Pénéty fährt, wissen wir nicht. Ob Monsieur Maquette davon ein Modell baut, wissen wir auch nicht. Wir wissen nur, dass noch ein zweites Stück Kouign-amann übrig ist, und das ist wirklich schön. Alles in Butter.

Das Gasthaus der fröhlichen Kerle. Ein Fährmann mit Sirene. Wir sehen grün.

Im Café du Port, einen Möwenschrei vom Atlantik entfernt, das Rauschen der Brandung spürbar, gibt es zunächst einmal kein Morgen; was hier vor allem zählt, ist der Augenblick. Der nächste Tag ist doch noch eine halbe Ewigkeit entfernt, und wenn man sich etwas vorzunehmen wagt, dann höchstens, dass man sich wenige Stunden nach dem kommenden Sonnenaufgang wieder vor der Theke von Mario Le Grand trifft. Die Menschen aus dem bretonischen Küstenort Lomener, einem Fischerdorf, das schon lange kein Fischerdorf mehr ist, und auch die aus der Umgebung lieben das Café du Port. Reisende, die den Verlockungen der auf modern getrimmten Restaurants endlich einmal widerstehen, die sich einen Ruck geben, sich nicht blenden lassen und einfach mal bei „Chez Mario" einkehren, werden es auch tun. Wir können das bestätigen, es ist gar nicht anders möglich. Hier werden wir mit offenen Armen empfangen, sitzen an massiven, schweren Tischen auf Holzbänken und Stühlen bei einem Gläschen oder zweien und folgen den Gesprächen der Einheimischen mehr oder weniger erfolgreich, einem lebendi-

Chez Mario: im Café du Port bei Mario Le Grand

gen Sturzbach an Vokabeln, der Licht und Schatten, Glück und Unglück, Trauer und Freude mit sich führt. Wörter prasseln massenhaft auf uns nieder – ohne ein zweites Glas Wein geht das nicht.

Es ist eine fantastische Atmosphäre, und das hat einen Grund. Denn Mario Le Grand hat gar nicht erst versucht, seine Bar auf chic zu trimmen. „Das ist original, so wie früher“, sagt er, obwohl zumindest die bunten Kunststoffstühle „en terrasse“ dann doch ein Zugeständnis an die modernen Zeiten sind. Meistens bleiben sie leer, nur die Raucher gehen ab und zu hinaus und nehmen dort Platz, ansonsten spielt sich das Leben hier drinnen ab, an den Tischen und am Tresen, wo der Zapfhahn wie ein bretonisches Leuchtfeuer schwarz und weiß beringelt ist. Gwenn ha du – die bretonische Flagge hängt unter der Kneipendecke, und die warme Herzlichkeit der Menschen ist hier mit jedem Handschlag zu spüren. Auch für Fremde, die nicht lange Fremde bleiben. Wie wir.

„Bonjour Madame, bonjour Monsieur.“ Der nächste Weiße ist nur einen Schluck entfernt.

„Bonjour Madame, bonjour Monsieur.“ Wieder einer mehr, der durch die knarrende Eingangstüre gekommen ist. Das Café füllt sich.

„Bonjour Madame, bonjour Monsieur.“ Der Nächste, bitte! Wieder geht er von Tisch zu Tisch. Jeder Gast begrüßt jeden, der schon da ist, mit Handschlag. „Bonjour“ ist hier keine Floskel, es ist ernst gemeint, einen „guten Tag“ zu wünschen. Bei Anne-Cécile, der charmanten Bedienung, die Mario zur Hand geht, bleibt es nicht beim Handschlag; es gibt kaum einen Gast im Café du Port, der ihr zur Begrüßung nicht wenigstens zwei „bisous“ geben möchte. Wir auch. Einmal links, einmal rechts, Wange an Wange. Gerade hat sie zwei Gläser mit dem Tarantin gefüllt, ein weißer Wein mit Wucht. „Den habt Ihr neulich auch getrunken, stimmt's?“ Stimmt, und auch da ist es nicht bei einem Glas geblieben. Es ist Viertel vor elf, am Vormittag wohlgemerkt, im Urlaub ist das unbedingt erlaubt, solange der Renault-Dino heute nicht mehr gefahren werden muss. Aber das muss er nicht, er hat frei. Wir sind den Strand entlanggegangen, von Larmor-Plage bis Lomener, um die sechs Kilometer. Und glücklicherweise irgendwann dann auch sechs zurück. Sollte reichen, um halbwegs wieder klar zu werden ...

Wir sitzen im „Chez Mario“, wo gestern Abend noch eine Karaoke-Party stattgefunden hatte, was hier öfter vorkommt, schütteln Hände. Hände von Handwerkern, Hände von Fischern, Hände von Bankern und Versicherungsmanagern, von Landwirten und Lebenskünstlern, und obwohl der Tag jung ist, die Wellen des Atlantiks kühle Morgenfrische an den Strand der Bucht von Lomener drängen und es Zeit wäre, ein Croissant zu essen, sind die Gläser schon gefüllt. Warum auch nicht?

Es gibt mehr alte Weintrinker als alte Ärzte. François Rabelais, in gleichem Maße Schriftsteller der Renaissance wie auch praktizierender Arzt, wusste, was gut ist. Wie alt ist er eigentlich geworden? Spielt keine Rolle.
Mario soll mal nachschenken.
„Encore deux, s'il vous plaît. Rouge."

Es bedarf nicht vieler Worte, hier zu einem guten Getränk zu kommen. Mario nickt herüber, navigiert aber erst noch einen Rollstuhlfahrer im Stile eines Flughafenlotsen am nahe gelegenen Aéroport de Lorient über die kleine Rampe durch die Eingangstüre seines Gasthauses an der engen Rue du Grazu. „Ça va?" Schulterklopfen. Lachen. Bierchen. Der Rollstuhl spielt keine Rolle, nur der Mensch, der darin sitzt. Drei, vielleicht vier Minuten später, so viel Zeit muss sein, serviert Mario den Roten mit einem spitzbübischen Lächeln, deutet auf das Etikett der Flasche, wartet ab, ob er uns mundet und stellt eine Schale Erdnüsse dazu. Der riesige Fernseher im hinteren Bereich seiner guten Stube zeigt Bilder von Pferderennen, ist auf stumm geschaltet, und eigentlich guckt keiner zu, was aber auch keine Rolle spielt. Unter der Decke hängt ein Fischernetz, so als wenn es alle Worte, alles Lachen, alles Fröhliche und Kluge und alles Schicksalhafte fangen möchte. Vielleicht tut es das. Das hier ist eine Welt für sich. Es gibt viele dieser Welten. Gérard Jaffrès hat ihnen Ende der Achtzigerjahre sein Lied „Au Café du Port" gewidmet, ein Chanson, der im ganzen Land bekannt ist – und erst gestern in der Kirche von Larmor-Plage gesungen wurde, ein paar Kilometer südwärts. Es jetzt anzustimmen, würde passen. Vielleicht singt der alte Herr ja mit, der da zwischen den anderen Gästen mit seiner auf dem Hinterkopf klebenden Baskenmütze durch den Raum scharwenzelt. Was mag ihn angetrieben haben, Pflanzen mitzubringen? Er hat sie auf Zeitungspapier ausgebreitet.
„Monsieur, was sind das für Pflanzen?"
„Es sind Tomatenpflanzen aus meinem Garten. Möchten Sie welche haben?"
„Wir würden ja gerne, aber wir sind mit unserer Quatrelle auf Reisen und …"
„… einer Quatrelle, wie wunderbar! Hatte ich früher auch mal, nein, zwei sogar, in den Sechzigern, glaube ich. Da passt doch eine Menge rein. Diese kleinen Zöglinge …"
„… ja, schon, aber wir kommen aus Deutschland und fahren noch sicher zwei oder drei Wochen durch das Land, und wir wissen noch nicht genau …"
„… das ist doch kein Problem, nehmen sie ein paar, stellen Sie sie in einen mit Erde gefüllten Topf, und wenn Sie zu Hause in Deutschland angekommen sind, pflanzen Sie sie in größere Töpfe oder in den …"
„… meinen Sie, sie würden …"

„... ja, natürlich halten die durch. Die sind aus meinem Garten. Beste Qualität. Ich hatte zu viele und wollte diese hier aber nicht auf den Kompost werfen. Das wäre doch zu schade. Kommen Sie, ich wickle Ihnen mal ein Dutzend ..."
„... äh ..."
„... ein!"

Glückwunsch! Ein Gespräch unvollendeter Sätze führt ja nicht zwangsläufig zu einem guten Ergebnis. Hier schon. Monsieur schiebt sich die Baskenmütze noch weiter auf den Hinterkopf – eigentlich müsste sie jetzt herunterfallen – und nimmt ein zauseliges Bündel des Grüns. Er rollt es in die Freitagausgabe der Ouest-France. Am selben Tisch sitzt ein Freund von ihm oder zumindest ein guter Bekannter, der sich an diesem Vormittag, der so langsam in den Mittag überfließt, den zweiten Rosé kommen lässt. Wohlgemerkt: kein Glas, eine Karaffe. Er muss dafür nicht aufstehen, die Hand heben oder bestellen. Chef Mario hat alles im Blick. Tendiert der Pegel in den Gläsern, Flaschen und Karaffen seiner Gäste gegen null, lässt er ihn wieder steigen. So ist das hier im Café du Port. Während der Rosémann das Glas zum Munde führt, schweigt und genießt, schiebt der Tomatenmann uns das Bündel Jungpflanzen an die Tischkante und lacht. Sein Gesicht legt sich in schelmische Falten; er könnte ein Verwandter von Louis de Funès sein.

Auf der Sirène III kuttert Vincent Blery die Laïta hinauf.

„Was bekommen Sie denn?"
„Für die Pflanzen? Ach, nichts natürlich, die habe ich mitgebracht, um sie zu verschenken."
„Das ist sehr freundlich. Was möchten Sie trin…?"
„ … ich hab doch noch …"
„ … kommt gar nicht …"
„ … doch …!"
Konversation ist manchmal komisch. Wieder nur Halbsätze, aber wieder ein Ergebnis. Mario schenkt nach, einen Roten, was irgendwie auch klar ist, weil Tomaten gemeinhin rot werden. Was für ein Vormittag!
„Santé!" Das heißt Gesundheit.
„Merci, santé!" Auf die Tomatenjünglinge. Sollten wir sie schadlos bis nach Hause bringen, was angesichts belgischer Autobahnen ein Risiko ist, werden wir den Tomatenmann im kommenden Jahr wieder einen ausgeben im Café du Port „chez Mario". Vielleicht hat er dann wieder ein paar Pflanzen übrig, wir werden sehen. On verra.

Bis dahin fließt jedenfalls noch viel Wasser die Laïta hinauf und auch wieder hinunter. Wer wüsste das besser als Vincent Blery, der Kapitän der kleinen Fähre „Sirène III", die in den Frühlings- und Sommermonaten zwischen Le Pouldu und Guidel-Plages, keine zwanzig Möwenflugminuten vom Café du Port in Lomener entfernt, über das Delta des von den Gezeiten abhängigen Flusses übersetzt und bei Sondertouren auch schon mal hinaufkuttert bis zur Abbaye Saint-Maurice. „À demain", hatte er gestern von Bord aus gerufen. Jetzt sind wir hier. Der neue Tag hat sich mit Glück betrunken. Hier, wo das Schiffchen an der Kaimauer festmacht, hatte bereits der Maler Paul Gauguin auf die Dünung geschaut und die Pinsel in Farbe getunkt. Er war nach Le Pouldu gekommen, „um Bilder zu malen und preiswert zu leben". Bilder malen ginge noch heute wundervoll, allein das geradezu ehrwürdige Gebäude des Hotel-Restaurants der Familie Portier, wo die beste Fischsuppe im Umkreis von geschätzten tausend Kilometern mit Croûtons und hausgemachter Rouille serviert wird, ergäbe ein Motiv. Dem preiswerten Leben indes könnte Gauguin jetzt nicht mehr so arg frönen. Wobei die zwölf Euro pro Kopf für die Ausfahrt auf dem Grenzfluss Laïta jeden Cent wert sind.

Kapitän Vincent wirft den Motor an. Das Prötteln schallt wie Musik übers Wasser. Kaum, dass sein Schiff an den Jachten und Segelbooten vorbei Richtung Landesinnere tuckert, redet er mehr als dass er steuert. Davon, dass sich die Laïta, die Holde, während der Jahrtausende tief in die Landschaft eingeschnitten hat und bis nach Quimperlé reicht, dass sie vom Forêt de Carnoët und von steinigem Ufer gesäumt ist. Davon, dass der Königsfelsen fast siebzig Meter hinaufragt. Davon, dass die Fischer aus Quimperlé früher stark an die Gezeiten gebunden waren, dass sie mit der Flut hinein- und mit auslaufendem Wasser wieder hinaus auf das wilde Meer fuhren. Davon, dass es hier einst eine Burg gegeben hatte und dass das Kloster Saint-Maurice-de-Carnoët ein wundervoller Ort für weitere Entdeckungen ist. Und davon, dass … hoppla! … Vincent reißt das Steuer herum! Er lacht. „Wollen ja nicht auf Grund laufen." Fast wär's geschehen. Die 25 Gäste an Bord machen große Augen, der Kameramann des Fernsehteams von France 3, das mitgefahren ist, kann sich gerade noch halten. Kleines Abenteuer auf der Laïta.

Vincent Blery hat ein sonniges Gemüt. Bretonischer Regen kann nichts dagegen ausrichten, Regen ist ihm weitestgehend egal. Als sich alle Himmel zu öffnen scheinen, junge Hunde sich mit Bindfäden vereinen, und die Passagiere sich vor dem Wasser ducken, hält Vincent sein braungebranntes Gesicht fröhlich in die wölkische Brandung. „Ist doch gut heute. Das ist die Bretagne. Nachher scheint wieder die Sonne!" Der Kapitän hat gut lachen. Sein Job „ist wie Urlaub", sagt er. Mit der kleinen Fähre bringt er sommers vor allem Touristen von Guidel-Plages nach Le Pouldu und umgekehrt, pendelt ergo zwischen dem Morbihan, der südlichen Bretagne, und dem Finistère, der nördlichen. Die Laïta trennt nicht die beiden Départements, sie verbindet sie. Die Überfahrt im Delta des Flusses dauert weniger als drei Minuten. Aber dann und wann, wenn es die Gezeiten zulassen, geht's eben auch auf größere Entdeckungstour bis zur Abbaye Saint-Maurice hinauf.

In Le Pouldu zurück. Hier irgendwo hatte Paul Sérusier mit den „Wäscherinnen an der Laïta" 1890 einen magischen Moment am Fluss eingefangen. Wer mit Vincent Blery hinaufschippert bis zur Abtei, wird die Magie dieser Landschaft ebenso spüren wie damals Sérusier. Sie ist kraftvoll und fragil zugleich, atemberaubend und die Seele besänftigend. Das hier ist nicht das Paradies, aber es vermag ihm in seiner Schönheit schon recht nahezukommen. „Ohne die Bretagne könnte ich nicht glücklich sein", sagt denn auch Annie Chauvelon, sie, die herzliche Urbretonin, hier geboren und stets begleitet von all den Wellen und Winden. Dass die Bretonen, gerade sie, Sturm nicht mögen, ist eine andere Geschichte vom Land am Meer.

Wir sitzen auf tausend Jahren. Annie de Bretagne erzählt. Ein Hermelin hört zu.

Im Mai ist die Bretagne am schönsten. Der Stechginster blüht. Er versprüht einen Duft von Karamell und Schokolade. Manchmal mischen sich Spuren von Kaffee darunter, aber das macht der Wind, der sie von einer kleinen Bar aus dem Irgendwo eines Dorfes in der Nähe herüberbläst, wo hutzelige Häuser mit austerngrauen Fassaden seit Jahrhunderten die Wege säumen, die Hortensien an windschiefen Mauern stehend schlüpferblau ihren Flor zu entfalten beginnen, das einfache Glockengeläut einer Kapelle zu jeder vollen Stunde sich wie eine schützende Decke über den Ort legt und der Marktplatz von einer Lindenallee umrundet wird, während ein kleiner Brunnen vor sich hinplätschert. Die ganze Bretagne scheint von Stechginster eingehüllt zu werden. Weite Flächen und Felder werden von diesem Strauch eingenommen, und an den schönsten D-Straßen geleitet der „ajonc jaune" die Fahrenden treu und ergeben über so viele Kilometer, dass er ihnen schon bald gar nicht mehr auffällt, wie er auffallen sollte. Das gelbe Blütenmeer leuchtet über Wochen, und es wogt am Straßenrand entlang, über die Hügel hinweg, fasst die großen Granitbrocken wie Edelsteine ein, leuchtet auch an diesen grauen, diesigen Regentagen, als wenn die Sonne scheinen würde, was nach dem Himmel auf Erden klingt. Vielleicht ist der Stechginster für die Bretonen ja genau das: ein Stück vom Himmel auf Erden. Es gibt vermutlich wenige Landschaften in Frankreich, deren Charakter so sehr von einer einzigen Pflanzenart bestimmt wird und die – das ist das wirklich Überraschende – im Wesentlichen so ist wie die Menschen, die in ihrem Umfeld wohnen: wetterfest, wehrhaft, freundlich und geduldig Freunden, Fremden und den Zeiten zugewandt, die da kommen mögen.

Mitten in dieser Szenerie steht jetzt der Renault 4. Wäre er ziegelrot, ozonblaumetallic oder seladongrün, also in solchen feschen Farben, in denen er in den Achtzigerjahren tausendfach von den Produktionsbändern gelaufen ist und die wir bei unserer Suche nach einem gut erhaltenen Exemplar durchaus favorisiert hätten, würden sich die Kolorationen beißen. Gerade sind wir besonders froh, dass wir eine Quatrelle in dezentem, hellem Sandbeige, das ab Werk als „Alpaga" bezeichnet wurde und die Seriennummer 109 erhielt, zwischen Stechginsterbüschen parken können. Keine Farbe könnte besser zu diesem strahlenden Gelb passen, nicht einmal Vanille (Seriennummer 391) oder Mandelbaum (951), denn Alpaga kommt uns vor wie – siehe oben – Karamell und Schokolade. Der Stechginster macht seinem Namen im Übrigen alle Ehre, die Dornen sind ganz schön groß. Hoffentlich haben wir nachher keinen Platten.

Rätselhafte Steinansammlungen

Voller Rätsel ist die Bretagne. Das womöglich größte von allen: die Megalithkultur. Welche Bedeutung diese Tausende Jahre alten Monumente haben, ist bis heute unklar. Fest steht: Es gibt verschiedene Versionen. Da sind einerseits die aufrecht gestellten, großen Steine, die als Megalithen bezeichnet werden. Da sind andererseits die allein stehenden Menhire und die Dolmen (überdacht). Zu den bekanntesten Steinfeldern gehören die bei Carnac, wo über 2800 Findlinge in unterschiedlichsten Gruppierungen etwa 4500 vor Christus aufgestellt wurden. Rätsel geben auch der Menhir und die Großsteingräber bei Locmariaquer am Golf von Morbihan auf. Aber auch an vielen anderen Stellen offenbaren sich diese seltsamen Formationen. Zum Vorbeifahren viel zu interessant, also einfach mal anhalten und anschauen.

Wir sind über die D152 gekommen, einer Straße, die mehr ist als ein graues Band, sie ist eine Offenbarung. Sie zählt vermutlich zu den schönsten Routen entlang des Atlantiks und führt von Lorient an Larmor-Plage vorbei bis nach Guidel-Plages, immer an der zerklüfteten Küste entlang, auf deren Brandung Surfer waghalsige Sprünge unternehmen. Man blickt aufs Meer und hinüber auf die Île de Groix, sieht die weißen Fähren kreuzen, und wo die Insel endet, ist nur noch Horizont, weiter Horizont. Der Blick klebt geradezu an den Wellen des Ozeans, den Stränden und Buchten; es ist eine Art Trance, in die man sich hineinbegibt mit jedem Meter Straße und jedem Augenblick auf dem Boulevard de l'Atlantique. Dieser Meeressaum vereint das Schroffe mit dem Milden, verbindet liebliche Sandstrände mit felsigen Buchten, wo das Wasser des Atlantiks auf Granit schlägt und Gischtfontänen bildet, weiß hochschießend und dann in sich zusammenfallend. Es duftet nach Tang und Algen, nach Sonnenöl und gutem Essen, und nicht nur hier: Die lange, zerklüftete Küste vom nördlich gelegenen Cancale, der Côte d'Émeraude über die Côte de Granit Rose weiter bis zum Pointe du Raz auf der Halbinsel Douarnenez und dem zum Süden hin sanfter werdenden Golf du Morbihan prägt die Bretagne am allermeisten. Man macht sich fein oder zieht blank, die Kinder bauen Sandburgen, die Schönen präsentieren sich, die Dicken und die Dünnen, die Jungen und die Alten, am Strand sind alle gleich. Strohmatte ausgerollt. Sonnenschirm aufgestellt. Buch geschnappt. Auch jetzt, in der Vorsaison.

So unvergleichlich dieser Boulevard entlang der Küste auch ist und obwohl man dafür durchaus die Corniche zwischen Nizza und Menton hergeben würde, lohnt es sich dennoch, die schmalen Nebenstraßen zu erkunden. Unvermittelt tauchen sie auf, da hilft nur fix den Blinker zu setzen und mit Schmackes abzubiegen, bevor der verdutzte Hintermann wütend auf die Hupe drückt. Kleine Wunderwelten tun sich auf, auch abseits der See sind Entdeckungen zu machen, Entdeckungen wie das Örtchen Kerham. Es liegt kaum einen Kilometer entfernt von der D152, auf der in den Sommermonaten manchmal so viele Autos unterwegs sind, dass der Verkehr nur zäh vorankommt. Das liegt aber auch an den unzähligen Straßenquerungen zum Strand, über die alle wandern müssen, die mit dem Auto gekommen sind. Wie hieß es mal so treffend: „Ihr steht nicht im Stau, ihr seid der Stau ...!" Kerham hingegen bleibt für die meisten Urlauber auch dann unentdeckt – wie eine Perle in einer Muschel, die es schafft, sich unter allen anderen Muscheln unsichtbar zu machen.

Am Straßenrand steht ein Hinweisschild: „Site mégalithique de Kerham". Die meisten fahren daran vorbei. Wir nicht. Annie Chauvelon hat uns zu diesem Ort gelotst. „Es ist magisch. Hier bin ich sehr oft. Ich setze mich auf die Steine und empfinde eine sehr starke Bindung zu meiner Heimat und unseren Vorfahren", sagt Annie. Mit ihrem Mann Philippe wohnt sie im nahen Ploemeur. Kerham gehört dazu, es ist ein Ortsteil. Die Megalithen von Kerham sind eine dieser vielen geheimnisumwitterten Steinansammlungen, die vor Jahrtausenden aufgestellt wurden. Die keltischen Wurzeln machen den westlichsten Teil Frankreichs mit seinen Kalvarienbergen, Dolmen und Menhiren verführerisch nebulös. Die weiter südlich gelegene Gegend um Carnac mit ihren rund 3000 Menhiren ist wohl am bekanntesten von allen, aber auch hier, rund um Lorient, und in anderen Orten der Bretagne geben die Findlinge Rätsel auf. Südlich von Kerham besteht die Sammlung aus drei kleineren und drei größeren neolithischen Grabhügeln, die in schönstem Bretonisch Tuchenn Pol, Tuchenn er Hroëk und Tuchenn er

Kulturgut der Bretagne: Kalvarienberg – hier der Calvaire de Kerroc'h

Gouc'h heißen. Es gibt Urlauber, die versucht haben, diese Namen unfallfrei auszusprechen, und seither in logopädischer Behandlung sind.

Aber: Das Bretonische lebt, es wird nicht nur in Schulen unterrichtet, es steht auch zusätzlich noch auf den Hinweis- und Verkehrsschildern, weshalb der Wegweiser an der D152 eben nicht nur „Site mégalithique de Kerham“ verheißt, sondern zusätzlich „Lechiad meurvaenek Kerchamm“. Annie spricht es perfekt aus. Und so sitzt sie nun da, in der Sonne auf den Steinen, und macht sich ihre Gedanken um jene Menschen, die den Tuchenn Pol aufgestellt haben, was übrigens „Teufelshügel“ bedeutet. „Trotzdem ist es ein himmlischer Ort“, sagt Annie. Immer wieder kehre sie an diesen Ort zurück, komme mit dem Fahrrad die paar Kilometer von ihrem Haus am Stadtrand von Ploemeur zu diesem Denkmal, und sie ist sich fast sicher, „dass ich nicht alleine hierherkomme, sondern mich die Megalithen von Kerham wie Magneten anziehen“. Dass die Steinfelder und Gräber im Zweiten Weltkrieg durch die Deutschen stark beschädigt wurden, darüber hegt sie keinen Groll. So urbretonisch ihre Bindung zu ihrer Heimat auch sein mag, so weltoffen ist Annie. Frankreich und die Bretagne würden einander brauchen, aber beide wären nichts ohne ein geeintes, friedliches Europa. Annies Vater kämpfte in

Ur-Bretonin Annie Chauvelon bei den Megalithen von Kerham

der Résistance, und doch vermag ihr kein Wort des Vorwurfs über ihre Lippen zu kommen. Im Gegenteil: Sie hatte einige Jahre in Deutschland verbracht und arbeitete später in Lorient als Deutschlehrerin. „Der Krieg ist lange her. Wir sind eine andere Generation. Ich mag die Deutschen, auch wenn das hier vielleicht nicht jeder verstehen kann."

Gerade sitzt sie ohne Staffelei und Pinsel auf dem „Teufelshügel", aber in aller Regel bringt sie ihre Stifte, Pinsel, Farben und Papier mit. Annie hat die Megalithen von Kerham gemalt, so wie sie manche Dorfansicht mit Öl und Acrylfarben auf Leinwand gebannt hat. Es sind träumerische Landschaften und Ansichten, aufrichtig und authentisch. Sie ist Künstlerin und drückt die Schönheit ihrer Heimat auf bemerkenswerte Weise aus. Am liebsten im Mai. „Die Farben sind sehr intensiv, und der Stechginster ist das Symbol für die blühende Bretagne." Hier umrundet er das Steinfeld. Dazwischen wachsen wilde Orchideen, und ein Golfball fliegt vorüber wie ein Gedanke, der zum Strand weht. Der Platz führt direkt an Kerhams denkwürdiger Kultstätte vorbei. Korrekt gekleidet zieht ein Mann mit Sonnenkappe einen Caddy hinter sich her, ohne von den Kultsteinen Notiz zu nehmen, und träumt von einem „Hole-in-One". Annie muss nicht träumen, sie hat das ganze Glück um sich herum, im Hier und Jetzt. Mythos und Wahres. Himmel und Erde. Vanille und Karamell. Motive findet sie im Land am Meer wie Sand am Meer. Ihre Bilder offenbaren die Seele der Bretagne: Sie malt Blumen und Schiffe, Häuser und Dörfer und tosende Gischten. Sie fängt ein, was ihr in den Sinn kommt, und sie tut dies mit aller Bescheidenheit. „Eine Ausstellung, ja, na ja, mal sehen, vielleicht im nächsten Jahr." Wir haben sie noch nicht überzeugen können. Vielleicht schafft es das Hermelin?

Denn eines Tages, so erzählt Annie, eines Tages, als sie an den Megalithen saß und meditierte, habe sie im Unterholz eben jenes Stechginsters, von dem hier die Rede ist, ein Rascheln vernommen. Sie öffnete ihre Augen und sah, wie ein Hermelin ihr gegenüber auf einem Stein ruhte und sie neugierig dabei anschaute. „Nie zuvor habe ich ein Hermelin in freier Natur woanders gesehen, nur an diesem einen Platz. Es wollte mit mir spielen und meine Aufmerksamkeit auf sich ziehen. Ich blieb ruhig sitzen und beobachtete es. Es näherte sich mir; eine viertel Stunde lang sprachen wir schweigend miteinander. Es war fabelhaft", erinnert sich Annie. Sie hatte das sehr seltene Glück, „l'Hermine" zu treffen, was für einen Bretonen ein sehr eindrückliches Erlebnis ist, denn das weiße Hermelin ist ein symbolträchtiges Tier der Bretagne. Es gibt eine Legende, nach der Anne de Bretagne das große Wiesel, das ihr Hofstaat gerade noch gejagt hatte, schützend in ihre Arme nahm.

Und der Chansonnier Gilles Servat hat „La Blanche Hermine“ 1970 so nachdrücklich besungen, dass sein Lied zur inoffiziellen Hymne der Bretagne geworden ist. Auch uns ist „Blanche Hermine“ nicht unbekannt – als Zauberquell in Flaschen abgefüllt aus der Brauerei Lancelot. Eine solche Begegnung dürfte allerdings weniger magisch sein als das Tier höchstselbst, das inmitten einer historisch bedeutungsvollen Steinansammlung auf Tuchfühlung ging. „Ich fühlte mich nach unserer Begegnung sehr glücklich, und es ist bestimmt kein Zufall, dass wir uns dort getroffen haben: an den Megalithen von Kerham“, sagt Annie. Annie de Bretagne.

Paris. Marseille. Bordeaux. Hat sie alles nicht locken können. Bretonen bleiben Bretonen ein Leben lang. Sie halten ihre Nase in den Wind und wissen, dass sie nur hier zu Hause sein können, nirgendwo anders. Durch ihre Adern fließt Blut, das bretonischer nicht sein könnte. „Wisst Ihr was? Wir fahren nach Le Pouldu und gehen dort am Ufer der Laïta auf den Spuren Paul Gauguins. Ihr werdet die Bretagne dann noch mehr lieben als vorher“, sagt Annie. Der Renault 4 liebt die Bretagne nicht weniger. Der Choke muss nicht gezogen werden, das Aggregat startet ohne Murren, und schon mischt sich der Duft von Super-Benzin mit dem Ginsterkaramell des Windes und der salzigen Seeluft. Die verheißungsvolle D152 wird ihren Anteil daran haben, dass er auf Anhieb losstürzt, dass er sich die Kilometer greift auf dieser außergewöhnlichen „D“, auf der wir ihm nicht zum ersten Mal die Sporen geben. Behutsam, das versteht sich von selbst, denn zur Linken das Meer, wo Schaumkronen auf den Wellen tanzen, und zur Rechten die gelben Felder und die Heide; nichts könnte im Augenblick schöner sein. Es dauert eine Weile, bis wir an der Laïta angekommen sind, auf der wir erst vor einigen Tagen eine Tour auf der Minifähre „La Sirène III“ unternahmen, jetzt sehen wir den Fluss, der in den Atlantik mündet und aus einer anderen Perspektive, vom Ufer aus. Von diesem Meer, das die Luft salzt, und diesem Fluss, der das Leben versüßt, hat sich der französische Maler und Bildhauer Paul Gauguin inspirieren lassen. Wir gehen auf dem „Chemin de Gauguin“ durch Wald und Flur, mal abseits des Flusses, mal direkt an seinem Ufer. Wir durchschreiten den winzigen Küstenort Le Pouldu fernab touristischer Pfade, und ein Wind aus Nordwest bläst über ein Buchweizenfeld auf den Klippen. Buchweizen. Leicht gesalzen, so nah am Meer. Die daraus gezauberten Galettes bretonnes, mit Käse, Schinken und Ei, müssen großartig schmecken. Aber gegessen wird später; erst einmal ist die Kunst entscheidend. Nicht wenige Bretonen halten das Wirken Paul Gauguins (1848 bis 1903) und seiner Mitstreiter in Ehren. Sie folgen seinen Spuren und denen von Émile Bernard, Paul Sérusier, Jacob Meyer de Haan und anderen, die mit der Weiterentwicklung des Impressionismus hin zum sogenannten Synthetismus die „Schule von Pont-Aven“ begründeten, mit eigenen Werken. Auf dem Chemin de Gauguin treffen wir immer wieder auf Menschen mit Staffelei und Pinsel.

Seit über zweihundert Jahren inspiriert die raue Schönheit der windumtosten Atlantikküste im Finistère Maler wie Claude Monet und Paul Gauguin. Das Küstenstädtchen Pont-Aven ist selbstverständlich Pflicht für Kunstinteressierte. Gauguin weilte hier und eben in Le Pouldu für einige Zeit und entwickelte in der Begegnung mit dem jungen Maler Bernard einen neuen, expressionistischen Stil. Viele Künstler (und sehr wohl noch viel mehr Touristen) folgen deren Spuren bis heute. Obwohl so viele Menschen dieses hübsche Städtchen besuchen, ist sein Zauber erhalten geblieben. Die Häuser sind noch dieselben wie vor hundert Jahren; man hat den Verlockungen der Bachbegradigung und den Siebzigerjahre-Neubauten weitestgehend erfolgreich widerstanden. Gauguin lebte in der Fischerherberge von Marie Henry in Le Pouldu, ungefähr zwanzig Kilometer von Pont-Aven entfernt; das Haus steht heute zur Besichtigung offen. Es war die magische Landschaft, die Atmosphäre, diese süchtig machende Schönheit der Bretagne, die Gauguin inspirierte. Wenn er auch der einzige „große" Maler seiner Zeit war, der in dem kleinen Badeort am Strand von Grand Sable Station machte, so ist es doch bis heute ein vollkommener Ort der Künste geblieben. Oft bauen Maler aus ganz Europa ihre Staffeleien vor dem Hotel-Restaurant du Pouldu am Hafen auf, um das in Farbe auf Leinwand zu bannen, was ihre Augen gerade sehen und ihre Seele ihnen flüstert.

Wo einst Gauguin speiste: Hôtel du Pouldu mit Inhaberin Tiphaine Portier

Die Flut drückt in die Laïta. Der Fluss füllt sich mit Wasser, und am großen dunklen Holztresen im Restaurant füllen sich drei Gläser mit Bier. „Voilà", sagt Tiphaine Portier, die hier das Hotel-Restaurant sehr erfolgreich führt, was wohl auch an der besten Fischsuppe an dieser Küste liegt, die mit Croûtons, Käse und Rouille, eigentlich eine traditionelle Begleiterin der Bouillabaisse, serviert wird. Nach einer Weile sind die Biergläser leer, die Laïta voll. Wir gehen noch ein Stück auf Gauguins Spuren an den Ufern des sich schlängelnden Flusses, denn der R4 steht außerhalb des Dorfes an einem Waldrand und fühlt sich bestimmt schon sehr einsam. Man muss Gauguins „Ernte in der Bretagne" oder Sérusiers „Bretonin auf dem Weg zum Waschplatz" nicht schwärmerisch begegnen, man kann diese Natur auch ohne Interesse an Gauguins Wirken genießen und morgen wieder an den Strand gehen und in die weißen Wellen springen. Aber so ein bisschen Kultur hat ja noch keinem Urlauber geschadet. Und manchmal entdeckt man Dinge, die man danach nicht mehr missen mag.

Der kunstvollen Bretagne auf sehr charmante Art begegnen, das geht auch im nahen Pont-Scorff, ein paar Kilometer entfernt im Landesinneren. Sérusier und Gauguin sind dort wohl nicht gewesen oder zumindest ist nichts davon bekannt, aber dafür werden dort das Kunsthandwerk und die Kunst heute sehr lebendig gehalten. Pont-Scorff ist alles, nur nicht langweilig. Ob es nun die Mini-Welten von Annie Léveillault sind, die Keramiken von Marc André oder die ständig wechselnden Ausstellungen in der Domaine de Saint-Urchaut – Pont-Scorff ist urig, aber fast schon ein bisschen zu durchorganisiert. Früher gab es dort, wo der geschotterte, staubige Dorf- und Festplatz von Linden umgeben ist, ein Haushaltsmuseum, dessen Öffnungszeiten Glückssache waren, das aber den Blick auf ganz wesentliche, alltägliche Dinge des Lebens hervorragend zu öffnen wusste. Irgendwann war es verschwunden, und nun ist eine Galerie eingezogen. Uromas schweres gusseisernes Bügeleisen, das wir einige Jahre zuvor extra mitgebracht hatten, ging genauso unter wie all die anderen Exponate. Das ist ganz schön lange her und eine wunderbare Erinnerung. Der einzige Grund, erneut nach Pont-Scorff zu fahren, ist es indes nicht. Denn wir wollen dort eine Autowerkstatt besichtigen, eine ganz besondere. Aber das ist eine andere Geschichte. Fahren wir los. Und wer mitfahren möchte, liest einfach weiter und blättert um.

Neben der Spur ... eine Werkstatt ohne R4.

„Und Sie haben wirklich keine mit R4?“
Nein, Annie Léveillault hat (noch) keine Miniaturwelt mit Quatrelle gebaut, leider. Es wäre auch zu schön gewesen. Ihr Atelier ist ein Mikrokosmos, ein Spiegel des französischen Savoir-vivre. Unterschiedliche Szenen erzählen Geschichten aus dem Alltag. In einem niedlichen Häuschen an der Rue Terrien im Künstlerdorf Pont-Scorff (Arrondissement Lorient) ist im Laufe der Jahrzehnte in gewisser Weise eine eigene Welt entstanden, eine Welt, die zerbrechlich ist: Besucher werden höflich darauf hingewiesen, den Rucksack am besten vom Rücken zu nehmen, damit sie nicht eines der irrwitzigen Kunstwerke von der Wand zu Boden stoßen oder die Vitrinen beschädigen. Diese schuhkartongroßen Unikate – und wir können unsere Blicke nicht von ihnen lassen, sie kleben daran wie die Quatrelle an der D-Straße – zeigen kleine Geschäfte, Bäckereien, Schlachtereien, Bars und Werkstätten, und zwar naturgetreu ausgestattet wie beim Einkauf in einer zum Teil vergangenen Zeit. Gab es wirklich diese tollen Plattenläden mit den Postern berühmter Popstars? Himmel noch mal, ist das wirklich Jimi Hendrix an der Wand des mauselochkleinen Ladens? Wie hat sie das bloß so verkleinert, dass man ihn, Hendrix, überhaupt noch erkennen kann? – Es sind Puppenhäuser für Erwachsene, kleine Welten voller Details. Durch ihre Schaufenster blicken wir in die Seele des französischen Alltags. Es sind Fassaden voller Freude, mit ironischem Anstrich versehen, und die Schaufenster und Eingangstüren offenbaren einen immensen Ideenreichtum, detailgetreu dem realen Leben nachempfunden. In einem Maßstab, der uns wieder Kinder werden lässt. So, wie Kunden und Passanten in der wirklichen Welt mit dem Auto vor diesen Geschäften vorfahren würden oder zu Fuß dort hingehen, die Türen öffnen und hineinschreiten, so staunen wir vor den Szenarien, die die Künstlerin geschaffen hat. Da ist der Musikladen, in dem Banjo und Gitarren verkaufsfördernd in der Auslage drapiert wurden, das ulkige Chaos im Antiquariat der „Librairie Septentrion“, wo die Bücher in Stapeln vom Boden bis zur Decke reichen. Da ist das Delikatessengeschäft, die kleine Bäckerei mit den Baguettes und Croissants in der Auslage. Da lädt die Kneipe „Le Chasse-marée“ zum Verweilen ein, während in der Boucherie die Würste verlockend wie im Schlaraffenland über dem Verkaufstresen von der Decke herabhängen. Und die Autowerkstatt, ja die Autowerkstatt – leider ohne R4. Das muss geklärt werden.

„Wissen Sie, wir sind mit einer TL Savane unterwegs, so wie früher, ohne Servolenkung und mit schmächtigem Motor. Eine Werkstattszene mit einer Quatrelle würden wir sofort kaufen“, erklären wir der Miniwelten-Architektin.

Ausreden von Kunden, die nicht kaufen, sondern nur gucken, wird sie zur Genüge kennen, aber das hier ist keine, denn wenn wir den begrenzten Platz auf der Rückbank und im Kofferraum während der Weiterfahrt für ein fragiles Kunstwerk aufbrauchen würden, wären wir sozusagen im Modus „Oberkante Unterlippe". So gesehen können wir eigentlich nur etwas mitnehmen, das perfekt ist – also nichts anderes als eine Miniaturwerkstatt mit R4. Unterbuchsen, Schuhe, Hüte und der ganze Kram müssen ja schließlich auch weiterhin mitfahren, und es wäre eine (t) raumatische Erfahrung, die zwölf Flaschen besonderen Birnen-Cidre („Poiré"), die mittlerweile auch reingequetscht worden sind, schon jetzt fix auszutrinken, um Platz zu schaffen. Wir blicken auf die einzige Werkstattkreation, die Annie Léveillault zu bieten hat: gut ausgestattet, mit Hebebühne, Reifenstapel, Ölabscheider und Mechanikern in Blaumännern, die vor einem Auto stehen: einem Citroën 2CV. Kein R4, aber dennoch eine Überlegung wert. Was sollen wir nur tun?

Wir beschließen, uns die Sache zu überlegen. In Pont-Scorff ist das einfach. Man dreht eine Runde durch den Ort und begibt sich auf die Spuren von Kunst, Handwerk und Kunsthandwerk. Messermacher, Goldschmied, Weberin und einige weitere Akteure haben sich in dieser Ortschaft am Fluss Scorff niedergelassen, um von ihrer eigenen Hände Arbeit zu leben. Vermutlich würden sie noch besser davon leben können, wenn sie es endlich mal schaffen würden, die Öffnungszeiten ihrer Ateliers aufeinander abzustimmen! Wir sind nicht zum ersten Mal hier, ehrlich gesagt sind wir schon ziemlich oft hier gewesen, aber wir haben noch nicht einen einzigen Tag erlebt, an dem alle Ateliers – und es sind mehr als ein Dutzend – gleichzeitig ihre Türen geöffnet hielten. Das erschwert die Sache auch heute. Ein Bier am Café de la Place hilft, es hat immer geholfen, es ist quasi ein Trostpflaster für verschlossene Pforten. Es ist ein heißer Tag, drinnen sitzen stehend Menschen, schweigend ins Gespräch vertieft, und der Fernseher läuft wie unbeteiligt vor sich hin. Wir bedeuten der Bedienung, „au terrasse" Platz zu nehmen und „deux pressions" trinken zu wollen. Sie nickt uns über die Zapfhähne zustimmend entgegen, würde gleich kommen. Wir lassen uns auf den Stühlen nieder, blicken auf den großen Marktplatz Pont-Scorffs, der von Linden umrahmt wird, die ihr frisches, hellgrünes Laub zur Schau tragen, und nehmen an, dass wir uns momentan ungefähr in einer solchen Szenerie befinden, wie sie Annie Léveillault mit ihren Modellen einfängt. Dann rauscht die Madame, die auch eine Mademoiselle sein könnte, durch die gläserne Eingangstür des Cafés, das genau genommen eine Bar-Tabac ist, und stellt uns zwei kühle Blonde hin. Sie dreht sich zum Nebentisch um und nimmt die Bestellung dreier Motorradfahrer auf, die dort schwitzend in voller Lederklamottenmontur sitzen. Bei ihrem Anblick wird uns noch wärmer an diesem heißen

Tag. Wir stürzen die Biere ex hinunter. Die Wirtin hat gerade erst den Kugelschreiber in die Schürzentasche gesteckt und ist willens, in die Bar zurückzugehen, um die Kaffees für die Biker klarzumachen. In diesem Moment erschallen Stimmen. Es sind unsere.
„Madame, encore! Zwei Bier, bitte."
„Oh … oui …"
Mehr sagt sie nicht. Was mag sie denken? Dass die Germanen Krüge in Windeseile leer saufen und im Restaurant nebenan gleich ein ganzes Wildschwein verspeisen? Wenn sie uns anspricht, werden wir sie aufklären darüber, dass das Wildschwein nur ein Entrée ist und wir uns dann auf den Hauptgang freuen. Nach einiger Zeit des Sinnierens und Trinkens lassen wir ein paar Euro auf dem Tisch und kehren in die Künstlerwerkstatt der kleinen Welten zurück. Wir haben uns entschieden. Wir kaufen …

… eine Minibäckerei. Grüne Ladenfassade, zwei Schaufenster, eine Türe, Verkaufstresen, viele Baguettes und Madeleines. Ein Kleinod, so klein, dass es noch zwischen die Socken im Damenkoffer passen dürfte. Es soll ein Anfang sein, denn Annie Léveillaults Mikroladen-Welt ist wirklich mehr als nur einen einzigen Reisestopp wert. Wir werden ohne Zweifel eines Tages zurückkehren in der Hoffnung, dass es hier dann auch eine Werkstatt mit R4 gibt. Eine rein fiktive Szene natürlich: Abgesehen von TÜV, Inspektion und Rostproblemen haben die meisten der über acht Millionen produzierten Quatrelles ja nie wirklich eine Werkstatt gebraucht – schrauben, schweißen, ölen kann man doch selber erledigen …

Mini-Boulangerie – gebaut von Künstlerin Annie Léveillault

Wir fliehen vor einer Wurst. Eine Burgruine steht herum. Der Nachtisch war zu viel.

Kilometerstand 47.296. Jean-Marc kann beim Blick auf den Tachometer der Quatrelle aus Deutschland immer noch nicht fassen, was er da sieht.
„Der ist bestimmt schon einmal rum … Die R4 wurden doch runtergeritten, von Bauern, Handwerkern und Studenten. Es kann kein Modell mehr unter 150.000 Kilometern Laufleistung geben, niemals!“
„Der hier schon. Sieht man doch auch am Lack, Jean-Marc. Der hat trocken gestanden, irgendwo im Stroh oder so. Ein Glückstreffer. War ja auch nicht billig“, bekräftigen wir.
Die letzte Tasche ist verstaut, der Motor macht ein Bäuerchen, dann läuft der schmalbrüstige Vierzylinder wie vom wild gewordenen Hornissenschwarm verfolgt. Drei Tage stand der R4 still und stumm, jetzt will er wieder das dicke D unter den dünnen Reifen spüren. Jean-Marc dreht mit seinem Smartphone ein Video von unserer Abreise. „Kommt bald wieder, Ihr zwei Verrückten. Ihr seid zu jeder Zeit willkommen, mit der Quatrelle sowieso.“
Er winkt. Schon oft hat er uns gewinkt, auch damals, als „Mémé“ noch lebte, die Schwiegermutter. Er winkte kurz, wenn wir nach einem Sommerurlaub schieden, Mémé tat's auch, nie übertrieben rührselig, aber doch mit ganzem Herzen. Heute aber, da wir nicht mit einem beliebigen Auto der Moderne vom Hof rollen, sondern in der Savane, mit deren Sechzigerjahre-Vorgängermodellen Jean-Marc die Führerscheinprüfung bestand, deutet ein minimales Glitzern in seinen Augenwinkeln darauf hin, dass unser Freund diesmal näher am Wasser gebaut hat als sonst. „Au revoir, mes amis, au revoir et à plus.“ À plus, das hat Jean-Marc uns beigebracht, bedeutet bis später. Ist nur so eine Redewendung. Mémé schaut von oben zu. Gut zwanzig Jahre kennen wir Jean-Marc und seine Familie jetzt schon. Wir rumoren die lange Grundstücksauffahrt hinauf und folgen ein letztes Mal den Düften der Backstuben von Larmor-Plage, bevor wir entschwinden. Man muss sich doch wappnen für die Fahrt durch das Asterixland.

Und was haben wir hier nicht schon alles verputzt!? Crêpes Suzettes (Crêpes mit Orangen und Grand Marnier), Galette biscuits (im Grunde Kekse aus purer Salzbutter), Kouign-amann, ein Fladen aus mehreren Schichten Blätterteig, Butter, Zucker, Zucker und Butter (manchmal ist auch noch Butter dabei), den mit Karamell überzogenen gestürzten Apfelkuchen Tarte Tatin, die mit Rosinen und Marzipan schwer gefüllten Rosinenschnecken Pain aux raisins, und dann die köstlichen Croissants aux amandes … Sabberlot, la Wampe wächst im Stundentakt.

Das buttergetränkte Croissant, das es schafft, auf dem Weg von der Boulangerie zur Wohnung auf kaum fünfhundert Metern mit seinem Fett die Papiertüte aufzuweichen, in der es eigentlich transportiert werden sollte, weshalb manches Hörnchen auf dem Bürgersteig verunfallt und nicht auf dem Küchentisch landet, ist ja schon ein Frontalangriff auf die Figur. Als mit Mandeln und Marzipan gefüllte Genussbombe hat es aber ungefähr so viele Kalorien wie der Tacho gerade Gesamtkilometer anzeigt. Und obwohl die Zuladung bei einem Leergewicht des Fahrzeugs von 690 Kilogramm bei beachtlichen 340 Kilogramm liegt, wollen wir kein Risiko eingehen und widerstehen den schönsten Düften an diesem sonnigen, warmen Morgen, an dem wir die bretonische Atlantikküste verlassen. Über die Klammern auf unseren Nasen haben sich die Bäcker dann aber doch gewundert. Man muss sich eben zu helfen wissen gegen die olfaktorischen Verführungskünste der Boulangers.

Nachmittagsstimmung in der Église Notre-Dame de Larmor-Plage

Abschied von Larmor-Plage. Wir zünden eine Kerze in der Église Notre-Dame de Larmor-Plage an. Das Licht mag nur für ein paar Stunden brennen dort oben im Ort, aber im Herzen brennt sie ewig. Wohlan, die Reise bleibt entzückend. Es wirkt fast so, als wenn die D152 hinausführt aufs offene Meer; manche Sichtachse täuscht die Augen, Kurven und Steigungen können trügerisch sein. Natürlich führt die Straße nicht hinaus, wo Wind und Wellen nach Sinnlichkeit trachten, aber sie verläuft zumindest schnurstracks am Meeressaum entlang. Vermutlich wäre es nicht übertrieben, den Abschnitt zwischen dem wenig berauschenden Touristenort Le Courégant und Guidel-Plages zu den schönsten D-Passagen ganz Frankreichs zu zählen. Der Horizont taucht in die Weite des Atlantiks, Surfer warten

Traumpiste: die D152 direkt am Atlantik Richtung Guidel-Plages

auf perfekte Wellen, und die Brandung schlägt mit Macht gegen die eindrucksvoll geformten Granitfelsen. Die wilde Seele der Bretagne verfängt sich im herausragenden Lichtspiel aus Gischten, dräuenden Wolken und blauen Fetzen am unendlichen Firmament. Der Renault 4 schnappt sich beharrlich Kilometer um Kilometer in genießerischem Tempo. Träfen jetzt Hochsommer, Wärme und Wochenende aufeinander, bliebe der Genuss sprichwörtlich auf der Strecke, denn dann ist hier ungefähr so viel Stau wie auf den Treppen des Mont Saint-Michel an der Grenze zwischen Bretagne und Normandie, die wir heute oder morgen oder irgendwann zu erreichen versuchen, es kommt nicht darauf an. Wer weiß schon, wohin uns die nächsten Stunden führen? Wir wissen es nicht, wir folgen unserem geschulten Entdeckerinstinkt und bleiben dort, wo es uns gefällt. Für zehn Minuten gefällt es uns erst einmal in Fort-Bloqué, weil direkt in der Brandung vor dem Ort, durch den die D152 führt, eine alte Festung liegt, und es soll nicht die einzige bleiben, die wir an diesem Tag auf unserer Route entdecken. Zehn Jahre lang ist daran gebaut worden zum Zwecke der Deckung von Port-Louis und Lorient und dem Delta der Laïta. 1758 war es dann vollbracht: Fort-Bloqué war in die Küstenlinie des Atlantiks gesetzt worden. Bei Ebbe ist die Burg zu Fuß erreichbar, bei Flut nur mit dem Boot. Bis in die Fünfzigerjahre des zwanzigsten Jahrhunderts stand die Anlage, die im Zweiten Weltkrieg von der Deutschen Wehrmacht in den Atlantikwall integriert wurde, allein in der Dünung herum, dann aber, mit dem Bau der Département-Straße, kristallisierte sich der Ort „Le Fort Bloqué" heraus. Der ist keine Offenbarung: eher pragmatisch auf Touristen zugeschnitten. Aber die Aussicht ist wahnsinnig schön. Wie praktisch, dass Bilder vor dem inneren Auge keinen weiteren Platz im Auto benötigen. Das Salz, der Tang, die Düfte der See, die Möwenschreie und all das Schöne, alles passt in den R4, diesem Vorvorgänger des modernen SUV, weil bekanntlich ein ganzes Universum ja auch in ein einziges Sandkorn passt. Wir fahren die D152 noch ein Stück weiter, bis Guidel, wo ein älterer Herr uns in ein Gespräch verwickelt. En passant zaubert er aus den Untiefen des Kofferraums seines Citroën ein Fotoalbum mit kompletter Historie sämtlicher von ihm gefahrener Automobile und Motorräder nebst Reparaturbeigabe hervor. „Sehen Sie mal, das sind meine Schätze", sagt er. Es ist der ganze Stolz des kleinen, drahtigen Mannes, ein Stolz, den er anscheinend stets mit sich führt. Detailreich erklärt er unter anderem, wie er seine Moto Guzzis nach und nach in ihren Originalzustand zurückgebeamt habe; die Reparaturen seien eine Zeitreise gewesen. Es ist, als wenn er jede Schraube uns zu erklären versucht. Wir lächeln. Was sollen wir sonst tun? Wir können ganz passabel französisch sprechen und verstehen, aber bei der Motortechnik einer Moto Guzzi aus den Siebzigerjahren ist die Aufnahmefähigkeit überschritten. Wir schalten um auf zustimmende Grunzlaute. Mit allerlei „Ouis" und „Nons" in Verbindung mit interessiertem Lächeln und Nicken funktioniert diese Art der Konversation überall in diesem Land mit seinen mitteilungsfreudigen Menschen. Es ist sozusagen ein gestenreiches wie wortarmes Zwischenspiel, das man so lange durchhalten muss, bis man den Gesprächsfaden wiederfindet. Hängt auch von Glück und äußeren Einflüssen wie Meteoriteneinschlägen oder Sonnenfinsternis ab, ist aber ein probates Mittel. Und funktioniert in diesem Fall prima. Denn als der Monsieur aus den detailreichen Erklärungen wieder in den normalen Wortschatz wechselt, ist alles okay. Er habe die Oldtimer selbst auseinandergenommen und zusammengeschraubt; gemeinsam mit seinen Enkeln unternehme er damit Ausflüge an der Küste entlang, zum Beispiel nach Pont-Aven oder Quimper. Als wir aufbrechen, streichelt er mit dem Handrücken über die Motorhaube der Quatrelle. Er habe auch mehrere gefahren, früher, in den Siebzigern und Achtzigern. Eine in Orange, eine in Grün, und eine habe sogar eine Metallic-Lackierung gehabt. Bevor er versucht, abermals in den Technikterminus überzugehen, steigen wir ein und starten den Motor. „Bonne voiture", sagt er und hebt den Daumen.

Dieses „bonne voiture" macht sich auf in Richtung Binnenland. Natürlich könnten wir jetzt auch Kurs nehmen auf die berühmte Pointe du Raz, und natürlich hätten wir ebenso große Lust, unseren treuen Renault auf die Halbinsel Crozon zu steuern. Wir hätten nichts dagegen, in einem Stück hinaufzufahren an die Côte de Granit Rose, uns in Saint-Pol-de-Léon in den Weiten der Artischockenfelder zu verlieren oder an der Côte d'Émeraude in Cancale die berühmten Austern zu schlürfen. Das Meer ist aber nur die eine, die wilde Seite der Bretagne. Die sanfte Seele schlummert hingegen dort, wo Flüsse, Bäche und Kanäle die Landschaft wie Adern durchkreuzen und wo die berückende Tiefe der Wälder an finster verhangenen Tagen so mystisch und respekteinflößend wirken kann, wie sie an hellen, freudestrahlenden Stunden zu Abenteuern aufruft, die an einem Wehr mit Entenfamilie oder einem Kirchlein münden, das wie hingezaubert wirkt, zumindest aber zauberhaft ist. Von der Küste in das Landesinnere zu fahren, vom Armor ins Argoat, ist wie eine Reise von der Seele zum Herzen der Bretagne. Keine D-Straße, die nicht darauf warten würde, dass ein Oldtimer wie der Renault 4 auf ihrem grauen Band Gegenwart und Geschichte gleichermaßen durchstreift. Plouay, Inguiniel. Wunderschöne Orte reihen sich wie Perlen an der Schnur, fehlerfrei aussprechen kann man sie nur, wenn man Bretone ist. Dazwischen Landschaft, nichts als Landschaft, schönste Landschaft, die im mäßigen Tempo am besten zu genießen ist. Am „Maison de l'Andouille" in Guémené knattern wir jedoch schneller vorbei; Wurst, die aus nichts anderem als Innereien besteht, ist zwar urfranzösisches Hei-

AAAAA – eine Wurst macht Karriere

Die einen lieben Andouille und Andouillette, die anderen hassen sie. Was soll's, die Wurst ist trotzdem mit fünf A, sozusagen als Gütesiegel, ausgezeichnet worden. Sie stehen für „Association Amicale des Amateurs d'Andouillettes Authentiques". Es gibt sogar Ortschaften, die gerade aufgrund dieser Spezialität eine gewisse Berühmtheit erlangt haben; die Andouille aus Guémené-sur-Scorff soll jedenfalls fantastisch sein! Was drin ist, dreht manch unerfahrenem Reisenden den Magen allerdings auf links: Därme – und Magen eben. Kurz gesagt: das Gekröse vom Tier, meistens vom Schwein. Die Andouille ist stärker gewürzt und besteht nur aus Därmen. Sie ist milder als die Andouillette, die sehr aromatisch ist und einen noch markanteren Geschmack und Geruch hat. Am besten umschrieben hat den Duft der ehemalige Bürgermeister von Lyon, Édouard Henriot, indem er die Andouillette auf die politische Bühne hob: „Politik ist wie die Andouillette: Sie muss nach Scheiße riechen, aber nicht zu stark." (Info: guemene-sur-scorff.com)

ligtum, aber wer's einmal versucht und den Geschmack für wenig überzeugend befunden hat, sucht das Weite. Diese Spezialität aus Schweinedarm und -magen hat Guémené landesweit allerdings eine Spitzenposition eingebracht; hier werkeln die Könige der Andouille. Glückwunsch an alle Wurstokraten dieser Ortschaft. Jetzt aber fix aufs Gaspedal getreten, bevor uns der Geruch einholt.

Lieber die D769 in frischer Luft entlangbrausen. Oder die D18, auch schön. Nach einer schier endlosen Fahrt rollen wir einen kleinen Berg hinunter, dann öffnet sich der Blick, an einem pittoresken Fluss gelegen, auf die Abbaye de Bon Repos. Hier, im Herzen des Waldes von Quénécan, liegt die ehemalige Zisterzienserabtei geradezu poetisch eingebettet. Natürlich, wie kann es anders sein, kann man sie nur über eine Allee erreichen. Und natürlich ist eine Crêperie auch noch Teil des Gesamtkunstwerks. Wir sind in Frankreich, hatten wir das schon erwähnt? Gott, ist das schön hier. In jedem halbwegs vergleichbaren Ort in Deutschland wären Eintrittskartenhäuschen, Toilettenwagen und betonierte Parkplätze ausgewiesen. Mit anderen Worten: Man würde alles versuchen, um die Optik zu versauen, als wenn es gesetzlich vorgeschrieben wäre. Nicht hier, hier ist eigentlich nichts, außer Crêperie, ein Dutzend Enten auf dem Nantes-Brest-Kanal und die Abtei, deren Steine mild in der Mittagssonne leuchten. Kreuzgang, Küche, Speisekammer wie damals. Im Kontrast zur Historie zeigt sich die Abbaye de Bon Repos aber auch von einer sehr modernen Seite, mit Schulungsräumen und zeitgenössischer Kunst. Rund zwanzig Jahre dauerte die Restaurierung des Uraltgebäudes aus dem 12. Jahrhundert. Dass es überhaupt hier steht, ist die Folge einer Vision. Die Legende besagt, dass Alain III de Rohan, der sich gerne den Gelüsten der Jagd hinzugeben vermochte, eine Marienerscheinung hatte. Die Jungfrau habe ihn aufgefordert, hier unten im Tal des Waldes von Quénécan eine Abtei zu bauen – et au diable tout ça – verdammt noch eins, Alain machte sich vor lauter Verwunderung nicht in die Hosen, sondern an die Arbeit, und gründete im Jahre 1184 die Abbaye de Bon Repos. Einige Hundert Jahre lang lief der Laden, aber mit der Französischen Revolution begann der Niedergang auch dieses Hauses. Im Jahre 1796 – die letzten vier Mönche waren sieben Jahre zuvor geflohen – wurde die Abtei von den Chouans, den königstreuen Katholiken in der Bretagne, als Aufstand gegen die Erste Französische Republik in Brand gesetzt. In der Folge diente die Anlage als Steinbruch, und während des Zweiten Weltkriegs ließ die Regierung Sträflinge nach Bon Repos verlegen. Ein „Schöner wohnen"-Traum war es für sie nicht; ihnen wurde auferlegt, den Kanal von Nantes nach Brest zu graben. Wie hübsch verpackt auch immer diese Wasserstraße im Tal des Blavet hier entlangführt, ohne Opfer ist sie leider nicht entstanden. Erst 1986 taten sich einige Enthusiasten zusammen, um die in Trümmern liegenden Gebäude der Abtei wieder aufzubauen. Das haben sie gut gemacht.

Wir sitzen nun ein Weilchen auf einer Bank unter der noch verbliebenen einzigen Arkade des Kreuzgangs und warten vergeblich auf eine Marienerscheinung, die uns mitteilt, dass wir die Nacht hier verweilen können. Deshalb muss die Quatrelle gleich wieder ran. Sie wartet schon und rollt schließlich majestätisch die Lindenallee hinunter zur D44. Erhaben wie eine Königin! Auf geht's ins nächste Abenteuer. Erneut hat es mit der Geschichte Frankreichs zu tun, die geradezu perfekt inszeniert in die Gegenwart geholt wird. Château de la Hunaudaye ist für Entdecker und Vaganten wie wir wie Marzipan und Schokolade. Es mögen um die siebzig Kilometer zwischen der Abbaye de Bon Repos und dieser Trutzburg in der Gemeinde Plédéliac liegen, ein Klacks, selbst in einem Auto wie dem Renault 4, wenn man die Fahrt im Oldtimer nicht mit modernen Fahrzeugen vergleicht, sondern mit einem Ritt auf dem Rücken eines Pferdes. Nur so waren die Menschen früher schneller als zu Fuß vorangekommen. Siebzig Kilometer hätten weit mehr als eine Tagesreise bedeutet, insofern fühlen wir uns wie vom Glück geküsst, als wir Château de la Hunaudaye erreichen. Es ist ein Riesenentdeckungsspielplatz. Absolut fantastisch! Überall Treppen, Zimmer, dunkle Ecken, enge Gänge, grandiose Ausgucke. Wilder Wind umschwärmt die Burgruine, und Ruine ist sie früh geworden, wenn man bedenkt, dass diese Forteresse im 13. Jahrhundert von Gefolgsleuten des Herzogs der Bretagne zur Sicherung der Grenzen gebaut und schon im Jahre 1341

Spannende Zeitreise: Château de la Hunaudaye

im Zuge des bretonischen Erbfolgekriegs wieder zerstört wurde. Die ganze Plackerei für ein einziges Jahrhündertchen ist für eine Burg, die doch eine kleine Ewigkeit halten soll, kaum mehr als ein Augenblick. Immerhin kümmerte sich ein gewisser Pierre Tournemine im 15. Jahrhundert um ihren Wiederaufbau, aber ach, man ahnt es wohl: Dann kam eines Tages die Französische Revolution vorbeigehuscht und entwehrte diese Festung so, wie sie viele andere Festungen und Abteien im Lande auch ins Bodenlose riss. Was blieb, war ein Steinhaufen, ein paar Türme und Treppen. Aus dem Château de la Hunaudaye, von einem breiten Wassergraben noch heute umgeben, ist ein stolzes Denkmal geworden. Es schmiegt sich in das Land des Département Côtes-d'Armor und lässt Träume aufsteigen von edlen Rittern, elendigen auch, von Burgfräuleins und Knechten, von guten Menschen und von schlechten, von Schurken und Gerechten.

Ein heißer Tag neigt sich dem Ende zu, leicht daran zu merken, dass die Sitze dampfen. Es mag ja übertrieben sein, aber tatsächlich erlebt man die Außentemperaturen in einem kleinen Auto mit normalen Klarglasscheiben direkt und ohne sich an einer Luxus-Klimaanlage verkühlen zu können. Man schiebt die Seitenfenster ein Stück nach vorne und genießt den Fahrwind, der durchs Auto zur gegenüberliegenden, geöffneten Luke wirbelt – huch, was war das für ein Monsterkäfer? Egal, jetzt fährt er mit. Soll er sich die Reste vom Baguette holen, wir wollen ohnehin heute Abend im Schatten des Schlosses Combourg speisen. Dort sind wir nämlich jetzt gelandet. Durchs milde Abendlicht fahren wir auf das Städtchen zu, und der erste Blick fällt schon von Weitem auf die imposante Silhouette des Prachtbaus. Der Weg von der D-Straße bis dorthin ist schnell geschafft, dann öffnet sich ein hübscher Platz vor unseren Augen und wir sehen – doppelt. Zumindest, was die Hotels betrifft, denn das eine, das Hôtel du Château, liegt dem anderen, dem Hôtel du Lac, direkt gegenüber. Auf der rechten Seite ein leicht derangierter Kasten, gewissermaßen das Hôtel du Lack ab, an dem die Fassadenfarbe blättert und das direkt am künstlich erbauten See schlummert. Es sieht dennoch interessant aus, so als habe die „Psycho"-Herberge von Norman Bates eine Außenstelle eröffnet – allerdings mit Restauration! Scheint also ungefährlich zu sein. Auf der linken Seite steht ein herausgeputztes, ähnliches Gebäude, aber top renoviert, mit wehenden Gardinen und noblem Anbau, der in die Place Chateaubriand hineinragt. Wir sehen das Tafelsilber blitzen, und das Portemonnaie freut sich auf eine Schlankheitskur. Gut, das nehmen wir.

Zuerst einmal fahren wir das Auto vom Parkplatz an der Place Chateaubriand hinter das Hotel, bugsieren es durch eine schmale Gasse, die dem R4 ein garantiert SUV-freies Parken ermöglicht. Dicke Schleudern kommen hier nicht durch, die bleiben glattweg stecken. Der Parkplatz liegt hinter dem gepflegten Hotelgarten; ein anständiger Platz für einen alten Renault wie diesen. Nur das Beste für den Kleinen. Das Hotel entpuppt sich schließlich als vollkommen okay, wobei die Fassade draußen mehr verspricht, als Zimmer und Restaurant schließlich halten können. Dafür aber gibt es einen exzellenten Blick auf die Schlossmauer aus dem zweiten Stock, und zwischen dieser Mauer und unserem Fenster liegt auch nur eine Ausfallstraße; die Nachtruhe dürfte mit einer interessanten Geräuschkulisse gesegnet sein. Das spielt jetzt aber keine Rolle. Nach wenigen Minuten gleicht das Hotelzimmer einem Auffanglager für zwei Automobilisten. Unglaublich, was man in Taschen und Rucksäcken mitnimmt und nun auch noch dringend benötigt. Wer hat das Zeugs bloß eingepackt? – Die ganze Mühe soll sich aber lohnen, und nach einigen Restaurierungsarbeiten sind wir repräsentabel hergerichtet und schreiten hungrig ins Restaurant. Das Abendprogramm beginnt.

Combourg: Stadt mit stolzem Schloss

Herrlich, das ist wirklich typisch französisch: Ein distinguierter Herr wartet vor dem Eingang, und obwohl es klar sein dürfte, weshalb wir hier auflaufen, erklären wir ihm brav, dass wir zu speisen wünschen. Der Maître nickt gnädigst und schnipst einen kleinen Kerl herbei, dem der Kellneranzug mindestens zwei Nummern zu groß ist und ihn wie den Juniorchef einer rumänischen Mafiabande aussehen lässt. Man führt uns in den Glaspalast, in dem schon einige Gäste in der Sonne vor sich hin schmoren. Wir erhalten einen Tisch in der Ecke, die Sonne erreicht uns hier nicht. Ist das nun Mitleid, Fürsorge oder ist der Platz in der Sonne eine Auszeichnung? Wir wissen es nicht, es spielt auch keine Rolle. Erst mal ein Getränk geordert, und dann widmen wir uns dem Vorspeiseprogramm. Es besteht aus dem Andere-Gäste-Begutachten und dem Konstruieren der Geschichten hinter diesen fremden Fassaden. Los geht's:

Der Tisch vor uns, erste Reihe Sonnenfront, eine Frau, ein Mann. Die beiden sprechen nur englisch (aha, Ausländer!) miteinander und auch mit dem armen Kellner, der seinerseits kein Wort englisch spricht (aha, Franzose!) geschweige denn versteht. Hochinteressant, wir fühlen uns weltmännisch. Die Engländer sehen aus wie aus der Tonne gezogen, aber eine teure Uhr am Handgelenk und der Porsche vor dem Hotel mit englischem Kennzeichen lassen auf Landadel, verstoßenen Bruder der Queen oder Vater von Meghan Markle schließen.
Der Tisch neben uns, eine Frau, ein Mann und vollkommen unverständliches Gebrabbel. Vielleicht Belgier (igitt, Ausländer!!). Die beiden erhalten schon den Hauptgang, und dabei wird es laut. Die Dame pfeift den Kellner herbei, der vor Schreck erblasst und nun noch verlorener wirkt in seinem viel zu großen Anzug, kurzum: Sie beschwert sich übers Essen. Der Maître eilt zum Tisch, aber selbst der kann die Sachlage nicht beruhigen. Das geht über eine längere Zeit so, selbst nachdem die Hyäne etwas anderes erhalten hat, denn nun wird der Nachbartisch von ihr ebenfalls detailliert über den genauen Sachverhalt informiert. Gestenreich erklärt die schroffe Madame, dass das zuerst gelieferte Menü verkocht, verbrannt und höchstens einem Hund schmecken würde. Ihr Ehemann kaut derweil stoisch weiter, hebt und hebt die Gabel ein ums andere Mal, mahlt und futtert still und stumm. Ihm schmeckt's anscheinend.
Am Tisch neben den Engländern zanken sich zwei ältere Herrschaften leise, aber deutlich, denn die Gattin hat es gewagt, noch einen Nachtisch zu ordern. Der wohl auf Taille und Gewicht fixierte Ehemann ist verstimmt und verlangt genaue Auskunft, warum das denn nun noch sein musste. Entweder hat er kein Geld mehr fürs Dessert oder ihm wird die Holde zu fett. Wir wissen es nicht, können auch nicht alles verstehen, sie sprechen … französisch.

Zwischen diesen multikulturellen Abhöraktivitäten betrachten wir das Hotel gegenüber, dort drüben am Lac. Eigentlich sieht es doch nicht so übel aus, schön ruhig; nur das murmelnde Plätschern des Seewassers, das die bemoosten Steine des Fundaments umspült, ist wohl zu hören. Drinnen sind sicherlich alte, schon leicht steifbeinige Kellner im Dienst, die mit größter Sorgfalt das Tischtuch glätten. Zu hören wäre nur das Knarzen des uralten Parketts, und leise gleitet Norman Bates, sein Halbbruder oder Schwippschwager heran und erkundigt sich, ob alles in Ordnung sei. Leider gäbe es keine Badewanne in den Zimmern, ob uns eine Dusche denn auch recht wäre …

Ach ja, unser Essen ist übrigens ganz in Ordnung. Aber wenn wir noch mal in Combourg sein sollten, checken wir trotzdem gegenüber ein.

Neben der Spur … steht der Eiffelturm am Mont Saint-Michel.

Doppelsonne voraus! Die faszinierende Reise mit La Quatrelle, unserer treu ergebenen Gefährtin, die uns wie auf Schienen zielsicher von einem aufregenden Ereignis zum nächsten leitet, führt weiter über die gepriesenen Straßen mit dem großen D. Wir verlassen Combourg, es war super. Stahlblauer Perlenhimmel begleitet uns wie die rot schimmernden Ähren der Gräser in den Straßengräben, wo manche Mähpatrouille der zuständigen Verwaltung ihre Arbeit wohl erst noch leisten muss. Die D275 gibt den Blick auf den Mont Saint-Michel frei. Der sagenhafte Grenzberg zwischen Normandie und Bretagne fesselt jeden Besucher. Früher kamen sie des Glaubens wegen, heute ist er ein eindrucksvolles Ausflugsziel, weil er die Entwicklung von der Romanik bis in die Spätgotik auf kleinstem Raum dokumentiert. Wenngleich der Glaube Berge zu versetzen vermag: Diesen hier versetzt er nicht, dieser steht ja gerade deshalb wie ein Fels in der Brandung. Der Heilige Aubert legte ab dem Jahr 766 für ein Oratorium Stein auf Stein auf dem Mont-Tombé im Mündungsgebiet des Flusses Couesnon. Zweihundert Jahre später gründete Herzog Richard I. dort eine Benediktinerabtei; im 11. Jahrhundert begann der Bau der Kirche. Im 12. und 13. Jahrhundert errang der Mont Saint-Michel als ein Zentrum der Lehre und Wissenschaften eine überragende Bedeutung. Das Benediktinerkloster war Ziel vieler Pilger, die von weither kamen und hier den Heiligen Michael verehrten. Im 16. Jahrhundert verfiel die Abtei, im 18. Jahrhundert musste sie während der Französischen Revolution als Gefängnis herhalten. Und die Benediktiner? Die sind erst seit 1969 wieder „obenauf“, ein paar nur, nicht viele, aber immerhin hat der Ort ein kleines bisschen seiner einstigen Bestimmung zurückerhalten. Wobei das mit der Ruhe und dem stillen Gebet bei über drei Millionen Besuchern jährlich so eine Sache ist. Der Touristenstrom raubt dem Berg einen Gutteil seiner Zauberkraft und seiner Aura, doch natürlich bleibt das aus Menschenhand möglich gemachte göttliche Gesamtkunstwerk trotzdem ein außergewöhnliches Ziel. Wir stehen jedenfalls mittendrin, wir haben es früh am Tag gewagt, den Mont zu besteigen; das Auto weitab geparkt, wo noch viele andere Autos stehen und die Größe der Parkflächen nichts Gutes erahnen lassen. Denken wir nur an Chambord, die Schranke, die Warteschlange am Ticketautomaten … Aber momentan geht's noch, sogleich eilen wir hinauf.

187, 188, 189, 190 … – wer bis ganz nach oben will, muss gute Beine haben, damit er die vielen Stufen schafft. Dafür offenbaren sich ihm dann aber Rippengewölbe und dekorierte Säulen im Rittersaal, die als gotische Sensation gelten. Der Kreuzgang im anglonormannischen Stil des 13. Jahrhunderts lohnt für mehr als nur eine

Runde. Dass der riesige Klosterkomplex („La merveille“) in nur sechzehn Jahren erbaut wurde, ist fast noch erstaunlicher als die Schönheit seiner selbst. Die Kirche mit ihren mächtigen Säulen und hohen Fenstern krönt den Berg im Meer mit seiner reich verzierten, goldummantelten Turmspitze, die von Möwen umkreist wird. Zehn Euro Eintritt sind sicher nicht zu viel verlangt, wobei die Tinnef-Geschäfte und Restaurants an der Grande Rue, dem ehemaligen Weg der Pilger, im unteren Drittel weniger erbaulich sind als das, was mit Abtei, Refektorium und Kreuzgang weiter himmelwärts folgt. Wie im richtigen Leben: Je höher man kommt, desto schöner ist es. Dafür muss man sich allerdings auch hier durchkämpfen, zuweilen mit Ellbogen, vor allem in den Sommermonaten. Jetzt gerade geht’s, es ist Mai und Morgen, und wir stellen uns vor, was sich hinter den verschlossenen Türen in spärlich beleuchteten Ecken abspielt. Was mag sich dahinter verbergen? Wir sind neugierig, aber eigentlich, ja, eigentlich wollen wir es gar nicht so genau wissen; schnell kann entzaubert sein, was uns gerade noch Gänsehaut beschert. Geschlossene Türen in Klöstern, Kirchen, Katakomben sind Futter für die Fantasie. Wer weiß, was passieren würde, wenn man sie öffnete – womöglich stehen da nur Putzmittel fürs Reinigungspersonal herum, Lappen, Eimer und so ’n Kram.

Dass wir es bis zur Mittagszeit geschafft haben, diesen außergewöhnlichen Hügel, der von Ebbe und Flut eingerahmt wird, wieder zu verlassen, ist bei allem Segensreichen, das er darstellt, ebenfalls ein Segen. Menschenmassen drängeln sich über die Grande Rue; Reisebusse haben ihre Insassen in die Freiheit entlassen, um zu erobern, was nicht zu erobern steht. Ab durch die Mitte, vorbei an Königs- und Arkadenturm. Als wir nach einer Weile die fußballfeldgroßen Parkplätze erreichen, brauchen wir ein paar Minuten, um den R4 zu finden, weil er zwischen einem Bulli und einem unförmigen Geländewagenkoloss so aussieht, als wenn er sich ängstlich ducken würde. Das hier ist nichts für sie, die kleine Savane, sie will hier weg. So geben wir gelassen Gas, die Landschaft fliegt nicht vorüber, sie schwebt wie Löwenzahnsamen. An der D43 lassen die unzähligen „Chambre d’hôte“-Schilder vermuten, dass es hier im Sommer ziemlich voll ist. Daher werden wir niemals zwischen Mitte Juni und Ende August auch nur einen einzigen Reifen auf diese Straße setzen. Im Landesinneren wird die Landschaft kleinteiliger – und an der D157 hinter Mortain-Bocage Richtung Ger schlussendlich so zauberhaft detailreich, dass wir unseren Augen nicht trauen. Als wenn ein unsichtbarer Magnet unsere Köpfe nach rechts drehen würde. Wir blicken in eine Miniaturwelt, sind aber so überrascht, dass wir den R4 aus flotter Fahrt nicht rechtzeitig stoppen können, was nicht zuletzt auch an seinem Bremsweg liegt, der länger ist als bei anderen Autos. Was soll’s, ist doch egal. Wir nutzen den nächstbesten Feldweg, um den Rück-

Mont Saint-Michel im Vorgarten bei Saint Clément-Rancoudray an der D157

wärtsgang reinzuhauen und ein kurzes Stück Straße retour zu gondeln – plötzlich stehen wir wieder vor dem Mont Saint-Michel! Diesmal ohne Menschenmassen, ganz allein, nur für uns.

Bei Saint-Clément-Rancoudray hat sich ein Künstler sein ganz persönliches Frankreich nachgebaut. Deshalb steht in seinem Garten der Eiffelturm, schätzungsweise um die drei Meter hoch, direkt neben der Zisterzienserabtei Blanche de Mortain, der Kathedrale von Coutances und dem Mont Saint-Michel. Sogar über Frankreichs Grenzen hinweg hat der Modellarchitekt Louis Saint-Pois, so sein Name, seinen Blick geworfen und zum Beispiel den Schiefen Turm von Pisa genau so schief gebaut wie das große Vorbild. Der hier droht nicht einzustürzen, benötigt keine Sicherungsmaßnahmen, was ihn im Vergleich zum Original sehr viel stabiler wirken lässt. Überhaupt scheint das alles wetterfest und hübsch massiv zu sein. Die Zeitung „La Gazette de la Manche“ schrieb über den Erbauer, dass er mehr als 7500 Stunden damit verbracht hat, in seinem Garten besondere Gebäude und Denkmäler nachzubauen. Dass er zwischen all diese Sehenswürdigkeiten auch noch das eigene Haus im Kleinformat aufgestellt hat, zeugt von Humor und Selbstbewusstsein. Dieser Garten ist keine einfache Expo am Wegesrand, sondern ein Kuriosum, um dessen Wirkung und Wert sich Monsieur Saint-Pois bewusst sein dürfte. Am Gartenzaun hat er jedenfalls ein Kästchen angebracht, das für Spenden vorgesehen ist. Wir werfen zwei Euro ein und hätten gerne mit dem Schöpfer dieses kleinen Universums einen Plausch gehalten und ihm dann womöglich noch einen Kontakt zu Monsieur Maquette aus Ploemeur bei Larmor-Plage verschafft, der – wir erinnern uns – noch viel detailreichere Kunstwerke hochzieht. Aber leider ist er nicht zu Hause, und so stehen wir vor dem kleinen Mont Saint-Michel und genießen, dass wir den Heiligen Berg in einer üppigen Umrandung aus Gras und Gischten aus Gänseblümchen in aller Ruhe genießen können.

Als wir wieder Fahrt aufnehmen, um ins heiße Herz der Normandie, dem Pays d'Auge, zu brausen, meinen wir im Rückspiegel allerdings gesehen zu haben, dass sich am „auf Kipp" stehenden Fenster eine Gardine im Haus bewegt hat. Es kann aber auch der Sausewind gewesen sein, den wir mit unserem Renault entfacht haben.

Prickelnder Rundkurs

Cambremer ist Teil der „Route du Cidre", Bonnebosq ist es auch und Beuvron-en-Auge ebenfalls. Die Apfelweinstraße der Normandie verbindet noch viele weitere pittoreske Dörfer und Landschaften aus einem einzigen Grund: den Reisenden ein prickelndes Erlebnis zu bereiten. Weit mehr als ein Dutzend Cidre-Produzenten, liebstes Getränk der Normannen, liegt an dieser Straße. Sie ist aber nicht die einzige, an der guter Cidre zu finden ist. Die ganze Normandie ist berühmt für ihre Apfelhaine, besonders aber das Pays d'Auge. Der größte Teil der Ernte der zumeist alten Sorten wird für den moussierenden Durstlöscher verwendet, aber auch für alkoholreichen Calvados (Apfelbrand) und weniger starken Pommeau (Apéritif/Digestif) sind sie die Grundlage. Das genauso wohlschmeckende Pendant zum Cidre ist übrigens der aus Birnen erzeugte Poiré. Santé! (Info: larouteducidre.com)

Neben der Spur … zu Besuch im Marmeladentempel.

Die Marmeladen des Monsieur Bellier sind deliziös. Fruchtbomben aus Erdbeeren und Aprikosen, Kiwi und Orange, nicht zu süß geraten, streichfest, cremig. Und sie sehen aus, als wenn ein Foodblogger sie soeben extra fürs Frühstück in Szene gesetzt hätte. Auf einer großen Anrichte inmitten elegant eingedeckter Tische stehen die unterschiedlichsten Gläser mit ihren in vielerlei Farben schillernden Inhalten und warten darauf, dass sich ihrer jemand erbarmt. Dieser Jemand sind wir. Wer nun mutmaßt, dass selbst gemachte Konfitüren und Marmeladen zum Standard jedes guten Hotels gehören sollten, der liegt zwar richtig damit, aber nahezu dreißig Sorten sind selbst im Lande des Schlemmens außergewöhnlich. Das hier ist ein Marmeladentempel! Einen eigenen Garten hat der Hotelier nicht. „Ich kaufe das Obst auf dem Wochenmarkt", sagt er, stellt den Kaffee auf den Tisch, zieht sich mit einer kaum spürbaren Verbeugung zurück und lässt seine Gäste im morgendlichen Glücke schwelgen, mitten in einer Stadt, in der sie außer einer gotischen Kathedrale so besonders viel anderes Entdeckungspotenzial nicht finden: Sées. Viele Geschäfte stehen leer, zahlreiche Häuser haben den verfallenen Charme gegen ein zerlumptes Antlitz eingebüßt. Die Zeit nagt an ihren rissigen Fassaden, an ihren krummen Dächern, an ihrer ungewissen Zukunft. Taubenkot frisst sich in die „Anciennes Halles", dem überdachten, historischen Marktplatz; das Gurren klingt höhnisch. An der Rue Charles Forget öffnet noch das Kino Le Rex seine Pforten, die Baumarktkette Monsieur Bricolage hat es nach Sées verschlagen, einen Campingplatz gibt es und die Orne plätschert unmerklich durchs Zentrum. Besonders viel Charme vermittelt Sées nicht. Über allem Grau dieser Gemeinde, die nicht gerade wie der Nabel der Welt wirkt, obwohl sie früher Bischofssitz war, wovon heute noch der im 18. Jahrhundert erbaute Bischofspalast zeugt, ragen die zwei hohen Türme der Cathédrale de Sées in den Himmel. Das mächtige Gotteshaus wirkt für den Fünftausend-Einwohner-Ort erdrückend. Ein Ort für einen Film noir, bei dem der Schurke durch düstere Gassen rennt und unheilschwangere Hintergrundmusik ein nahes Ende prophezeit.

… mmh … Himbeere. Die perfekte Krönung für ein Schokoladen-Croissant. Hélène und Roger Belliers Konfitüren und Kompotts sind Grund genug, trotzdem länger in dieser seltsamen Stadt zu bleiben. „Le Dauphin" heißt das Hotel-Restaurant. Es gibt Gäste, die suchen nach dem Delfin, der dem Haus seinen Namen gibt, weil es das erste ist, was sie im Kompaktwörterbuch dazu finden und ihre Französisch-Kenntnisse ähnlich bröckeln wie die Fassaden an der Rue Billy. Das Gefühl kennen wir. Reell betitelt der Dauphin aber den jeweiligen Thronerben des

Sées – Kleinstadt mit großer Kathedrale

Königs von Frankreich. Ausgedacht hat sich das vor vielen Jahrhunderten der Graf Guigues IV von Albon, der heute für viele Entdecker womöglich nur ein Gesicht unter vielen ist, wie sie in Schlössern von einem güldenen Rahmen versehen als leicht verstaubtes Ölgemälde überm Kamin hängen. Aber dieser Graf hatte zumindest dafür gesorgt, dass potenzielle Königskömmlinge einen Titel bekommen, noch bevor sie die Krone tragen. Und schon taucht er doch auf, der Delfin, aus den Tiefen der Vergangenheit, denn Monsieur le Graf nannte sich „Der Delfin" – in der Tat geht die Bezeichnung also auf den Meeressäuger zurück, der es später bis zum Wappentier schaffen sollte. Erst im Laufe der folgenden Jahre erhielt der Titel „Le Dauphin" gewissermaßen eine eigene Bedeutung; an Flipper dachte da niemand mehr. Und dass Le Dauphin mit La Dauphine verheiratet ist, nun, wir hätten es uns fast gedacht, aber wir haben jetzt keine Zeit für weitere monarchische Verrenkungen, denn das nächste Stück Baguette will in den Salzbutterbottich getunkt werden, während der Chef des Marmeladentempels an Tagen wie diesen, da Petrus sein Reich blitzblankblau poliert hat, schon früh die Holztische aus der

Die schwankende Kathedrale

Sées im Département Orne in der Basse-Normandie ist eine normannische Kleinstadt mit etwas mehr als 4000 Einwohnern. Man könnte die Stimmung als seltsam bezeichnen, ohne Sées dabei herabwürdigen zu wollen. Das liegt an der in Relation zur Größe der Ortschaft monumentalen, ungewöhnlich riesigen gotischen Kathedrale mit ihrem fabelhaften Chor, den prachtvollen Verglasungen und hohen Turmspitzen. Längst wurde ihr 700. Geburtstag gefeiert. Dass sie so alt werden würde, war nicht abzusehen. Über Jahrhunderte schwankte der massige Bau und drohte einzustürzen. Schuld daran war Heinrich II.: Der englische König hatte den Schatz im Jahre 1154 in Brand gesetzt. Weil die Normannen zu wenig Geld für eine Kernsanierung hatten, verzichteten sie darauf, die Fundamente bis auf festen Grund zu setzen. Diese Art Puddingsituation ließ die stolze Kathedrale im Laufe der Zeit absacken. Erst zu Beginn des 20. Jahrhunderts war nach mehreren Jahrzehnten knochenharter Arbeiten die gesamte Kirche auf tiefer reichende Fundamente gesetzt worden. Die ehemals Schwankende hat seither festen Stand. (Info: ville-sees.fr, france-voyage.com)

Garage schleppt und Sonnenschirme aufstellt, um fürs Mittagsgeschäft gewappnet zu sein. „Il fait beau“, sagt er und arbeitet gleich weiter. Es wird schön. Sonnig. Warm. Noch die Kühltheke rausgerollt, so, das wär's. Bald kommen die Gäste, die meisten von ihnen sind Franzosen. Sie gehen für ihr Leben gerne essen.

Dafür darf man sie beneiden. Es ist eine völlig andere Tischkultur, die unsere Nachbarn pflegen. Dass sich die Fast-Food-Mentalität hier nicht behaupten kann, wäre gelogen, das tut sie. Dennoch ist die Zahl der guten Restaurants beachtlich, auch oder vielleicht sogar vor allem in der Normandie, wo feine Fisch- und Fleischgerichte in drei-, vier-, ja fünfgängigen Menüs sich abwechseln und erlesene Rohmilchkäse wie Camembert, Livarot oder Pont-l'Evêque reifen. „Ein Dessert ohne Käse ist wie eine Schöne, der ein Auge fehlt“, schrieb der französische Schriftsteller und Feinschmecker Jean Anthelme Brillat-Savarin. Die Normannen mögen das ausnahmsweise nicht ganz so eng sehen, denn ihre Tarte Normande, ein flacher Apfelkuchen, ist hier ein Heiligtum und imstande, den Käse als Magenschließer vergessen zu machen. Hätten wir gestern Abend unter Garantie alles haben können, aber eine nicht funktionierende Nachttischlampe hielt uns davon ab. Erst jetzt geht uns allmählich ein Licht auf, was wir verpasst haben könnten. Wie blöd kann man sein!

Wer von einer kaputten Glühbirne auf die grundsätzliche Qualität eines Hotels schließt, nur weil der Maître keine passenden Leuchtmittel mehr vorrätig hat und in Anbetracht der Tatsache, dass die Läden schon geschlossen haben, leider auch keine mehr kaufen kann in diesem – pardon – Kaff, der ist nicht ganz dicht. Wir waren nicht ganz dicht. Sauer auf nichts. Keine zwanzig Meter vom Hotel entfernt die Quatrelle eingeparkt und eingecheckt. Anstatt in diesem sehr schön eingerichteten Restaurant gebratene Goldbrasse mit Äpfeln und Camembert, Kalbsmignon oder heiße Foie gras mit Apfelbutter zu speisen, steuerten wir dull und doof die kaum vierhundert Meter entfernte Kathedrale an, in deren Umfeld sich ein paar Bars und Gasthäuser befinden, die im Vergleich nicht der Rede wert sein dürften. Die Pizza war jedenfalls dürftig. Aber wer fährt schon nach Frankreich, um Pizza zu essen? Typischer Fall von selbst schuld. Nur weil eine blöde Lampe nicht funktionierte. Wir lassen ja auch die Quatrelle nicht auf der Stelle stehen und nehmen den nächsten Zug, wenn die Nummernschildbeleuchtung den Geist aufgeben würde oder der Blinker mal wieder spinnt, und er spinnt oft, vor allem vorne links. Da sitzen wir nun in aller Ruhe, hängen unseren Gedanken beim petit déjeuner nach, während Monsieur noch mal ein paar weitere Marmeladen dazustellt. Er lächelt mit einem fast nicht erkennbaren Ausdruck von Mitleid. Oh, wie das schmerzt, wir Holzköpfe, wir Ochsen, wir Unwürdigen! Hätten wir doch gestern Abend nur einen Tisch reserviert und es uns gut gehen lassen, aber nein, wir mussten ja unbedingt die jeweils drei Töpfe und Kamine dieses netten Schuppens ignorieren, als stünden sie für nichts und niemanden, nur weil's an einer Bettseite zappenduster war. Wirklich ärgerlich, zumal: Die Lampe hätten wir Leuchten nach dem opulenten Mal sowieso nicht mehr gebraucht. Kennen wir doch: am Treppengeländer hochziehen, waschen, Zähne putzen und ab in die Federn.

Der Fauxpas ist nicht mehr auszubügeln. Das Kind, der Brunnen, plumps … Ein Gutes hat die Sache aber doch: Wir haben einen Grund, nach Sées zurückzukehren. Und wenn die ganze Stadt kein Licht haben sollte, setzen wir uns mit Kerze an den besten Tisch des Hauses und hauen so richtig rein. Vive la Wampe!

Zwei Mechaniker sagen „merveilleux". Wir sind beleidigt. Ein Schwan ist schwarz.

Stielauge, sei wachsam: Da rollen wir mit halb leerem Tank an der Avenue du 18 Juin Galerie de Gaulle (das ist mal eine Adresse, aber die passt doch niemals auf eine Postkarte!) an den Zapfsäulen der Garage Bethembos SARL in Putanges-Pont-Écrepin (gut, jetzt hätte sich das mit der Postkarte wirklich erledigt) und werden gierig von zwei Pupillen verfolgt. Erst leuchten sie wie die Glupscherchen eines Werwolfs in Vollmondnacht durch die Fensterscheibe des Büros, dann treten sie auf zwei Beinen und mit einem Körper im Blaumann dran aus dem Laden heraus und können sich gerade so in den Augenhöhlen des Monsieur Bruno Bethembos halten. Er ist außer sich vor Freude, einen Renault 4 in einer solchen Verfassung zu sehen, dieser Anblick haut ihn fast aus der Tankwartlatzhose. „Vollmachen!", bedeuten wir ihm und meinen nicht das ölverschmierte Beinkleid. Er nickt. Während der Maître de Garage den Rüssel der Zapfpistole in die Tanköffnung steckt und sie mit der rechten Hand sichert, fährt er mit der linken über den sandfarbenen Lack und tätschelt die Rundung der Dachrinne. Es sind nicht die ersten Streicheleinheiten, die die Quatrelle während dieser Reise bekommt, langsam müsste sie sich wie die Katze von der Burgruine in Cinq-Mars-la-Pile fühlen, aber Monsieur Bethembos ist so angetan, dass ihm kurzzeitig das gesamte Vokabular abhandengekommen ist und er den Eindruck macht, schnappatmig mit ersten Worten zu ringen. Als das Benzin den Kotflügel hinunterrinnt, auf den Boden tropft und kein Zweifel daran besteht, dass der Tank randvoll ist, kehrt der Meister endlich in die Konversation zurück. Die Zapfsäule hat aufgehört, röchelnde Geräusche zu machen, Bruno Bethembos findet die Worte wieder. Das Gespräch entwickelt sich rasant.

„Den haben Sie aber toll restauriert!"

„Den haben wir überhaupt nicht restauriert, das ist alles original."

„Was? Unglaublich! In Frankreich sind eigentlich alle R4 rostig und kaputt."

„Ja, das haben wir auch schon bemerkt …"

„Wo haben Sie den denn her?", fragt der interessierte Fachmann.

„Von einem Händler in Deutschland. Der hat ihn allerdings aus Frankreich importiert. Anscheinend war es wohl der letzte R4 ohne Rost", antworten wir.

„Erstaunlich. Und damit fahren Sie jetzt durch Frankreich?"

„So ist es, Monsieur. Mit einer französischen Ikone durch das Mutterland des R4." Wir sind sicher, damit ins Schwarze zu treffen. Ikone hört sich gut an.

„Sehr schön, sehr schön. Aber es ist keine Ikone." Er schüttelt den Kopf. Wir glauben, uns verhört zu haben.

„Wie bitte?"

Joël Retoux und Bruno Bethembos finden den R4 „merveilleux".

Bevor Monsieur Bethembos seine Ausführungen zu französischen Ikonen fortführt, bittet er einen Moment um Geduld. Er wolle schnell seinen Werkstattmeister holen, um ihm diesen R4 zu zeigen. Er verschwindet eiligen Schrittes und kehrt mit dem Mechaniker Joël Retoux aus der Halle zurück. Der streift seine Arbeitshandschuhe ab, steckt sie in die Taschen seines Blaumanns und begrüßt uns mit kräftigem Händedruck. Die beiden tuscheln, liebkosen den Lack, beugen sich vor, fummeln in den Radkästen herum, suchend nach einem Funken Rost und wenn es nur ein Röstchen wäre. Sie werfen ungläubige Blicke unter die Motorhaube, rütteln an Leitungen und Vergaser und würden vermutlich auf der Stelle gerne eine Runde drehen und dem Oldtimer auf den Zahn fühlen. Wenn in Frankreich das Wort „merveilleux" fällt, ist es Schwärmerei; im Gespräch zwischen den beiden fällt es mehrfach. Es heißt „wundervoll". Der Kfz-Meister hebt den Daumen und lobt das deutsche Engagement, ein französisches Automobil wie dieses am Leben zu erhalten.

„Das ist ein Schatz, den Sie da haben. Passen Sie gut darauf auf."

„Das werden wir tun. Wir lieben ihn. Es ist eine Ikone."

„Es ist ein gutes Auto, aber eine Ikone, nein, eine Ikone ist es nicht."

„Wie bitte?"

Meister Retoux reicht uns die Hand, streift die Arbeitshandschuhe wieder über und verschwindet in der Werkstatt neben dem Bürogebäude unter einem Fahrzeug, das keine Ikone ist und auch keine mehr wird. Sein Chef bittet uns, ihm in sein kleines Büro zu folgen. Er sieht sich genötigt, uns das Werk eines bekannten französischen Comiczeichners zu zeigen, der in der Nähe wohnen würde. Gerade eben noch wollten wir uns in Anerkennung suhlen, doch nun sehen wir missmutig auf eine endlose Kolonne diverser Automarken in hübsch skizzierten Bildern, bei denen der Künstler ganz besonders die Deux Chevaux, also die Ente, hervorhebt, zusätzlich auch noch als „Fourgonnette", also als Kastenwagen, in Szene gesetzt. Auch die Citroën DS, alles überragende Königin der Straße, ist darauf zu erkennen, selbstverständlich als Spitzenmodell 23 Pallas, war ja klar. Aber kein R4, kein GTL mit 1108 Kubikzentimetern, keine Savane mit 956, kein „Cartes Jeunes" mit Stahlrohrrahmensitzen, nicht als Allrad-Modell Sinpar, nicht als superpraktische Fourgonnette. Der Zeichner hat den R4 in all seinen bescheidenen Herrlichkeiten und Varianten schlichtweg ignoriert. Was für eine Enttäuschung. So nicht, Monsieur!
„Hier ist ja gar kein R4 zu sehen! Hat ihn jemand herausgerissen und eingerahmt? Hängt das Bild vielleicht über einem kleinen Altar, hinten bei Ihnen in der Werkstatt?" Wir sind geknickt.
Monsieur Bethembos legt die Stirn in Falten, zieht die Augenbrauen hoch. Der R4 komme in diesem Almanach der französischen Autokunst nicht vor, schließlich sei die Ente das Symbol französischer Mobilität, ganz sicher aber nicht der R4. Er sei keine Ikone, sondern ein Gebrauchsgegenstand.
„Wie bitte?"

„Crottes alors!", dann eben nicht. Wir verabschieden uns freundlich, aber gekränkt, und schwingen uns in unseren Gebrauchsgegenstand, um weiterzufahren. Den Namen des Comiczeichners haben wir schon in dem Moment vergessen, da die Hinterreifen vom Grundstück der Tankstelle rollen. Wer die Ikonen der D-Straße in Szene setzt, ohne dabei den Renault 4 auch nur mit einem einzigen dünnen Bleistiftstrich zu würdigen, hat unser Interesse nicht verdient. Auf der Avenue mit dem postkartenungeeigneten Namen düsen wir davon. Dass wir jemals eine Postkarte schicken werden, ist ohnehin unrealistisch. Wenn schon, dann einen großen Umschlag mit diesem Buch hier. Und mit dem Hinweis, dass es sich um eine Reise handelt mit dem – voilà – ersten Gebrauchsgegenstand, der es zu einer Ikone geschafft hat. Wir kreuzen die Orne, die durch Putanges fließt, bleiben auf der D909 und fahren nordwärts Richtung Falaise. Die D511 ist wie eine Schnur, eine graue, lange Schnur durch schönes grünes Land. Saint-Pierre-sur-Dives begrüßt uns als Tor zum reizenden Pays d'Auge, und es dauert nicht lange, bis ein Schild auf „Les

Der schwarze Schwan von Saint-Germain-de-Livet

jardins du Pays d'Auge" hinweist. Die rumpelige Auffahrt mit ihren Schlaglöchern und Baumwurzeln, die durch den Kies nach oben drängen, schluckt die Ikone, die keine Ikone sein soll, mühelos, um sich am Ende des Waldstücks vor der Gartenanlage im Schatten eines Baumes von dem Schock an der Tankstelle zu erholen.

Die Gärten des Pays d'Auge sind eine sanftmütige Anlage und liegen in einem Tal. Sie haben ein „grünes Kabinett", einen „Garten der Sonne", und verschiedene Rabatten mit Mischbepflanzung sind die Achsen zu jahrhundertealten normannischen Bauernhäusern, die irgendwo im Land abgebrochen und hier zum Zweck des Erhalts wieder aufgebaut wurden. Auf diese Weise sind die Gärten gleichzeitig zu einem Heimatmuseum geworden, das die Seele der lieblichen Region in der Basse-Normandie perfekt eingefangen hat. Das Pays d'Auge sieht aus wie vom lieben Gott dahingetupft. Weiße Schäfchenwolken ziehen gelassen über fruchtbares Land, manchmal bleiben sie an der Spitze eines Kirchturms hängen. Der Cidre, ein moussierender Apfelwein, ist neben dem Käse – und das Dorf Camembert ist nicht weit entfernt – das köstliche Wahrzeichen. Hunderte Apfelbauern pflegen ihre Plantagen, deren Blüte in April und Mai überbordend ist. Die Haine sind hier ein vertrautes Bild. Die Früchte bereiten allen ein köstliches Vergnügen – als Tarte Normande ebenso wie als alkoholarmer Cidre oder kräftiger Pommeau, ein Digestif mit 17 Prozent Alkoholvolumen. Die Route de Cidre führt an zahlreichen Erzeugern vorbei, die zu Verkostungen einladen. Schilder am Straßenrand weisen die Wege zu manch köstlichem Zwischenschluck. Und da wäre dann auch noch der Calvados, nach dem das ganze Département benannt worden ist. 40 bis 45 Prozent Alkoholvolumen stecken im Apfelbranntwein. Zu wenig für die Quatrelle, die tankt am liebsten 98er-Oktan, zu viel für ihre Fahrer. Es ist ein Landstrich, reich an Vielfalt und mit hohem Entdeckungspotenzial. Sogar schwarze Schwäne finden sich darunter.

Schwarze Schwäne sind selten, sagt man, und wenn's um die Wirtschaft geht, ist das auch besser so, denn als schwarzer Schwan werden unvorhersehbare Ereignisse bezeichnet. Immer hatten die Menschen Angst vor schwarzen Schwänen, heute im übertragenen Sinne, früher vor den ganz realen Vögeln. Es gab Zeiten, in denen wurde ihre Existenz vehement geleugnet, denn was nicht sein kann, das nicht sein darf. Gerade im Mittelalter galten sie als Verheißung von Krankheit, Krieg und Unglück. Wie seltsam, dass auf dem Schlossgraben von Château Saint-Germain-de-Livet ein schwarzer Schwan paddelt, dort, wo Ruhe, Kraft und Schönheit zum Dreigestirn des Wohlgefühls eine Liaison pflegen. Es gibt viele Schlösser in Frankreich, daran ist nicht zu zweifeln, und wer wollte schon so töricht sein, ein schönstes daraus hervorzuheben? Aber in der Tat sind die im 15. Jahrhundert erbauten Mauern des Château Saint-Germain-de-Livet, deren heller Kalkstein von einem Schachbrettmuster aus roten und grün gebrannten Ziegeln durchbrochen ist, ein Grund größter Verzückung. Als wenn sie damals etwas ganz Besonderes hatten bauen wollen, nicht einfach nur Prunk und Pracht durch Größe, sondern die Schönheit im Sinn. Es ist nicht unmöglich, beim Anblick dieser auf einem Fünfeck angelegten Festung, die von einem Wassergraben umgeben ist und scheinbar von

Zauberhaft: Château Saint-Germain-de-Livet

dem schwarzen Schwan bewacht wird, die weißen Schlösser der Loire zu vergessen. Türmchen, Verzierungen und Fresken lassen den Blick schweifen. Mobiliar, Bilder und Andenken des Malers Eugène Delacroix und der Kunsthandwerkerfamilie Riesener erzählen aufregende Geschichten aus der Historie. Auch der Garten ringsherum ist sehenswert. „La Merveille du Pays d'Auge“ steht auf dem Flyer. Das Wunder des Pays d'Auge. Und wieder war es eine Département-Straße (D268), eine schmale nur, fast unauffällig und ohne befestigten Seitenstreifen, die auf dieses Wunder zuführte. Es stellte sich gewissermaßen in den Weg, ohne einen Zweifel daran aufkommen zu lassen, dass es jetzt auf der Stelle entdeckt werden will. Nun stehen wir vor dem herzigen Schloss, der Schwarzgefiederte schaut viel weniger unglücksbringend, als es die Legende verheißt, dreht seine Kreise auf dem stillen Wasser, und wir sind gefangen von seinem Zauber und dem des eindrucksvollen Bauwerks.

Gerade im Pays d'Auge sind es die bisweilen winzigen Landstraßen, die an besondere Ziele führen, an Ziele wie Saint-Germain-de-Livet oder auch die Prieuré Saint-Michel. Eine Art Freilichtmuseum mit unterschiedlichen Gärten. Frösche quaken auf Teichrosenblättern, eine Schildkröte paddelt durch einen kleinen Teich, im Kräutergarten blühen im Sommer Tausende Ringelblumen. Wer Ruhe sucht, findet sie hier, wo man sogar übernachten kann. Aber es ist so mit dem Suchen von Hotels und „Gîtes de France“-Adressen: Es gibt eine bessere, die es zu finden gilt. Das klappt nicht jeden Tag, aber diesmal schon.

Es ist ja immer etwas gefährlich, wenn man von nostalgischen Gedanken getrieben, sich zu denselben Unterkünften geleitet fühlt, auch wenn die letzte Übernachtung sicher fünfzehn Jahre zurückliegt. Es lag halt nie so richtig auf dem Weg, das hübsche Städtchen Cambremer, obwohl wir dort eine tolle „Gîtes“-Adresse bei sehr gastfreundlichen Menschen hatten, die uns das beste Frühstück aller Zeiten servierten. Leider bewahrheiten sich heute aber unsere Befürchtungen, dass die Zeit nicht stehen geblieben ist. Wir sehen kein „Gîtes“-Schild mehr am Zaun, das Chambre d'hôte „Les Coutures“ gibt es nicht mehr. In der Folge gondeln wir etwas ziellos umher, und als die Einheimischen bei unserem wiederholten Durchfahren des Ortskerns die Köpfe heben und irritiert blicken, beschließen wir, Cambremer aufzugeben und etwas anderes zu suchen. Ein letzter Gruß an eine unwahrscheinlich üppig wachsende Passionsblume, die eine Hausfassade völlig überrankt, ein letztes Auspuffwölkchen über den Marktplatz geschossen, und dann schnell davon gefahren. Erst einmal die Straße runter und dann die Hoffnung nicht aufgeben, obwohl es schon auf 18 Uhr zugeht. Die Fahrt führt über gewundene Wege mit

Zimmer frei

Um in die Seele der Franzosen blicken zu können, muss man bereit sein, mit ihnen ins Gespräch zu kommen. Das funktioniert am besten, wenn man sich ein Gästezimmer nimmt, anstatt im Hotel einzuchecken. Weit über 46.000 Adressen stehen landesweit zur Verfügung. Schilder mit der Aufschrift „Chambres d'hôtes" oder „Gîtes de France" weisen den Weg. Es kommt vor, dass die Vermieter morgens mit am Frühstückstisch sitzen. Die Unterkünfte reichen vom einfachen Standard zum günstigen Preis bis zum Chambre mit Whirlpool und Kamin, das nicht billiger ist als ein gutes Hotel. Bisweilen gibt's sogar ein Abendessen oder einen Drink zur Nacht. Die Kultur der gemütlichen Chambres d'hôtes ist mit dem herben Charme deutscher Fremdenzimmer nicht zu vergleichen. Drei hervorragende Adressen auf dieser R4-Tour: Domaine les Marronniers, Route d'Englesqueville, 14340 Cambremer (les-marronniers.com); La Ferme de la Fosse Dionne, 11 Rue de la Fosse Dionne, 89700 Tonnerre; Chambres d'hôtes du Chêne, 12 Résidence Du Chêne, Route de Gien, 45600 Sully-sur-Loire (chambredhotesduchene.fr). Es gibt aber noch über 46.000 andere Adressen – Info: chambresdhotes.org, gites-de-france.com und chambres-hotes.fr

nichts anderem als Wiesen, die sie säumen, auf denen Kühe grasen. Die haben eine Unterkunft, wir noch nicht. Wird knapp heute …

Wir sehen uns schon zusammengerollt die Nacht auf den Vordersitzen verbringen, geparkt auf einem einsamen Waldweg. Zweige, die sich wie Skeletthände anhören, würden quietschend über das Dach unseres Renault 4 streichen, während wir zitternd ins Dunkle blickten, darauf wartend, dass sich glimmende Augen … – Schluss damit, wir sind doch erst fünf Minuten aus Cambremer heraus, hier muss es doch noch etwas anderes geben. Und tatsächlich: Kurz vor einer Kreuzung, an der wir uns entscheiden müssen, ob wir nun links, rechts oder geradeaus fahren sollen, was an Kreuzungen gemeinhin ja sehr oft der Fall ist, entdecken wir ein verwittertes, kaum lesbares Schild mit dem Hinweis auf ein Chambre d´hôtes. Bremsen, Rückwärtsgang einlegen (und verdammt, das ist schon eine Kunst, ihn so einzulegen, dass der Beifahrer nicht den Ellbogen ins Gesicht bekommt), Blinker gesetzt, und rein in die hohle Gasse. Die veritable Steigung geht nur im ersten Gang.

Hinter der nächsten Kurve liegt ein weiterer Anstieg, der sich genauso schmal weiter unter einem geschlossenen Blätterdach in die Höhe schraubt. Kurz vor der

Kuppe kommt ein Lastkraftwagen angefahren und geht in die Eisen, der Fahrer ist anscheinend gleichermaßen überrascht, einem R4 auf dieser Straße zu begegnen, wie wir über den Lieferwagen. Wir hangeln uns in Zentimeterarbeit aneinander vorbei, zur Linken der Entgegenkommende, zur Rechten ein Graben und Wildwuchs, der schon über den Lack kratzt. Aber dann: Geschafft! Nach ein paar Hundert Metern haben wir den Kamm des Hügels erreicht. Was für eine schöne Strecke. Rechts ab und zu ein paar alte Häuser, dahinter die Ferne. Links schweift der Blick über weite Felder, die unten im Tal liegen. Aber mal ehrlich: Wo führt das hier hin? Welche üble Bruchbude haben wir gleich zu erwarten?

Unsere Savane greift sich den ramponierten Asphalt des Weges, der nicht mal mehr eine „Départementale“ ist und den Namen Route d'Englesqueville trägt. Unten an der Landstraße könnten Christine und Vincent Delannoy bestimmt mal das Hinweisschild auf ihr Gîtes freischneiden und sauber schrubben, aber oben auf dem Hügel, von wo der Blick weit ins Pays d'Auge hinausreicht, sind alle Mühen der Suche nach einer Übernachtungsmöglichkeit vergessen. Auf der Auffahrt zum weitläufigen Grundstück knirscht der Kies unter den Reifen. Die Familie Delannoy hat mit ihrer Domaine les Marronniers die Gîtes-Qualität auf eine neue Stufe gehoben. Gleich mehrere Zimmer bietet sie an; das Haus ist umgeben von Wald, Wiese und Rasen. Drumherum laufen Hühner besonderer Rassen, die gegen Einbruch der Dämmerung von ihren täglichen Entdeckungsspaziergängen zurückkehren und als Dank ein Ei legen und sonntags auch mal zwei. Futterzeit. Sie brauchen keinen Zaun, sie haben keinen Grund zu flüchten, es geht ihnen saugut. Und Christine Delannoy? Sie begrüßt uns überaus freundlich und mit dem Hinweis, dass wir ein wirklich schönes Auto hätten.

„Ich mag den Deux Chevaux“, sagt sie.

Jeder Widerstand zwecklos.

Ein Huhn ist spät dran. Es waren einmal drei Belgier. Wir erreichen eine Fähre.

Es gibt Begegnungen, die vergisst man nie. Wir sitzen nach über 250 gefahrenen Kilometern durch die Basse-Normandie und ungezählten Eindrücken bei einem prickelnden Erfrischungsgetränk leicht komatös in Sesseln und Sonne auf dem Hof vor dem Zimmerhaus des Gîtes der Familie Delannoy über den Dächern von Cambremer. Der gute alte Renault steht auf dem Parkplatz der Herberge im Schatten großer Bäume, und die Sonnenflecken, die durch die Blätterdächer schwappen, wandern kunstvoll auf seinem Lack. Das letzte Huhn eilt an uns so hastig vorbei, als wenn es dem Suppentopf entgehen wollte. Dabei hatte es nur den Anschluss an seine Groupe de Kikeriki verloren, die schon vor einer halben Stunde hier vorbeigelaufen war, um zur Stallung hinter dem Gästehaus zu gelangen. Das macht sie jeden Tag, es gehört streng genommen zum Unterhaltungsprogramm der Domaine les Marronniers. Auf dem Tisch zwischen unserem Gestühl steht Cidre der Region, dessen Bläschen steigen im Glas verheißungsvoll empor wie die Träume der vergangenen Nacht als Vorprogramm eines weiteren unglaublich schönen Reisetags. Just in dieser entspannten Stimmung fährt ein Wagen mit belgischem Kennzeichen

Chambre d'hôte mit Charme: Les Marronniers in Cambremer

vor. Graumetallic. Groß. Häkelhäubchen für die Klopapierrolle auf der Hutablage. Das Erste, was dieses Auto ausspuckt, ist ein Mann von hagerer Gestalt, der offenkundig wenig Interesse an den herausragenden Pralinen seiner Heimat hat. Nach Nuss und Nougat in Zartbitter eingehüllt sieht er jedenfalls nicht aus. Er lässt die Fahrertür ins Schloss fallen und öffnet den Kofferraum. Im selben Moment rollt eine Madame, die seine Madame ist, aus der Beifahrertür. Sie hat ganz ohne jeden Zweifel keine Praline ihres Mutterlandes ausgelassen. Gute Frau! Sie mag etwa um die siebzig Jahre alt sein, ein bisschen drunter, ein wenig drüber, so genau kann man das nicht erkennen bei Menschen, die die Gestalt einer Rumkugel angenommen haben. Faszinierend ist, dass sie zu jener Spezies gehört, der dünn aber auch gar nicht stehen würde. Sie, die Belgierin aus vierlagigem Hüftgold, hat nur so und nicht anders auszusehen. Kein Antlitz würde besser zu ihr passen als dieses dicke, es ist würdevoll und wunderbar und erinnert uns entfernt an Hund Jeanette vom Château de Vaujours. All die Dürren und Diäten können die Grandezza nicht aufwiegen, mit der diese Dame wie selbstverständlich durch das schöne Leben kullert. Kaum dass sie es vom Wageninneren nach draußen geschafft hat, was wohl mehr als eine Minute dauert, lächelt sie zu uns herüber und ruft „Bonjour“ in einer putzmunteren Tonart, die so klingt wie „Hallo, da bin ich endlich“. Ihr Mann kommt mit dem Rollator ums Heck herum stolziert, den er aus dem Kofferraum geholt hat. Wie sich herausstellt, ist die Gehhilfe aber nicht für Mutti. Denn die öffnet nun die Tür zum Fond, und das graue Auto entlässt eine zweite Madame in die Freiheit, betagt, aber wie aus dem Ei jenes Huhns gepellt, das gerade noch an uns vorbeigelaufen ist. Es vergeht noch eine Weile, bis das belgische Dreigestirn die letzte Autotür zum dritten oder vierten Mal endlich ins Schloss fallen lassen hat und auf uns zurollt.

Die Herrschaften sind schon gestern hier in der Domaine les Marronniers angekommen und genießen Land, Luft und Leute des Pays d'Auge, kosten ihren einwöchigen Urlaub voll aus. Und dies in sprichwörtlichem Sinn, denn Essen und Trinken scheint zumindest ein nicht ganz unwichtiges Detail ihrer Reise zu sein.
„Wir haben das Pays d'Auge für uns entdeckt. Das ist ein sehr schöner Landstrich. Und von Belgien haben wir es ja nicht so weit“, sagt die Rumkugel vergnügt, aber hörbar nach Luft japsend, als sie sich mit einem Seufzer des Genießens in einen der anderen Sessel plumpsen lässt, die hier draußen stehen.
„Das ist wahr! Es ist wunderschön. Diese Landschaft, die Dörfer mit ihren kleinen Straßen und Kirchlein. Wir lieben es auch“, entgegnen wir. Die Rumkugel, ihr hagerer Mann und Omma stimmen uns zu. Der Monsieur, von Natur aus reservierter, aber nicht unfreundlich, kramt eine Landkarte hervor, entknittert sie

geräuschvoll und macht uns auf einige besondere Plätze aufmerksam. Dabei hebt er die Abtei Jumièges besonders hervor. Wir tragen sie sofort ins Roadbook ein und bedanken uns für seinen Rat.
„Wie lange verbleiben Sie denn in Frankreich?“, fragt er.
„Das wissen wir nicht. Vier Wochen oder fünf oder sechs. Wir lassen uns treiben und bleiben dort, wo es uns gefällt. Wir fahren kreuz und quer“, antworten wir mit Hinweis auf unsere Quatrelle, die alle drei überhaupt nicht interessiert. Hier an der Domaine les Marronniers gefalle es uns besonders gut, es sei mehr als eine Übernachtungsmöglichkeit, sondern, verglichen mit vielen anderen Gîtes-Adressen, schon eine sehr besondere Herberge.
Die Belgier stimmen uns zu. Am gestrigen Nachmittag seien sie hier angekommen. Abends waren sie in der Nähe in einem Restaurant essen. Vier Gänge. Es sei ein wundervoller Tagesabschluss gewesen. Und am Morgen hätten sie sich sehr über das Frühstück gefreut, das Madame Delannoy ihnen geboten habe. Es sei eines der besten Frühstücke, die sie in Frankreich jemals genossen hätten.
„Oh, dann können wir uns ja auf morgen früh freuen“, entgegnen wir und fragen, wo die drei denn gerade gewesen seien.
„Am Mittag waren wir essen in einem Restaurant und haben es uns gutgehen lassen. Dann sind wir im Jardin du Pays d'Auge gewesen. Danach waren wir in einem Café. Die hatten wundervolle Kuchen, nicht wahr?“ Die runde Madame schaut ihre Mutter an. Die hat bislang nicht viel gesagt, taut aber langsam auf.
„Wissen Sie“, sagt sie, „zum Entdecken gehört es dazu, die leckeren Seiten einer Region kennenzulernen.“ Von Kirchen, Klöstern und Landschaften allein, so schön sie auch sein mögen, werde man nicht satt. Die Seele eines Landstrichs lasse sich am besten über den Gaumen erspüren. Können wir bestätigen, allerdings hatten wir an diesem Tag bereits ein Drei-Gänge-Menü und zum Frühstück und zweiten Frühstück während der Autofahrt, die an der Grenze zwischen Bretagne und Normandie begonnen hatte, diverse Sandwichs, die in Frankreich nichts anderes als mit Käse, Schinken und Ei belegte Baguettes sind, Croissants und Törtchen vertilgt. Das Abendessen können wir locker ausfallen lassen, um den Bäuchen eine Teil-Reha zu ermöglichen. Nach einer Weile schnappt sich Omma den Rollator und dackelt in ihr Zimmer. Als sie die Tür hinter sich schließt, erklärt die Kugelmadame schnell mal die Familienverhältnisse.
„Meine Mutter kann nicht mehr so gut die Treppen gehen. Deshalb haben wir oben ein Zimmer und sie hier unten. Sie wird ja in zwei Jahren auch hundert!“

Hundert Jahre! Wir können es kaum fassen und freuen uns darüber, dass es noch Rock 'n' Roller gibt, denen das Alter vollkommen egal ist. Eigentlich gehen wir davon aus, dass sich die greise Dame nun auf das Zubettgehen vorbereitet, nach einem anstrengenden Tag. Das haben wir auch vor, so in ein, zwei Stunden. Noch duschen, Zähne putzen, ein bisschen lesen und bonne nuit allerseits. Auch der Koloss von Belgien erhebt sich mühsam aus dem Gestühl, gefolgt vom Ehegatten, der seiner Frau die Handtasche reicht, und verabschiedet sich freundlich. „Dann bis morgen früh."

„Ja, bis dann. Salut!"

Die beiden schreiten die außen am Haus verlaufende Holztreppe hinauf ins Zimmer. Es vergeht etwa eine Stunde, bis sie wieder herauskommen und die Stufen hinabsteigen. Was ist denn nun los?

„So, dann wollen wir mal."

Der Mann klopft an der Zimmertür seiner Schwiegermutter. Sie öffnet ihm und gleitet in frischer Garderobe mit dem Rollator heraus! Die Kugel wartet schon und fragt uns, wo wir denn an diesem Abend essen gehen, ohne wirklich eine Antwort abzuwarten. Unten im Ort gebe es ein schnuckeliges Restaurant, da wolle man jetzt hinfahren. Man habe einen Tisch reserviert. Auf Deutsch wirft sie uns ein freundliches „Bis morgen dann, ich freue mich, Sie kennengelernt zu haben" entgegen und katapultiert sich zum Auto. Der Motor läuft bereits, das Schwiegermütterchen sitzt schon hinten drin, der Rollator ist im Kofferraum verstaut, und als der Wagen vom Hof fährt, wird die gehäkelte Klopapierrolle auf der Hutablage vor unseren Augen immer kleiner.

R4-Fahrer lieben Zimmer mit Aussicht ... auf ihr Schätzchen.

Wir schämen uns. Was sind wir für Versager! So ein lächerliches Drei-Gänge-Menü müsste doch noch Platz haben dort unten in unseren Bäuchen. Aber wir fahren nicht mehr los, wir bleiben heute Abend hier und schlafen im Beisein von Gegacker, das durch das geöffnete Fenster dringt, noch vor halb elf Uhr ein. Die Belgier sind noch nicht zurück.

Am nächsten Morgen wird uns bewusst, dass es dort draußen auch einen Hahn gibt und der das auch deutlich macht. Wenigstens ist das Tier besucherfreundlich, die Zeit noch halbwegs zivil.
Die Belgier, die gestern Abend gegen Viertel nach elf von der Lukullerei zurückkehrten, haben nicht zu viel versprochen. Das Frühstück, von Madame Delannoy reizend zubereitet, ist exzellent. Da sind die selbst gemachten Marmeladen, der frisch gepresste Orangensaft, die kleinen Schoko-Croissants, die Baguette mit knackiger Kruste und tuffigem Innenleben, der frisch gebrühte Kaffee – und bevor nun die Raupen aus der Wallonie in all diese Köstlichkeiten eine Schneise futtern, laben wir uns daran und loben die Gastgeberin. Das Frühstück im Glasanbau zwischen Privathaus der Familie und Gästetrakt ist ausgesprochen üppig und appetitlich hergerichtet. Vor der Glaswand wabert der Morgennebel; schemenhaft sind die Hühner zu erkennen, die auf dem Kies scharren und picken, die Erdbeeren auf dem Teller flehen uns an, sofort verspeist zu werden – hach, herrlich! Warum haben wir eigentlich nie ernsthaft darüber nachgedacht, ebenfalls so eine gastliche Herberge zu betreiben …? Vielleicht, weil man dann auch den Hühnerstall ausmisten und die Betten machen müsste. Und ob uns die Erdbeeren dann auch noch so anlachen würden, wer weiß. Jedenfalls fällt uns ein, dass wir schon vor vielen Jahren einmal in Cambremer übernachtet hatten.

Abends kehren die Hühner heim …

„Sagen Sie bloß, dass Sie bei Madame und Monsieur Saxus waren?“, fragt Madame Delannoy.
„Ja, das waren wir! Wir hatten ein Zimmer gesucht – und bei den Saxus' gefunden“, antworten wir.

„Die waren sehr nett. Ihr Chambre d'hôte galt als eines der besten", sagt Christine Delannoy, die offensichtlich jetzt selbst eines der besten betreibt. Erinnerungen werden wach. Annie und Roger Saxus, so hieß das Ehepaar, hatten mit ihrem „Les Coutures" eine hinreißende Adresse für Reisende. Umgeben von einem großen Garten am Rand der Ortschaft boten sie in ihrem Haus ein Zimmer, fernab von jedem Verkehrslärm, und morgens wurde ein Frühstück kredenzt, unter dem sich der Holztisch bog, auf dem wie selbstverständlich auch eine Vase mit frisch geschnittenen Blumen stand. Die Zeit ist vorangeschritten, sie hat Haken geschlagen, das Chambre d'hôte „Les Coutures" ist Vergangenheit. Dass wir aber zusammen mit Christine Delannoy jetzt an Annie und Roger Saxus denken, ist reizend. Ein kleiner, von Melancholie durchzogener Augenblick, an einem fröhlichen Mittwochmorgen.
„Noch Kaffee?"
„Gerne!"

Da rauscht auch schon die Trilogie der Leckerschmecker ein, zwei rollen, einer geht. Keiner sieht aus, als hätte er nicht gut geschlafen. Wollüstig ergießen sich ihre Blicke über die gedeckte Frühstückstafel. Die Bäuche müssten eigentlich noch voll sein, doch es besteht kein Zweifel daran, dass diese Genießerbande sich darauf freut, auf der Stelle kalorienreich in den Tag zu starten. Von fast hundert Jahren keine Spur: Mit rosigen Bäckchen erobert auch die betagte Dame zielorientiert den Frühstücksraum in sehr adrettem Zustand. Während wir noch etwas müde dreinblicken, machen die drei Belgier einen fidelen Eindruck.
„Guten Morgen", erschallt ihr herzlicher Gruß.
„Bonjour à vous trois." Mensch, unser Französisch flutscht uns von den Lippen. Wir fragen, wie denn das Essen gestern Abend gewesen sei.
„Ganz vorzüglich. Wir hatten Entenbrust in Calvadoscreme. Vorher gab's einen Salat, aber das Finale, das war wirklich großartig: Crème brûlée – und nicht zu wenig!"
Unsere Augen quellen über. Wir stellen uns vor, gestern Abend noch mit den Belgiern mitgefahren zu sein, einfach so, der netten Bekanntschaft wegen. Wir hätten versagt. Wir hätten zugeben müssen, dass nichts mehr reinpasst in die Futterluke. Wir wären vor Scham im Boden versunken, direkt dort, wo der Rollator thront wie ein Wägelchen, das vor allem dazu da ist, wie auf Schienen von einem Tischleindeckdich zum nächsten zu gelangen. Es wäre ein peinlicher Abend für uns Hungerhaken geworden. Gut, dass wir wenigstens heute Morgen schon mal ein paar Löcher ins petit déjeuner gefuttert haben. Man will ja nicht als Kostverächter gelten. Es dauert aber nicht lange, da kommt die Gastgeberin schon mit Nachschub,

und der belgische Ausnahmezustand bleibt erhalten. Soweit wir das überblicken können, gibt es nach der wallonischen Tischübernahme weder bei den Croissants noch beim Baguette, der Butter, den Marmeladen und den Erdbeeren Überlebendes, und weil das Mittagessen ja noch eine halbe Ewigkeit entfernt ist, langt auch die alte Dame kräftig zu. Was mal wieder der Beweis dafür ist, dass regelmäßige Fahrten durch Frankreich mitsamt der Verköstigung ganz klar lebensverlängernde und lebensbejahende Maßnahmen sind. Gibt's noch ein Stückchen vom Baguette? Nein? Gut, dann ziehen wir uns zurück und wünschen einen gesegneten Appetit, woran wohl ohnehin nicht zu zweifeln wäre.

Der Mähroboter hat seine Arbeit fast lautlos wieder aufgenommen und wird von den Hühnern umsäumt. Wir haben die Taschen gepackt und ins Auto geladen. Abfahrt von einem Hügel, einem „colline", wie es im Französischen heißt, vielleicht die schönste Erhebung im Pays d'Auge, die Genussvollste auf jeden Fall. Wir winken den Belgiern zum Abschied durch die großen Fenster des Frühstücksraumes zu und starten den Motor der Quatrelle. Ob Christine Delannoy nach wie vor noch davon ausgeht, dass es sich um eine Deux Chevaux handelt, wissen wir nicht, aber wir wissen, dass wir zur Domaine les Marronniers eines Tages zurückkehren werden. Wir fahren vom Hof, wieder knirscht der Kies unter den Reifen. Kies, immer wieder Kies, vor Burgen, Schlössern und auf privaten Anwesen. Es ist hier manchmal ein bisschen wie bei den Cottages im Süden Englands, wo man lieber die Auffahrt mit Steinchen versieht, durch die der Regen sickern kann, anstatt alles zuzupflastern. Wenn wir wieder zu Hause sind in Deutschland, wollen wir Kies haben. Kies vor der Garageneinfahrt, denn das Geräusch klingt wie die Musik des Aufbruchs und ist gleichzeitig eine Partitur des Ankommens. Was hatten die Belgier gestern Abend noch gesagt? „Fahren Sie zur Abtei Jumièges, die ist wirklich großartig." Dann werden wir das jetzt tun.

Die D101 ist wie ein grüner Tunnel. Es sind verschlungene Wege, die wir an diesem Morgen fahren. Die Abbaye Le Val Richer ist nicht öffentlich, aber die Landschaft, in der sie liegt, ist ja schon schön genug, um am Ensemble von Natur und Bebauung Gefallen zu finden. Wir fahren Straßen, die nur Wege sind und für Caravaner kein Vergnügen sein dürften. Sie haben keinen Mittelstreifen, sind schmal und steigen manchmal in engen Kurven steil an, sodass die Quatrelle es gerade so im zweiten Gang hinaufschafft. Schnell geht es dann nicht voran, aber doch kraftvoll und in einem Tempo, das es uns ermöglicht, die Eindrücke langsam fließend in uns aufzunehmen. Wir erreichen Bonnebosq. Der Coiffeur hat gerade sein Geschäft eröffnet, stellt Blumen nach draußen und spannt einen Sonnenschirm auf. Und

Die schönste Ruine Frankreichs

Der französische Schriftsteller Victor Hugo sprach von der „schönsten Ruine Frankreichs", als er die Abbaye de Jumièges zum ersten Mal in Augenschein nahm. Übertrieben scheint sein Urteil nicht, denn was Kriege, Menschen und Zeiten von der einst riesigen Abtei, die im Jahr 654 gegründet worden war und in ihrer Blütezeit im 11. und 12. Jahrhundert neunhundert Mönchen und über eintausend Laienbrüdern eine Heimat gab, übrig geblieben ist, vermag Entdecker von der ersten Minute an auf eine intensive Zeitreise schicken zu können. Ob Kloster oder Kreuzgang, Petruskirche oder Park: Hier atmet die Geschichte auf sehr besondere Weise. Und kaum ein Herz, das nicht berührt ist vom Schicksal des Klosters, das bei einer öffentlichen Versteigerung im Jahr 1793 an einen Holzhändler ging, der die Anlage als Steinbruch nutzte ... (Info: abbayedejumieges.fr)

keine Straße, an der nicht wenigstens eine glückliche Seele mit Baguette und Zeitung unter der Achsel geklemmt ihres Weges geht. Von dieser friedlichen Morgenstimmung laden wir ein Stückchen auf die Rückbank; soll sie mit uns fahren und uns durch diesen Tag begleiten. Hinter Bonnebosq kriegt der Renault Flügel. Einige D-Straßen weiter fliegt er dem Ortseingangsschild von Pont-l'Évêque entgegen, und wir würden jede Wette eingehen, dass der belgische Dreierpack hier gewesen ist, hier, wo eine der berühmtesten Käsespezialitäten ihren Ursprung hat und den Namen der Stadt weit über die französischen Grenzen in andere europäische Gefilde trägt. Der Pont-l'Évêque gilt als eine der ältesten normannischen Käsesorten und wurde bereits im 17. Jahrhundert hergestellt und hoch gehandelt. Kuhmilch ist seine Basis, die quadratische Form typisch. So schmackhaft dieser Laib auch ist, so schön die zahlreichen Fachwerkhäuser auch sind, so rein die Wasser am Brunnen auf der Place du Tribunal auch plätschern, ist doch eine Sache nicht von der Hand zu weisen: dass Pont-l'Évêque ein Verkehrsproblem hat. Stau auf der Ortsdurchfahrt kommt öfter vor, als den Einwohnern lieb sein muss. Aber es gibt auch Staus, die künden von Gutem. Warum ist dort drüben vor der Bäckerei eine Menschenschlange? Merke: Diese Frage darf nie unbeantwortet bleiben in der Nation voller Törtchen und Tartes.

„Bitte nehmen Sie die Fähre." Welche Fähre? – In Zeiten digitaler Navigation kann das Lesen und Deuten von Zeichen in Straßenkarten mitunter zu seltsamen Erfahrungen führen. Diese ist eine davon. Die D147 führte uns bei Heurteauville ans Ufer der Seine, wo wir eine Brücke erwartet hatten. Eine Brücke gibt es aber nicht.

Schönste Ruine Frankreichs: Jumièges

Jetzt stehen wir am Fluss und werden vom Fährmann angelockt, der sein Nebelhorn erschallen lässt. Wild gestikuliert der Helfer an Bord der „Bac de Jumièges", wir sollen zügig Gas geben und an Deck fahren. Die Fähre legt bereits ab, die Türme der vielleicht schönsten Abtei-Ruine der Normandie leuchten vom anderen Ufer herüber. Mit Karacho donnert der R4 auf das Schiff, die Hinterreifen schon im Wasser. Gerade noch so geschafft! Die Kunst dabei ist es, ganz ohne Bremskraftverstärker so in die Eisen zu gehen, dass man nicht auf der anderen Seite wieder runterfährt und in den Strom plumpst. Die Überfahrt dauert keine vier Minuten und kostet nichts; das Schiff ist Teil der D147, die direkt auf das Juwel der normannischen Abteien führt: Abbaye de Jumièges – ein magischer Ort. Das Wahrzeichen der Abtei sind ihre 47 Meter hohen Doppeltürme. Die Kathedrale Notre-Dame beziehungsweise das, was von ihr noch übrig ist, misst eine Länge von 120 Metern. Die Abtei, im siebten Jahrhundert vom heiligen Philibert gegründet, war eines der größten Klöster Frankreichs. Hier lebten zeitweise über neunhundert Mönche mit mehr als 1500 Bediensteten. Aus den Überresten, die nur einen geringen Teil der ehemals riesigen Anlage darstellen, lässt sich der mächtige Bau erahnen. Die Hugenottenkriege im 16. Jahrhundert führten aber zur Zerstörung der Anlage. Und als wenn das nicht schon genug wäre, geriet Jumièges im Jahr 1793 in den Besitz eines Holzhändlers aus Canteleu, der den sakralen Bau als Steinbruch nutzte und die Kuppel in die Luft sprengte. Depp.

Das wallonische Trio Leckerschmeck hatte aber nicht zu viel versprochen. Die Abtei von Jumièges ist weit mehr als ein Pinselstrich in der Reiseskizze eines Touristen. Inmitten eines großen Parks lässt der alte Stein Träumereien aufsteigen von Mönchen, Rittern, Burgfrolleins, Frieden und Kriegen, Pest und Dekadenz. Hier kann man den Tag verbringen, es gibt verschlungene Wege, prächtige Ausblicke und eine Galerie in einem alten Herrenhaus am Rande des Geländes mit moderner Kunst. Im Zentrum des ehemaligen Kreuzgangs wächst eine über fünfhundert Jahre alte Eibe. Fest verwurzelt an diesem Standort wirkt sie wie eine Verbindung zwischen früher und heute. Die Sprengung der Kuppel hat sie miterlebt wie auch das Morden und Steinebrechen – aber sie steht stolz wie ein Symbol des Lebens inmitten dieser Ruine. Und das ist mindestens eine Schweigeminute wert.

Wir verfahren uns. Wir finden das Paradies. Wir flüchten aus dem Souvenirshop.

Es gibt Orte, die viel zu hübsch sind, um ihnen zu widerstehen. Das sehen alle so, die jemals dort gewesen sind. Sie sprechen von einem „absolut echten Geheimtipp" und erzählen jedem davon, ob er es nun hören will oder nicht. Sie sind ganz verliebt in ihre eigenen Worte, sie weiden sich an jeder Silbe, sie schlachten jede Sekunde aus, die sie dort verbracht haben, dort, wo andere noch nie gewesen sind, weil es ja ein Geheimtipp ist. Bloß: Die anderen fahren dann auch dorthin, um dieses Gesamtkunstwerk in Augenschein zu nehmen, und sie wollen unbedingt vor ihren Nachbarn dort sein, um nach der Rückkehr vor ihnen zu prahlen. Danach brechen die Nachbarn auf, schließlich deren Schwippschwager, Arbeitskollegen und was sonst noch zwei Beine oder einen Rollator hat. Mit Beuvron-en-Auge ist das auch so. Ob es überhaupt einen Frankreich-Reiseführer gibt, in dem es jetzt nicht genannt wird, ist unwahrscheinlich. Beuvron-en-Auge ist eine Touristenfalle. Das liegt an der Komposition des normannischen Vorzeigedorfes mit seinen gut erhaltenen Fachwerkhäusern aus dem 17. und 18. Jahrhundert. Es gibt Reisende (und nicht wenige), die, geradezu beseelt vom Anblick der „Maisons à colombages", bei Beuvron-en-Auge vom schönsten aller Dörfer Frankreichs sprechen. Die noch nicht da waren – und das können eigentlich nicht mehr so viele sein – lauschen den Beschreibungen, ziehen die Augenbrauen hoch, stützen ihr Kinn in Denkerpose auf Zeigefinger und Daumen, blicken verträumt ins Nirgendwo und wünschen sich direkt nach Beuvron-en-Auge. Das ist nachvollziehbar. Da ist der alte Marktplatz mit der Markthalle, die 1975 restauriert wurde und von staunenswerter Architektur ist. Da sind die Fachwerkhäuser, fast schon zu schön, um wahr zu sein, restauriert und fein gemacht vor allem für Gäste und Besucher, denn Einwohner gibt's hier nicht mehr so viele, nicht mal mehr zweihundert, alles wirkt wie ein Freilichtmuseum. Dafür gibt es aber viele Verkäufer und Bedienungen, Servicekräfte und Knöllchenschreiber. In manchen dieser Gebäude wird noch traditionelles Handwerk gezeigt, in anderen gibt es kleine Boutiquen, die Souvenirs verkaufen, damit man den wenigen, die noch nicht hier waren, auch mal einen schönen Gedenkteller mitbringen kann. Cafés und Restaurants laden blumengeschmückt zum Verweilen ein, und dass mit Saint-Martin auch dieses Dorf eine Kirche hat, dürfte klar sein. Eine schöne sogar. Nicht groß. Nichts ist wirklich groß in Beuvron-en-Auge. Selbst das Herrenhaus im Fachwerkstil des 15. Jahrhunderts steht nicht wie ein Koloss in der Gegend herum, und auch die alte Herberge Boule d'Or aus dem 18. Jahrhundert passt sich perfekt in dieses normannische Gesamtkunstwerk ein. Die schnuckelige Pracht, diese verspielte Seele, die aus kleinen, unterteilten Fenstern blickt, die als Augen aus schmucken Fassaden schauen und unter denen ab Mai bis in den goldenen Oktober hinein Pelargonien aus Blumenkästen blühen, ist magnetisch. Und überhaupt, diese Fassaden: Fachwerk, irres Fachwerk und Natursteinsockel, dazwischen Wände aus rotem Klinker oder mit Schieferplatten versehen. Ansichtskartenkulisse, und man darf davon ausgehen, dass strenge Augen darüber wachen, dass dieser Touristentraum auch erhalten bleibt. Das Schicksal, in Schönheit erstarrt zu sein, teilt Beuvron-en-Auge durchaus mit vielen Touristenmagneten.

Alle Wege führen nach Rom, heißt es. Mit Beuvron-en-Auge ist das anders. Nach Beuvron-en-Auge führt die D49, die sich durch das Dorf schlängelt. Vorne rein, hinten raus und umgekehrt. Es ist die einzige Hauptstraße hier, die ganze Schönheit von Beuvron-en-Auge steht links und rechts dieser einen Straße. Abseits davon gibt's nicht viel zu betrachten. Aber das spielt keine Rolle, man sollte sie mal gesehen haben, die vermeintliche Perle im Pays d'Auge, die deshalb kein Geheimtipp mehr ist, weil sie so ziemlich jeder Reisende, der hier eine Rast einlegt, als Geheimtipp einem anderen mit auf den Weg gibt. Mit Frittenbuden funktioniert das in Deutschland genauso; es gibt welche, die sind hinter vorgehaltener Hand zu Sterneküchen stilisiert worden, und irgendwann kommt dann der Tag, an dem man eine halbe Stunde in der Schlange stehen muss, nur für Currywurst mit Kartoffelstreifen, weil alle diesen Geheimtipp kennen. Alle. Die ganze Welt. Es dauert nicht lange, bis die ersten grünen Männchen mit dem Raumgleiter einparken, zum Gruße die Hand zur Pommesgabel formen, sofern sie zwei Finger hat, was bei grünen Männchen ja nicht selbstverständlich ist, und ein Handwerker-Frühstück rot-weiß bestellen. Das Seltsame an einem Geheimtipp ist, das jeder glaubt, kein anderer würde ihn kennen. Aber das will man vorher nicht wissen und fährt mit großer Erwartung hin. Oder versucht es zumindest. Bei Beuvron-en-Auge ist es uns nicht gelungen. Nach Straßenkarte zu fahren, birgt seine Risiken. Natürlich hätten wir B e u v r o n ins Navigationsgerät eingeben können, haben wir aber nicht – und kommen in Beaumont-en-Auge an.

Beuvron-en-Auge. Beaumont-en-Auge. – Da sitzen wir nun am Café des Arts, es regnet, und ums Eck gibt's einen Laden, der launigerweise „Après la pluie" heißt: nach dem Regen. Der Himmel schüttet sich vor Lachen über zwei Honks aus, die nach Beuvron wollten und in Beaumont angekommen sind. Nach Nantes fahren zu wollen und in Nancy zu landen, wäre schlimmer; dennoch sitzen wir im wahren Wortsinn bedröppelt vor der Tasse Kaffee und schauen den Tropfen dabei zu, wie sie auf der Fensterscheibe herunterlaufen. Die Quatrelle stört es nicht, der ist es egal, wo sie ankommt. Solange sie auf D-Straßen unterwegs ist und nicht auf Autobahnen im Duell mit Lastkraftwagen und Reisebussen als Dauerverlierer Trübsal aus den Ventilen bläst, fühlt sie sich wohl, ob nun in Beuvron oder in Beaumont. Jetzt eben in Beaumont, das genau genommen auch nicht weniger schön ist. Die Mairie an der Rue du Paradis ist ein feines Klinkergebäude, und die Kirche Saint-Sauveur, seit 1975 als „Monument historique" ausgewiesen, ist eine gotische Göttin. Fassaden im normannischen Mantel des 17. Jahrhunderts gibt es hier auch, und der Blick ins Land ist ungleich schöner als in Beuvron-en-Auge, dort ist es nur platt. Wer das vorher weiß und sich zu entscheiden hat, wird Beaumont womöglich als lohnenswerteres Reiseziel ausmachen und Beuvron links liegen lassen. Oder rechts, es kommt ja darauf an, aus welcher Richtung man hineinrauscht. Jedenfalls: Während die überschätzte Touristenperle in Teilen wirkt wie eine Filmkulisse, kann man in Beaumont-en-Auge mit der Authentizität eines echten Dorfes im Département Calvados rechnen. Gerechnet hat hier auch Pierre-Simon Marquis de Laplace, der 1749 in einem dieser Häuser zur Welt kam, um ein berühmter Mathematiker, Physiker und Astronom zu werden, der sich zeit seines Lebens mit der Wahrscheinlichkeitstheorie und Differentialgleichungen beschäftigte. Sein berühmtestes Werk ist eine Abhandlung über die Himmelsmechanik in mehreren Bänden, worin er rechnerisch die Stabilität der Planetenbahnen unter Beweis stellt. Das Sonnensystem ist nicht kollidiert, die Existenz von Schwarzen Löchern auch dank Laplace anerkannt, und wenngleich diese Reise mit der TL Savane weder in den Weltenraum noch nach Paris führen wird, sei dennoch darauf hingewiesen, dass dieser herausragende Sohn Beaumonts zu den 72 Wissenschaftlern und Berühmtheiten gehört, deren Namen auf dem Eiffelturm verewigt worden sind. In seinem Heimatdorf ist eine Straße nach ihm benannt, auf dem Mond verschiedene Oberflächenstrukturen, in den Weiten des Weltalls ein Asteorid und im französischen Teil der Antarktis eine Insel, die Île Laplace. Die meisten dieser Ziele sind mit einer Quatrelle nicht zu erreichen, uns reicht aber auch die Straße in Beaumont, weil hier komprimiert auf einem lächerlichen Kilometer mehr Schönheit zu finden ist als an allen anderen Plätzen, die an Laplace erinnern. Wir denken noch einmal kurz über die Wahrscheinlichkeitstheorie nach, zum Beispiel wie wahrscheinlich es gewesen wäre, in Beuvron statt Beaumont zu landen, und dann geben wir auf der D58 ruhigen Fußes Gas, um den momentanen Durchschnittsverbrauch von 5,8 Litern zu halten. Einen Durchschnittsverbrauch auszurechnen ist einfach, dafür muss man kein Mathematiker sein. Simpler Dreisatz, den kaum jemand mehr anwendet, weil ein Bordcomputer das erledigt. Nicht so im R4: alles Kopfarbeit.

Nehmen wir Fahrt auf. Die D58, auf der wir gekommen waren, räkelt sich schäbig vor dem Kühlergrill. Sie mündet in einen Kreisel. Früher oder später tun das in

Frankreich erfreulich viele Straßen. Wo deutsche Verkehrsplaner eine Ampel aufstellen, bauen Franzosen einen Kreisel und zaubern im Zentrum des Geschehens im besten Fall einen kleinen botanischen Garten mit Prachtstauden, Ziergehölzen und einjährigen Sommerblumen. Es gibt Regionen, in denen stehen Weinreben in der Mitte und lassen auf Anbaugebiete und Appellationen (die Appellation d'Origine Contrôlée ist eine Herkunftsbezeichnung für landwirtschaftliche Produkte wie Wein, Käse, Champagner – sozusagen ein Gütesiegel) schließen. Wenn in diesem Kreisel, der D58, 16 und 675 zusammenführt, einige Apfelbäume stünden, wäre das sehr passend, denn immerhin sind wir (noch immer) im Département Calvados, und das hochprozentuale Stöffchen wird bekanntlich hier gebrannt. Nun gießt es auch noch wie aus Eimern, und die kleinen Scheibenwischer haben Mühe, die Wassermengen zu bewältigen. Da taucht auf der anderen Straßenseite, durch einen Wasserschleier schemenhaft zu erkennen, das Paradies auf! Nicht einen Tropfen Calvados haben wir intus – aber wir sehen Dutzende Renault-4-Modelle, Fourgonnettes und Enten, die vor sich hindösen. Sie sind rostig, sie sind schmutzig, sie sind in jämmerlichem Zustand – und sie sind wunderschön! Das Oldtimerparadies. Es hat geschlossen. Ausgerechnet. Die Firma Carrosserie BL Auto Retro weiß wohl, warum sie ihr Gelände eingezäunt hat und vor dem Hund warnt. Wer die beiden Volksautos der Franzosen in all ihren Varianten liebt, würde hier gerne über den Zaun springen und sich in aller Ruhe umschauen, aber mit einem bissigen Köter an der Wade macht das keine Freude, bei Regen schon mal gar nicht. Wir stehen leider nur vor dem mannshohen Zaun und nicht dahinter, blicken wie durch schwe-

R4-Paradies mit Enten bei Beaumont-en-Auge

dische Gardinen auf die Garnison der Schönen und Alten und wissen, dass unsere nächste Reise mit dem R4 wieder hierher führen muss. Klitschnass steigen wir in unsere Zeitmaschine und fahren nordwestwärts einem Himmel entgegen, der blaue Fetzen offenbart. Das ist ein gutes Zeichen, denn es ist hinlänglich bekannt, dass der R4 keinen Himmel mag, der die Schleusentore über Stunden geöffnet hält, als gäb's kein Morgen mehr. Nichts gegen einen kleinen Schauer, aber regnet es länger, kommt die Feuchtigkeit als Rinnsal durch, der ein Bach werden kann und im Fußraum einen See bildet. Kennt man ja von früher, wenn Vater oder Freund mit der Bohrmaschine anrückten, um ein Loch in die Bodengruppe zu trimmen, damit das Wasser, das über einen unerfindlichen Weg ins Wageninnere gefunden hatte, auch wieder ablaufen konnte. Der Trick war simpel, aber er funktionierte. Doch bislang hatten wir Glück, kein Rost, keine Löcher, und der graue Himmel reißt auf. Am Château der Ortschaft Fontaine-Henry perlen die letzten Tropfen von Lack und Scheiben. Dieses Renaissance-Schloss ist mehr als bemerkenswert, denn Schlösser dieser Größe, die eintausend Jahre lang im Familienbesitz bleiben, sind selten – die Namen der Familien änderten sich dennoch, weil das stolze Château immer auf Frauen übertragen wurde, niemals auf Männer. Wie eine Torte aus der Zuckerbäckerei liegt es hinter schmiedeeisernen Toren in dem kleinen Ort, weit und breit keine größere Stadt in Sicht. Damals musste man lange Strecken in der Kutsche zurücklegen, heute geht's schneller. Wie zu erfahren ist, kam es durch Vererbung in den Besitz der Familien Tilly, Harcourt, Morais, Boutier de Château d'Assy, Montécler, Marguerie, Carbonnel, Cornulier und Oilliamson. Da qualmt das Oberstübchen. Meyer und Steinemann finden sich in der Liste nicht, was insofern schade ist, als dass der gesamte Komplex mit Gotik, Flamboyantstil, Spätgotik und Renaissance sowie einer Gemäldesammlung, die während der Französischen Revolution zusammengetragen wurde, eine Art architektonisches Gedächtnis der Normandie und überhaupt einen unermesslichen Wert darstellt.

Durch den englischen Garten zu schreiten und auf das Schloss zu blicken, das so viel Geschichte in seinen Mauern beherbergt, ist inspirierend; man möchte zu gerne die Zeit kurz zurückdrehen und erfahren, was hier alles so geschah. Zudem ist die Küste, an denen die Alliierten Streitmächte 1944 anlandeten, um Europa von Nazi-Deutschland zu befreien, nicht mehr weit entfernt. Kein Granatenhagel und Bombardement ging auf die Fontaine-Henry nieder, und auch andere prachtvolle Bauten, Kirchen und Abteien, die unseren Weg mit der Quatrelle markieren, sind zum Glück unversehrt geblieben. Wer, wie wir, auf der D170 unterwegs ist, das aparte Dorf Reviers passiert und die Fassaden der alten Häuser, die so viel erzählen könnten, erblickt, wer von Courseulles-sur-Mer auf der D514 an der schicksalsumtosten Küste entlangfährt, mal mit dem Blick auf das Wasser des jadegrünen Ärmelkanals, mal mehr im Hinterland führend, der denkt unwillkürlich an das Leid, die Angst und die Befreiung der Menschen von damals, wenn er ein bisschen Grips in der Birne hat, „un peu de cervelle“, wie die Franzosen zu sagen pflegen. Jetzt gerade, da die D514 uns bis nach Arromanches-les-Bains gebracht hat und wir auf den Küstenabschnitt blicken, in dessen Wassern noch stumme Zeitzeugen des Krieges wie große tote Wale liegen, erzählt nur der böige Wind von einst. Es ist gar nicht schwer, ihm zuzuhören. Der sogenannte Atlantikwall wurde nie aus der Brandung geräumt; riesige Betonquader liegen vor der Küste, an der die Alliierten 1944 mit ihren Panzern auf den Strand fuhren. Am schönsten Küstenabschnitt, oberhalb von Arromanches, liegt eine Gedenkstätte mit großem Mahnmal, Blick in die Bucht und ebenso großem Parkplatz, der drei Euro pro Pkw kostet. Es ist windig, kalt, und ab und zu schütteln sich die Wolken aus. Das Wetter passt sich der Schwere der Szenerie perfekt an. Zuviel des Guten, wir flüchten in den Gedenkshop, der mehr ein Geschenkshop ist, aber das Beste daran sind die kostenfreien Toiletten.

Es ist skurril, dass es neben der Gedenkstätte einen Souvenirladen gibt. T-Shirts mit „D-Day“-Aufdruck sind mindestens so fragwürdig wie die nachgebauten Feldbecher und -stecher der Tausenden Soldaten, die für die „Opération Neptune“ ihr Leben aufs Spiel setzten. Mit Spielzeugsoldaten und Panzermodellen kann man die Westfront der Anti-Hitler-Koalition dann später am heimischen Gartenteich nachempfinden und freut sich über den D-Day-Magnetbutton an der Kühlschranktür. Dass aus dem Leid der Geschichte ein Geschäft der Gegenwart geworden ist, mag man verurteilen – es funktioniert trotzdem. Uns ist aber nicht nach Panzerpuzzle und Kriegsfahrzeuge-Quartett. Unter Panzerrasseln und Artilleriegefechtslärm, der aus dem integrierten Kinosaal herüberweht, betrachten wir mit leichtem Grusel die dargebotenen Kriegsdevotionalien und flüchten ohne Beute zurück zum Parkplatz. Wir verfolgen weiterhin den D-Straßen-Day und katapultieren die Quatrelle auf die D514, legen gewissermaßen noch zwei drauf und landen auf der D516, die bis zur ruhmreichen Stadt Bayeux führt, wo ein 68 Meter langer Teppich die Geschichte von Wilhelm dem Eroberer erzählt, der hier William heißt. Auch keine friedvolle Angelegenheit, aber Lanzen, Morgenstern-Skatspiele und Schwerterposter gibt es hier nicht. Hier geht es allein um die Tat und was damals geschah, als der Normannenherzog England eroberte und im Jahre 1066 die blutige Schlacht von Hastings für sich entscheiden konnte. 58 Einzelszenen sind in den gewebten Teppich gestickt worden, der als eines der bemerkenswertesten Bilddenkmäler des Hochmittelalters gilt und dementsprechend schon weit über neunhundert Jahre alt

Rosa Zeiten im „Les Volets Roses" von Agathe und Sophie

ist. Die Sieger von damals haben bis heute das Original des erstaunlichen Läufers und bauten ihm zu Ehren in den Achtzigerjahren des 20. Jahrhunderts ihr Centre Guillaume le Conquérant mitten in der schönen Altstadt von Bayeux, während die Besiegten im Stadtmuseum von Reading in der Grafschaft Berkshire auf der anderen Seite des Ärmelkanals mit einer originalgetreuen Kopie des Teppichs von Bayeux vorliebnehmen müssen, die im 19. Jahrhundert entstanden ist. Hätten sie sich damals eben ein bisschen mehr ins Zeug legen müssen. Das Museum mit dem Teppich ist absolut sehenswert. Mit Audiogerät bewaffnet schreiten Besucher an diesem Kunstwerk entlang. Der Raum ist dunkel, nur der Teppich unter Glas ist erleuchtet, und während wir uns die einzelnen Szenen erklären lassen, tauchen wir tief in das Verständnis des 12. Jahrhunderts ein. Mit Audioguide in deutscher Sprache die aufgestickte Geschichte von Krieg, Verrat und Macht zu verstehen, ist kein Problem. In französischer Sprache wären wir vermutlich schon bei Teppichmotiv sechs bis acht ausgestiegen.

Es ist Mittagszeit. Agathe und Sophie empfangen ihre Gäste im „Les Volets Roses" an der Rue des Chanoines in einer Art Puppenstube. Agathe und Sophie – mit Nachnamen halten sich die beiden nicht erst auf – haben eine Art rosarotes

Schnabulier-Wohnzimmer geschaffen. Ein zauberhaftes Etablissement der leichten Küche mit goldig umrahmtem Porzellan, gestreiften bis karierten Tischdecken, Stühlen im Louis-quatorze-Stil und Lampen auf allen Tischen mit Schirmen, von denen keiner dem anderen gleicht. Selbst das Toilettenkabuff ist in Rosa gehalten; einladend hängt ein Negligé an der Türe. Herrlich verspielt und das krasse Gegenteil von dem Koloss, der schräg gegenüber steht: die Kathedrale von Bayeux. Sie steht wie ein Fels in einer Häuserbrandung, umspült von kleinen Geschäften und noch kleineren Straßen. Wobei auch hier Verspieltheit schon noch zu erkennen ist, vielfach sogar, nur eben in sehr massiver Form. Weitgehend gotisch präsentiert sich das Gotteshaus, und der frühromanische Stil schimmert hier und dort durch. Notre-Dame de Bayeux ist eines der bedeutendsten sakralen Bauwerke der Normandie. Ihr Vierungsturm ist knapp 95 Meter hoch, das Hauptschiff 23 Meter, die Westtürme etwa siebzig Meter. Die als dreischiffige Kreuzbasilika gebaute Kathedrale ist außerdem 96 Meter lang. Während die Ruhe in der Krypta außerordentlich ist, verwundert zumindest der Verkauf von Souvenirs in einem der Seitenschiffe. Hier werden allerlei Postkarten, Ketten, Steine und sanft blickende Maria-Statuen angeboten. Mittendrin, überwacht von einer streng blickenden Verkäuferin, fast zwischen Taufbecken und Beichtstuhl. Eigentlich ist das Ganze schon wieder lustig, eine weitere Kuriosität an diesem Reisetag. Es fehlen eigentlich nur noch Kühlschrankmagnete …

Herausragend: Hauptschiff der Kathedrale Notre-Dame de Bayeux

Wir tauchen ein. Wir trinken aus. Wir fahren hoch.

Das Glück in flüssig wird in der Auberge de l'Abbaye in Hambye aus Apfelsaft, Curaçao und Crémant gewonnen. Der „Apéritif maison" trägt die jadegrüne Robe des Wassers im Ärmelkanal mit dem Unterschied, dass der Ärmelkanal nur an sonnigen Tagen so aussieht – der Apéritif an jedem. Es ist ein Vergnügen zu sehen, wie sehr es Cyril Lebehot, dem Besitzer des Hotel-Restaurants, und seiner Frau Laëtitia Freude bereitet, diesen Cocktail ihren staunenden Gästen zu kredenzen. Vermutlich sind sie die einzigen Gastronomen in ganz Frankreich, die einen Crémant auf diese Weise verwenden und dabei durchaus das Risiko eingehen, von klassischen Schluckspechten der Majestätsbeleidigung des Prickelwassers beschuldigt zu werden. Das erste vorsichtige Nippen dürfte die stärksten Zweifler aber sehr schnell überzeugen. Die Lebehots erzählen nicht, wie lange sie getüftelt haben, um die richtige Mischung zu finden, entscheidend ist allein, dass sie sie gefunden haben. Jetzt stehen zwei Gläser jadegrünleuchtend mit einer Nuance bleue und von einem auf Schieferkarree angerichteten Amuse-bouche begleitet im Abendlicht des Restaurants.

Laëtitia und Cyril Lebehot

Der Apéritif ist die Spitze einer ausdrucksstarken, ideenreichen Küchenkultur in der Auberge de l'Abbaye, und es war schon ein Kindheitstraum Cyrils, diesem Gasthaus seinen eigenen Stempel aufzudrücken. Wo die D51 schon weit außerhalb des Dorfes über das Flüsschen Sienne führt und die friedvollen Ruinen der Abtei im grünen Tal schlummern, hatte Cyril Lebehot, ein waschechter Hambyon, 1997 als 16-Jähriger eine Ausbildung zum Koch begonnen. Gut vorbereitet auf die eigene Karriere verließ er die Auberge de l'Abbaye, arbeitete in den Folgejahren in Sterne tragenden Restaurants der Normandie, wo er schließlich seine heutige Frau Laëtitia kennenlernte. Das Gasthaus seines Heimatdorfes ließ ihn während dieser Wanderjahre nie los; der Kindheitstraum verblasste nicht, und so kehrte Cyril Lebehot zurück nach Hambye, zurück in sein Dorf. „2014 haben wir Einweihung gefeiert und wurden im Bib-Michelin-Führer vermerkt“, sagt er ein bisschen stolz. Zudem wurde er noch im selben Jahr zum Küchenchef des Jahres in der Manche gewählt. Der Stil des sympathischen, zurückhaltenden Küchenchefs ist deutlich geprägt von einer Auswahl saisonaler und lokaler Produkte. Gebratene Entenbrust mit rosa Beeren und saisonalem Gemüse. Gebratene Jakobsmuscheln mit Petersilienemulsion an Pastinakenpüree und Rübchen. Geschmorter Kalbsbries-Auflauf an Cidre aus La Meurdraquière, einem Dörfchen in der Manche. – Die Lebehots sind ein Paradebeispiel für die neue Gastronomiekultur in Frankreich: Sie führen ein traditionelles Gasthaus von der Geschichte über die Gegenwart in eine erfolgreiche Zukunft. Dazu wurden Restaurant und Küche 2015 saniert; zwei Jahre später folgte eine Erweiterung des Gebäudes mit Lounge und Kamin inklusive Blick auf das Weinkabinett, wo unter anderem fünfzig Jahre alter Cognac darauf wartet, geweckt zu werden. „Wir haben das gesamte Hotel umgebaut, damit sich die Menschen in dieser ruhigen Umgebung in der Nähe zur Abtei wie zu Hause fühlen“, sagt Cyril. Das ist definitiv gelungen: genau die richtige Mischung zwischen einem Interieur à la mode und den typischen grauen Steinquadern, aus denen das Hotel vor Jahrzehnten erbaut wurde. Beinahe jedoch hätten wir die Gelegenheit verpasst, diese Umgebung zu genießen, diesen Curaçao-Crémant zu trinken und in diesem stylishen, gemütlichen Gastraum zu dinieren. Kennt ja jeder Reisende, der mit dem Auto unterwegs ist: Man mäandert durch ein Geflecht aus Gassen und Straßen, spürt interessante Stätten am Wegesrand auf und vergisst dabei völlig, sich noch eine Unterkunft zu suchen, bevor die Sterne wandern. Das kann schon auch mal schiefgehen, so schief, dass urplötzlich der Wunsch nach einem Wurfzelt aufkeimt. Hier war das glücklicherweise genau umgekehrt; die Auberge de l'Abbaye in Hambye stellte sich gewissermaßen mitten in den Weg.

Es ist ein kühler Tag, grau in grau, dicke Wolken ziehen über das Land Richtung Meer, von wo wir vorhin gekommen waren. Wir hatten die Küstenlinie bewundert und uns zitternd von forschen Böen durchblasen lassen. Wieso haben wir eigentlich keine Winterjacken mitgenommen? Vielleicht weil es Frühling ist und man automatisch davon ausgeht, dass auch der Lenz diese Anforderung kennt. War nicht so, auch egal. Zum Glück funktioniert die Heizung im R4 ganz prächtig, was VW-Käfer-Fahrer, um mal wieder einen Vergleich zu einem der R4-Rivalen zu ziehen, niemals, aber auch wirklich niemals behaupten können. Auf der Suche nach einer etwas weniger kalten Attraktion stöberten wir in der Landkarte im Umkreis von fünfzig Kilometern. Wir erspähten die Abtei von Hambye und nahmen Kurs darauf. Abteien und Klöster sind jederzeit sehr willkommen; nirgendwo sonst blicken wir so intensiv in das Leben vergangener Jahrhunderte und dürfen uns außerdem ein wenig gruseln ob der fehlenden Feuerstellen in den Schlafräumen, der zugigen Gänge, der großen Hallen und der Latrinen, die noch ungemütlicher gewesen sein müssen als belgische Autobahnrastplatztoiletten. Die Abtei liegt im weiten Tal der Sienne, das Flüsschen schlängelt sich malerisch durch grüne Wiesen, und hinter dicken Eichen und Buchen sieht man einen Teil der Gebäude hervorlugen. Wie haben die Mönche diese immensen Steinmengen für das Kirchenschiff und die Anbauten in dieses abgelegene Tal heranschaffen können? Der Wind pfeift um die Mauern der Kirche, die meterhoch in den Himmel ragen, das Dach ist schon vor langer Zeit verschwunden, und die einzigen, die den morbiden Charme der Vergangenheit so richtig zu schätzen wissen, sind die Elstern, die sich im höhlenartigen Restgewölbe amüsieren.

Oben, wo die Vögel wohnen, möchte man sein, oben auf der Mauerkrone entlangspazieren, um in der schwindelerregenden Höhe auf den Zauber der Abtei von Hambye hinunterzublicken von den Steinen, an denen Moos und Flechten haften. Die Kraft dieses Ortes liegt tief in seiner Stille verborgen, die wie das Rauschen eines Wasserfalls unablässig von Weltlichem und Himmlischem erzählt, das ihm in den Jahrhunderten widerfahren ist. Eine Bank aus Eisen steht auf der Wiese vor den Überresten der Abteikirche, die dasselbe Schicksal ereilte wie vielen anderen Gotteshäusern: Auch ihr Schiff zerschellte während der Französischen Revolution an den Riffen der Gewalt und verkam zu einem Steinbruch. Guillaume Paynel hätte sich das nicht vorstellen können, als er im Jahre 1145 die Abbaye

Klosterland Basse-Normandie

Die Basse-Normandie ist voller Klöster und der Mont Saint-Michel nur die Krönung einer hochinteressanten Ansammlung noch intakter Abteien und solcher, die in Ruinen ruhen. Die Abbaye de Hambye gehört zu diesen heiligen Stätten Nordfrankreichs und ist nach dem Mont Saint-Michel das am besten erhaltene mittelalterliche Kloster dieses Landstrichs. Besondere Aufmerksamkeit gilt zudem der Abbaye de la Lucerne, deren schlicht und klar gehaltene Fenster einen ungewohnt freien Blick aus der Abteikirche in die Natur gewähren. Aulnay, Savigny, La Trappe oder Val-Richer – auf der Reise durch die Départements Calvados, Manche und Orne muss man nicht lange suchen, um himmlische Stätten zu finden. (Info: manchetourisme.com, aubergedelabbayehambye.com, normandie-tourisme.fr)

de Hambye gründete. Er war nicht Herrscher, aber Herr über die Flächen Hambyes und lotste Benediktinermönche in das Tal der flüsterleise fließenden Sienne, sodass die Abtei in der Mitte des 13. Jahrhunderts eine große Bedeutung erringen konnte. Was in vergleichsweise kurzer Zeit aufblühte, verwelkte langsam über fünfhundert Jahre bis zur religiösen Bedeutungslosigkeit. Während der Revolution zogen die letzten Mönche aus und das Kloster wurde verkauft. Die Fläche diente unter anderem der Landwirtschaft. Die große Kirche – sie wurde teilweise abgetragen, womöglich um Häuser und Scheunen zu bauen, Straßen, Wege, Einfriedungen, was auch immer. Stehen geblieben sind mächtige Säulen und hohe Mauern voller Würde, um die wir herumlustwandelten wie der Wind, der um sie weht, an manchen Tagen stärker, an anderen nur hauchzart. Intakte Bogen und Fensteröffnungen, geheimnisvolle Mauervorsprünge, gotische Elemente. Das Potenzial dieses Klosters ist groß, auch wenn die Kirche nichts weniger als eine Ruine geworden ist. Kapitelsaal, Skriptorium, Sprechzimmer, Sakristei und Küche sind vollständiger erhalten und restauriert worden, auch weil es Menschen gab und gibt, die dem Konvent ihren Segen auf sehr hilfreiche Weise gaben: mit Geld. In diesem Zusammenhang wird im Arrondissement Coutances, zu dem Hambye zählt, vor allem von der wohlhabenden Familie Beck gesprochen, die im 20. Jahrhundert Millionen investierte, um diese Abtei, die sie 1956 gekauft hatte, zu erhalten. Wenn man nun so sitzt und genießt, durch die Räume und Ruinenbereiche schlendert und über die umgebenden Wiesen auf Häuser und Ruine schaut, ist man den Becks unwillkürlich dankbar, ohne sie jemals kennengelernt zu haben. Noch heute befindet sich der gesamte Komplex, der 1925 unter Denkmalschutz gestellt worden war, im Besitz der Familie Beck.

Blick bis zum Himmel: Abbaye de Hambye

Wie in Jumièges. Wie in Hunaudaye. Auch in Hambye ist der Himmel zum Dach geworden. Das verleiht Ruinen eine besondere Nähe zu ihrer Umgebung. Es gibt so viele Orte dieser himmlischen Ruhe, und es ist völlig egal, ob es sich dabei einmal um eine stolze Burg oder ein Kloster gehandelt hat. Wir lieben sie alle. Wir lieben die Sonne, die ihre Steine zum Glühen bringen, und den Schatten, den sich die Festungen selbst werfen. Wir lieben die kleinen Souvenirshops, in denen es nach Seife duftet, das Wildkraut, das aus Fundamenten sprießt und den Sternenhimmel, der sich nachts über das Monument senkt. Wir sitzen gerne in Ruinen herum, schreiten sie ab, tänzeln auf Steinreihen und stellen uns vor, wie das Leben hier gewesen sein mag, als noch alles dort stand, wo jetzt nur Fragmente aus der Geschichte erzählen, als die Winter noch eiskalt und Toiletten Latrinen waren. Mit einer schon etwas zäh gewordenen Baguette auf einer Bank zu sitzen oder einer Picknickdecke, mit Käse und gesalzener Butter, das kann die Krone der Köstlichkeit sein nach einem langen Ritt in der Quatrelle, sonnendurchflutet und motorengeräuschdurchströmt, an einem Tag, an dem wir manche Straßen haben glühen lassen mit den schmalen 135ern und der bläulichen Qualmwolke aus dem dünnem Auspuff-Schlot. Ruinen sind die Häuser unserer Fantasie, und wer der Meinung ist, dass eine Ruine wie die andere sei, der sitzt einem Irrglauben auf. Jede ist auf ihre Weise fantastisch.

Als wir nach ausgiebigem Erkunden der weitläufigen Anlage nun auch wirklich jedem Stein bonjour gewünscht hatten, war es 16 Uhr geworden. Normalerweise schwingen wir uns zu dieser Zeit noch mal ins Auto und fahren weiter, weil schon nach der nächsten Kurve die nächste Sensation auf uns warten könnte. Heute aber nicht. Wir entdeckten das Hotel am Ende der Auffahrt der Abtei, und es sah genug einladend aus, um hierzubleiben – nach weichen Betten, guten Getränken, leckerem Essen. Und hauseigenem WLAN. Das Glück ist nun unser, denn wir erhielten das letzte Zimmer, ebenerdig und mit Stellplatz neben der separaten Eingangstür. Zehn Schritte vom Kofferraum bis zur Bettkante – geht nicht besser! Eingecheckt, wohlgefühlt. Nun haben wir im Restaurant des Hauses Platz genommen, perfekt umsorgt mit allerlei Leckerem und abgefüllt mit diesem Jadecrémant. Zeit, um schlafen zu gehen. Ein letzter, verliebter Blick auf die Quatrelle, und dann sinken wir in die Kissen; die Fußspitzen-Sehprobe machen wir besser nicht … Wir schlafen sozusagen im Schatten der Abbaye de Hambye und träumen von ihrer Würde und Schönheit, die so beschützend in einem Naturschutzgebiet gebettet liegt wie wir gerade in diesem ruhigen Zimmer der Auberge. Aber manchmal kommt es vor, dass auch ihre Ruhe durchschnitten wird von PS-starkem Motorengedröhn, also nicht von uns.

Beinahe beste Freunde: Renault 4 und Austin Healey 3000 Z

Denn in der Vorschlummerphase hören wir von Ferne das Geräusch eines sehr starken Motors, der sich rasch nähert; wir hören, wie er sich in die Kurven legt, rumorend und waghalsig. Die Straße führt am Hotel vorbei, wir könnten jetzt aufstehen und zum Fenster gehen, um nachzuschauen, welcher Bolid gleich PS-stark vorbeiflitzt. Aber er flitzt nicht vorbei, er bleibt stehen! Blubbernd und brodelnd hält er direkt vor dem Hotel und parkt dann mit Verve auf dem schmalen Hof vor unserer Zimmertür ein. Wir stehen senkrecht im Bett: Da steht doch unser R4, sozusagen auf einem Exklusivparkplatz!

Unverschämtheit, dort ist doch kaum Platz, nur noch ein schmaler Streifen. Was erlaubt sich denn der Rüpel? Wir hören das fremde Auto rangieren und überlegen, auf der Stelle hinauszustürzen und mit verschränkten Armen dem Rest-Parkmanöver zuzusehen. Aber wir können uns gerade noch davor bewahren, denn das macht ja auch einen miesen Eindruck, und falls die Insassen stärker sind als wir, stehen wir blöd da. Also: abwarten. Und tatsächlich hören wir nach kaum zwei Minuten entspanntes, sich entfernendes Plaudern, das im Dunkel des Abends verhallt. Als Ruhe eingekehrt ist, hält uns nichts mehr in den Federn; wir springen aus dem Bett in die Flip-Flops, öffnen die Tür und gehen hinaus auf den Hof. Da steht tatsächlich – zentimetergenau eingepasst in die winzige Parklücke – ein flacher, englischer Sportwagen, und übrigens auch ein Oldtimer. Rechtslenker. Breitreifen. Zwei Rallyestreifen, weiß, über die gesamte Fahrzeuglänge. Dass dieser rote Renner edel und teuer ist, erkennen wir auf Anhieb. Wer auch immer der Typ ist, dem das Auto gehört: Er hat Glück gehabt, weil wir kein anderes Fahrzeug so nahe neben der

Stuart (l.) und Simon aus Großbritannien fahren mit dem 3000 Z durch die Normandie.

Quatrelle geduldet hätten! Morgen früh prüfen wir die Sachlage, denn jetzt ist es zu diffus und düster, um ins Innere zu spähen.

Die Nacht war gut, der Morgen steigt aus kühlen Nebeln, und das Auto mit britischem Kennzeichen erweist sich als ein Austin Healey 3000 Z. Wie ein Museumsstück wird es nicht behandelt, aber geliebt wird er, der Renn-Austin, das sehen wir auf den ersten Blick. Später werden wir erfahren, dass es nur noch eine Handvoll identischer Fahrzeuge dieser Serie gibt, demnach durchaus ein Fall fürs Museum. Wer von den Gästen, die wir zum Frühstück im Restaurant treffen, gehört wohl zu diesem wertvollen Schmuckstück dort draußen? Zwei Tische weiter sitzt ein älteres Ehepaar, das sich angeregt in französischer Sprache unterhält. Die sind es nicht, aber vielleicht ja der einzelne Herr am Tisch auf der anderen Seite? Obwohl, der schaut recht griesgrämig. Kann so einer zu so einem Auto gehören oder rechnet er gerade im Kopf die Spritrechnungen zusammen? Dann gibt es noch eine junge englischsprachige Familie, aber der Wagen hat keinen Kindersitz. Bleiben noch die beiden Herren am Tisch gegenüber. Sie sehen zwar nicht so aus, als wenn sie in den flotten, flachen Zweisitzer hineinpassen würden – beide sind groß und kräftig und schieben einen Bauchansatz vor sich her –, aber sie unterhalten sich über Rockstars und Musik. Englische Sprachfetzen dringen zu uns herüber. Die könnten es sein, müssen aber nicht, denn womöglich schläft der gesuchte Healey-Fahrer noch selig, erschöpft vom ungewohnten Rechtsverkehr. Wir kommen mit diesem Rätsel nicht weiter, räumen das Zimmer und zahlen die Rechnung, als die beiden coolen Typen aus dem Frühstücksraum kommen und an der Rezeption vorbei in ihr Zimmer gehen wollen. Jetzt gilt's:

„Are you the gentlemen with the red racing car?"

Wow, nach all dem Französischen klingt unser Englisch gar nicht übel.

„Yes, indeed! So ist es", bestätigen die beiden, die wie Ex-Radiomoderatoren der ersten BBC-Popshow in den Sechzigerjahren aussehen. Wir geben uns als Besitzer des Nachbarautos zu erkennen und verabreden uns umgehend zum Small Talk bei den Blechgesellen.

Neue Menschen kennenzulernen hat etwas von einer Wundertüte. Wird man gleich eine sich endlos dahinziehende halbe Stunde mit zwei langweiligen Knackern vor sich haben? Sind die beiden vielleicht verkappte Multimillionäre, die dringlichst nach einem deutschen Ehepaar zwecks Adoption und Übertragung des Landsitzes mit Kiesauffahrt und Türmchen suchen? Gähnen sie eventuell, wenn wir von den Vorzügen unseres bescheidenen Autos im Detail berichten, und schützen nach wenigen Minuten dringende Termine im Nachbarort vor? – Nichts von alldem ist passiert. Stuart und Simon sind wahrscheinlich keine Radiomoderatoren, so richtig wird das nicht klargestellt, aber es wäre auch unhöflich, direkt den Lebenslauf zu verlangen. Jedenfalls sind sie zwei coole Typen, die mit ihrem 3000 Z über die Kontinente von Rallye zu Rallye röhren. Myanmar, Vietnam, USA – auf dem Lack ihrer Maschine finden sich Aufkleber verschiedener Trophies. Es wird auch kein großes Gewese darum gemacht; interessiert lauschen sie unseren – im Gegensatz dazu sehr bescheidenen – Abenteuern und erzählen, warum sie in einem solchen irren Teil unterwegs sind.

„Nicht gerade leise. Wie viel PS hat das Monster?", fragen wir Stuart, den Besitzer.

„210", sagt er. Drei-Liter-Motor. Jede Menge „horse power" für Rallyes. Mit diesem roten Renner sei er schon quer durch Australien gedonnert. Im Spätsommer gehe es auf Südafrika-Tour. Wir schlagen ihm vor, ein Wettrennen mit uns zu machen. Stuart lacht.

„Wo kommt Ihr überhaupt her mit Eurem kleinen R4?", fragt er. Simon grinst im Hintergrund.

„Aus Hameln, einer hübschen mittelalterlichen Stadt in der Nähe von Hannover", antworten wir.

„Wie, und da steht noch alles? Haben wir die Stadt beim Bombardieren vergessen?"

Schenkelklopfer. Briten haben einen sehr besonderen Humor, auf den wir vorbereitet sind. Wer wie wir die Autosendung Top Gear schaut, ist auf alles gefasst.

Stuart erklärt uns, dass es von seinem Austin-Typ nur noch drei Exemplare gibt, und eines davon stehe gerade vor uns. Eine rollende Wertanlage, die aber fast täglich genutzt wird. Wir schleichen ehrfurchtsvoll um den mobilen Flachmann herum. Simon öffnet schwungvoll die Motorhaube seiner Rennsemmel. Mit vorgetäuschtem Kennerblick nicken wir respektvoll in Richtung Vergaser, verneigen uns vor den Zylindern und der Benzinpumpe und stoßen anerkennende Laute aus. Zum Glück reicht ihm das, um sich davon zu überzeugen, dass wir zur Insiderszene gehören – wenn der wüsste, dass das die einzigen Bezeichnungen sind, die wir kennen …

Viel interessanter sind die Einblicke am Heck. Auf die Frage nach dem Kofferraumvolumen öffnet Simon die Luke – und offenbart uns ein Durcheinander von Hosen, Jacken und Schuhen. Koffer passten sowieso nicht rein, und Taschen seien unpraktisch. „Wenn ich etwas brauche, ziehe ich es einfach aus dem Berg heraus“, sagt Simon. Was aus diesem Berg wem von den beiden gehört, ist unklar. So verreisen echte Kerle! Vermutlich haben sie auch Wendeunterhosen. Wir haben aber nicht gefragt.

Wir treffen einen Cordon bleu. Wir schlemmen. Immer dasselbe.

Es gibt eine Vokabel, nein, natürlich gibt es viele Vokabeln, die man sich als Reisender mit deutschsprachigen Wurzeln durch Frankreich merken sollte, aber diese eine hier ist ein grandioser falscher Freund. Nehmen wir also an, wir befinden uns in einem deutschen Gasthaus und bestellen Cordon bleu. Es wird seine Zeit dauern, aber irgendwann im Laufe des Abends wird der Kellner ein mit Schinken und Käse gefülltes Kalbsschnitzel servieren und guten Appetit wünschen. Möglich, dass er auch ein Schweineschnitzel auf den Tisch poltert und nichts sagt, was viel sagt. Wie dem auch sei: Cordon bleu ist jedenfalls ein gefülltes Schnitzel. Wer nun mit dem gleichen teutonischen Brustton der Überzeugung und aus dem Wunsch heraus, seinem Heißhunger auf den panierten Fleischfladen Folge zu leisten, in einem französischen Restaurant ein „Cordon bleu" bestellt, bekommt spontan Besuch vom Küchenchef. Im Lande Paul Bocuse deutet diese Wortkreation nämlich auf hohe Kochkunst, auf einen Chefkoch, der sein Handwerk versteht. Bocuse war demzufolge, und dies vollkommen unpaniert, ein Cordon bleu. Richtig übersetzt heißt es „blaues Band", aber es ist eine Metapher – „à la cordon bleu" steht schon in alten französischen Kochbüchern zu lesen und weist auf die Finesse hin, die nicht jedem „chef cuisinier" gegeben ist, auch nicht in Frankreich. Eine Bekundung des Wohlgefallens, gewissermaßen das blaue Band der Sympathie. Im Restaurant von einem „Cordon bleu" zu sprechen, ist eine gute Sache, ein Lob für den Maître und sein Team, gleich dem Abgang eines großen Burgunders. Natürlich nur dort, wo's passt, nicht an jeder Frittenbude, das ist klar, aber bei Monsieur Carel, da passt's.

Wie eine Fata Morgana tauchte die Auberge du Val au Cesne am Wegesrand der D5 auf, nach einem Waldstück an einer Lichtung, wenige Kilometer von Yvetot entfernt, schon in relativer Nähe zu Le Havre. Aber es war keine Erscheinung, die Auberge ist echt, echter ist nicht möglich. Ein normannisches Gasthaus mit Holzmöbeln der Dreißigerjahre, Kamin und einer Rezeption, die im Stile eines altes Kaufmannsladens eingerichtet ist und in der zwei alte Sessel an einem Tisch stehen, aus denen das Kommen und Gehen von Gästen und die hingebungsvolle Eilfertigkeit des Personals bei einem Glas Bier aus der Region besonders gut betrachtet werden kann. Monsieur Jérôme Carel, Jérôme mit diesem goldigen Dach über dem ô, âch, würden dôch âuch in deûtscher Sprâche sôlche Dächêr über Bûchstâben gebaût, einfâch sô dêr Schönhêit wêgen, nun, also Monsieur Jérôme Carel hat den alten normannischen Fachwerkhäusern neues, erquickliches Leben

Köstliche Adresse: Monsieur Jérôme Carel betreibt die Auberge du Val au Cesne.

eingehaucht. Der Himmel ist hier, hier über der Auberge mit den dreihundert Jahre alten Häusern, wo Dackel durch den Garten streunen, Vögel in großen Volieren zwitschern und singen und Esel ohrendrehend die Welt be-i-ahen, dass es eine Freude ist. Am späten Nachmittag werden in der Restaurantküche Gemüse geschnitten, Fleisch geputzt, Saucen zubereitet, die Herde angeheizt, während die Gäste an warmen Tagen im Garten zwischen Gasthaus und Übernachtungsherberge bei einem traditionellen Pommeau auf Eis aus der Umgebung sich schon einmal einstimmen auf das Fest, das da nun kommen wird. Steht erst die Fois gras sur Croûton à la Fleur de Sel auf dem Tisch, ist dies der Anfang einer lukullischen Offenbarung, die sich fortsetzt bis zu jener späten Stunde, in der man sich mehr rollend als gehend durch den Garten bemüht und das Zimmer mit schwerem Atem gerade so erreicht. Jenem Garten, in dem man vorhin noch trinkend gesessen hatte, um schließlich den verführerischen Düften aus der „Cuisine de Cordon bleu“ nachzugeben. Im Bett liegend – vorausgesetzt natürlich, dass man die Treppe noch irgendwie zu erklimmen in der Lage ist – erhebt sich der Bauch als Ausdruck wonnigster Gaumenfreuden zum Hügel höchsten Genusses und versperrt den Blick auf die Füße. Bonne nuit bis zum frühen Morgen, wenn die Hühner, Hähne und Pfauen gackern und krähen und ein Duft von Kaffee und frischen Croissants durch den Garten bis ins Chambre wabert. Warum hat man eigentlich schon wieder Hunger?

Filet vom Rind. Nierchen vom Schwein. Wir schwärmten, ja in gewisser Weise schwormten wir, wenn dies als Steigerung zum Ausdruck größtmöglicher Wertschätzung dienen darf, bei unserem ersten Besuch dieser Drei-Sterne-Adresse bereits zu einer Zeit, als der Renault 4 nur dann und wann als blasser Wunschtraum auf unseren Synapsen hüpfte. Damals regnete es mehr junge Hunde, als Monsieur und sein Compagnon hier jemals aufziehen könnten, und am Nebentisch rülpste ein Belgier völlig ungeniert auf Deutsch und Französisch, um dem guten Essen und denen, die es gekocht hatten, auf diese Weise seinen Respekt zum Ausdruck zu bringen. Er lobte das Restaurant als eines der besten in der gesamten Normandie und erzählte beiläufig noch von seinem Sohn, dem Weichei, und seiner miesen Rente. Immerhin reichte sie für ein Vier-Gänge-Menü. Aber in einem hatte der belgische Rülpser recht. Die Auberge du Val au Cesne ist eine Adresse der Finesse, bei der es im Übrigen eine Speisenkarte für Damen ohne Preise und eine Speisenkarte für Herren mit Preisen gibt. Eine Reminiszenz an die Sitten guter, alter Zeiten, und so herrlich altmodisch wie Schürze und Häubchen der Madame, die morgens zum „petit déjeuner" eine warme Brioche serviert. Und es ist verdammt noch mal eine schier zur Verzweiflung führende Entscheidung, sich am Abend nach großartigem Mahl für ein Dessert und gegen den Käse zu entscheiden, wenn beides einfach nicht mehr in die Luke passen mag. Wer also seiner gerade bestellten Crème Brulée entgegenschmachtet und dann sieht, wie der Oberkellner den Gästen am Nebentisch eine Art Modell des Himalaya aus Käse aufbaut, einem Berg voller normannischer, bretonischer, elsässischer, burgundischer Rohmilchkunstwerke inklusive weiterer Spezialitäten aus Holland, der Schweiz und sonst woher, für die ein Extratisch aufgebaut wird, der möchte seine Crème brûlée auf der Stelle zurückgehen lassen. Dass die Käsefresser herüberschielen und auf die Crème brûlée neidisch sind, ist ein schwacher Trost … Tauschen?

Es kam der Tag, da hatten wir die Sache mit der speziellen Bedeutung des Wortes Cordon bleu endlich verinnerlicht. Sollten wir wirklich versuchen, es nun im Hin-

Kamine und Kochtöpfe

Die Menge der Kamin- und Kochtopfsymbole („Cheminée et Cocotte") gibt Auskunft über die Güte eines „Logis de France"-Hotels oder Restaurants. Die Erfahrung zeigt, dass die Hinweise im über fünfhundert Seiten starken Katalog und auf der Website aber nicht allein Charme und Qualität einer Herberge dokumentieren können. Auch andere Werte zählen. Wo vier Pötte als Ausdruck höchster Kochkunst eingetragen sind, muss das Zimmer noch lange nicht gut sein. Oder das hochdotierte Hotel liegt direkt an einer Durchgangsstraße, das auch nicht immer gut für den Schlaf nach Mitternacht ist. Vor Überraschungen – auch vor positiven – ist jedenfalls kein „Logis"-Nutzer gefeit. Der Katalog mit allen wichtigen Daten und Karten, zu haben in den entsprechenden Unterkünften, ist Reisepflichtlektüre. Oder wahlweise die App. Am besten beides! (Info: logisdefrance.com)

blick auf Monsieur Carel anzuwenden? Und wenn's doch falsch ist und er plötzlich mit einem gefüllten Schnitzel um die Ecke biegt?
„Nee, Schnitzel steht nicht auf der Karte. Da besteht kein Risiko."
„Na gut, dann … wir sollten das mal anwenden, wenn er sich an unseren Tisch gesellt, um zu fragen, ob alles in Ordnung war."
„Ich traue mich nicht."
„Mach schon, Du musst Deine Sprachkenntnisse ohnehin mehr trainieren!"
Als Ehemann muss man da durch, nützt ja nichts …

Monsieur schritt heran, wie er es immer zu tun pflegt, etwas zurückhaltend, lächelnd und die Hände ineinander gelegt, leicht den Kopf zur Seite geneigt. Nervös teilten wir ihm mit, ein Zauberer der Kochkunst zu sein. Im Verlaufe des Gesprächs fiel das magische Wort.
„Vous êtes vraiment un … un … un Cordon bleu, Monsieur."
Stille.
O Herr, lass uns bitte nicht „Sie sind wirklich ein gefülltes Schnitzel, Monsieur" gesagt haben.
Jérôme Carel lächelte mit Accent aigu und circonflexe. „Merci, c'est gentil." Der Magier aus dem Val au Cesne bescheinigte uns erstens, jederzeit willkommen zu

Stil und Charme: Restaurant der Auberge du Val au Cesne

sein, und zweitens aber, ein „s“ zu viel zu sprechen. „Dü Wall o ßen“ würde das Val au Cesne ausgesprochen werden, nicht „ßesne“. Ansonsten aber seien unsere Sprachkenntnisse formidable. Der Monsieur ist ein Lügner. Es war uns egal.

Der Meister entschwand in den Tiefen seiner Küche, die – obwohl die Speisenkarte kaum ein Dutzend Gerichte offenbart, was allein hier auf hohe Qualität schließen lässt – gewissermaßen ein normannolukullischer Schmelztiegel ist. Der Belgier würde dies sicherlich kopfnickend berülpsen. Und es gibt Beweise. Zum Beispiel eine Rechnung, die einige Jahre alt ist. Darauf steht in exakt dieser Reihenfolge, als wir zum ersten Mal hier waren:

2 Café
2 Bière régionale
2 Porto rouge
1 Assiette gourmande
1 Fois gras sur Croûton à la Fleur de Sel
1 Bœuf „Rossini”
1 Rognon de veau
1 Tulipe glacée
1 Crème brûlée
1 50 cl Châteauneuf-du-Pape
1 Chambre à 90 Euro
2 Petit-déjeuner

Die Rechnung ein Jahr später:

2 Café
2 Bière régionale
2 Porto rouge
1 Assiette gourmande
1 Fois gras sur Croûton à la Fleur de Sel
1 Bœuf „Rossini”
1 Rognon de veau
1 Tulipe glacée
1 Crème brûlée
1 50 cl Châteauneuf-du-Pape
1 Chambre à 90 Euro
2 Petit-déjeuner

Normannisches Fachwerk: fünf Zimmer mit himmlischer Ruhe

Monsieur Carel und seine Zauberer an den Töpfen und Pfannen haben die Speisen- und Getränkekarte über all die Jahre in ihren Grundfesten so belassen. Mag sein, dass mal die eine Käsesorte eine andere ersetzt hat oder der Schampus wechselte, aber sonst? Saumon fumé à l'Auberge. Coquilles Saint-Jacques à ma façon. Filet de Turbot à l'Oseille. Magret de canard aux figues et aux oranges. Nougat glacé et son coulis de fruits rouges. – Dazu ein paar weitere, liebgewonnene Hüftgold-freuden und Wampenverzückungen, die auf edlem Porzellan mit Mohnmalerei serviert werden, und wo die guten Tropfen aus Kristallgläsern getrunken werden, deren Klang aus den gedrungenen Fenstern des alten Hauses in die Dunkelheit des späten Abends bis zu den Eselsohren dringt. Schampus zum Einstieg, danach ein Châteauneuf-du-Pape als Essensbegleiter, und das alles ohne zu viel Zauderei, einfach genießen. „Schlabber, schlabber, weg damit", hatte schon Elie de Rothschild, einstmals Chef des Edelweinhauses Lafite-Rothschild, gesagt, und der muss es ja wohl wissen. In Ehrfurcht auf so ein Etikett zu starren, bringt nichts.

Und was macht Monsieur Carel? Er erkundigt sich, ob sein Essen geschmeckt hat. Rein rhetorische Frage. Immer schmeckt es. Schmatzen, schlummern, schweigen – die drei „schs" passen auf diese Auberge wie auf keine andere. Man lebt nur zweimal. Wo so viel Genuss ist, muss man sich als Gast erkenntlich zeigen.

„Sie kehren zurück zu uns, mit einer Quatrelle. Das ist enorm. Auf dass sie Flügel bekommen möge!“, schrieb Monsieur Carel-Quatrelle via E-Mail einige Wochen vor unserer Abreise Richtung Frankreich. Jetzt steht der Renault-Dinosaurier mit Mückenleichen an Kühlergrill und Scheinwerfern auf dem hell geschotterten Parkplatz des Gasthauses in diesem bewaldeten Tal bei Yvetot. Unter dem Beifahrersitz befinden sich sechs Gläser Chilisauce weserbergländischer Herkunft in einem Pappkarton. Autos, unter deren Vordersitze Kartons passen, sind ja überhaupt rar geworden. Im R4 gibt es Nischen aber sogar unter der Rückbank, was nicht einmal alle R4-Fahrer wissen. Wie in Abrahams Schoß haben es die Chilisaucen aus Deutschland bis ins Herz der Haute-Normandie geschafft. Monsieur nimmt die Gläser freudestrahlend entgegen und bezahlt mit sechs Gläsern Orangenmarmelade. Das war der Deal, der aus einem Gastgeschenk ein Jahr zuvor abgemacht worden war. Das gesamte Küchenteam hatte vom allemannischen Flammenspiel gekostet, als Letzter dann der Chef persönlich – woraufhin er sich sechs Gläser wünschte. Pas de problème für la Quatrelle, da wäre sogar noch genug Platz für mehr unter Fahrer- und Beifahrersitz. Sollte aus der Auberge irgendwann mal eine Großbestellung eingehen, bitte schön, dann haben wir endlich einen Grund, die Fourgonnette zu kaufen, den R4 als Transporter.

Der Châteauneuf-du-Pape „Clos du Roi“ schmeckt an diesem Abend besonders; sein Zauber beginnt mit den Kirchenfenstern im Kristallglas und endet mit süßen Träumen einer sinnlichen Reise. Der R4 wird morgen mit 98er-Oktan zufrieden sein, was ihm wie ein Châteauneuf-du-Pape vorkommen wird, wenn der helle Kies in der Auffahrt der Auberge unter seinen Reifen knirscht und zum Gruß ein blaues Wölkchen an den Himmel schickt, der hier auf Erden ist. Spätestens dann, wenn zu Hause die Orangenmarmelade zur Neige geht, müssen wir wieder durchstarten und die Val au Cesne ansteuern. Was wir wohl essen und trinken werden beim nächsten Besuch? Mal überlegen …

2 Café
2 Bière régionale
2 Porto rouge
1 Assiette gourmande
1 Fois gras sur Croûton à la Fleur de Sel
…

Wir steigen eine Treppe hinab. Wir philosophieren. Wir schweifen umher.

Mist, Kamera vergessen. Gerade jetzt, da wir an den Felsen von Sotteville-sur-Mer in die Weite über den Ärmelkanal blicken, auf dem ein Fischkutter in der Ferne von ein paar Vögeln verfolgt wird, die auf etwas Beifang hoffen. Es ist früh, der Morgen trägt noch Pyjama, ein Montag, nichts los, keine andere Menschenseele hier, nur wir. Es wäre ein sehr schönes Motiv, diesen Augenblick in Film und Foto festzuhalten. Die Flut rollt behände gegen den steinigen Küstenabschnitt, Wasser und Wellen werden von der Sonne in grünblauen Schimmer getaucht, und der Wind, noch die Kühle der Morgenstunden mit sich führend, weht sanft und angenehm. Möwen, die ihre Nester in den Wänden der Abbruchkante gebaut haben, krächzen und krakeelen unruhig, als wenn wir sie stören würden. Das könnte sogar sein, denn in der Nebensaison kommen hier nicht so viele Entdecker die Treppe heruntergekeucht. Das ist schon ein epochales Bauwerk, das die Menschen aus Sotteville hier einstmals aus dem Berg geformt haben. Schnurgerade ist der Felsen mit einem Graben durchstoßen worden, in dem 231 Stufen eingebaut wurden, die bis zum Meeressaum führen. Wir wollen nicht weiter darüber nachdenken, was für eine harte Arbeit das gewesen sein muss, uns reicht schon der Abstieg. Ohne Kamera. Und da wären wir geradewegs am eingangs geschilderten Problem wieder angekommen. Gespräch zweier Reisender, Sotteville-sur-Mer, Meereskante am Fuße der Riesenstiege, Klappe, die Erste:

231 Stufen führen bei Sotteville hinunter an die Wasserkante.

Sie: „Komm, wir machen ein paar schöne Fotos. Ich stelle mich dorthin …"

Er: „… Fotos? Fotos …!"

Sie: „Sag's bitte nicht."

Er: „Ich denke, ich gehe noch mal rauf. Das lohnt sich. Ist ja kein Problem."

Augenblicklich gerät die schöne Aussicht über die See in Vergessenheit,

und wenn der Kutter am Horizont in Schieflage geraten würde, ja, selbst wenn Käpt'n Ahab einbeinig auf dem weißen Wal aus den Tiefen der See auftauchte und herüber wönke, wünke oder winkte, man würde es nicht bemerken, denn da ist die mächtige Treppe. 231 Stufen aus blankem Beton sehen im Tal stehend nämlich noch viel imposanter aus als vom oberen Podest. Beziehungsweise: bedrohlicher. Die ersten Schritte gehen ja noch, aber spätestens zur Mitte des Aufstiegs wird die Atmung schwerer. Dabei ist Eile geboten. Momentan steht die Sonne in einem sehr vorteilhaften Winkel zur Alabasterküste, und weil sie bekanntlich wandert, wird diese Lichtstimmung nicht ewig halten. Die Sonne hat aber einen Vorteil: Sie muss keine 231 Stufen bewältigen, der faule Himmelskörper bewegt sich genau gesagt überhaupt nicht, sondern die Erde um ihn. Das letzte Viertel des Aufstiegs geht an die Substanz, etwa vierzig Sekunden später ist das Ziel erreicht. Da steht er ja, der Kleine. Ruht sich aus von der schönen Fahrt auf der D68 entlang der Côte d'Albâtre. Es ist jedes weitere Mal ein Vergnügen, den R4 zu erblicken, ob er nun fährt oder steht, ob es weht oder windstill ist, regnet oder die Sonne scheint, ob man Luft bekommt oder Schnappatmung hat: ein Augenstern. Eine kleine, klitzekleine Minute durchatmen, so, die Kamera … die Kamera … der Autoschlüssel …
Gespräch zweier Reisender, Sotteville-sur-Mer, Meereskante am Fuße der Riesenstiege, Klappe, die Zweite:
Sie: „Oh, Du bist aber schnell. Prima."
Er: „Ich habe mich beeilt, weil: Du hast die Autoschlüssel."
Sie: „Och nö, das kann doch jetzt nicht wahr sein."
Er: „Her damit, ich geh ja schon. Ich beeil … beeil … mich …"

Die See spielt keine Rolle mehr. Da ist die Treppe, das Bollwerk, das bezwungen werden muss. Die Sonne wirft schon ein anderes Licht, sie ist unerbittlich und hat für Fotokunst so wenig übrig wie die sich drehende Mutter Erde. Kann sie nicht einmal innehalten, ein bisschen langsamer machen. – Schnell, schnell, oder zumindest so schnell es geht. Schritt für Schritt wieder nach oben. Gut, dass ein Geländer angebracht worden ist, man kann sich daran hochziehen, ungelenk, aber immerhin, es funktioniert. Die Lunge leistet Schwerstarbeit, der Brustkorb dehnt sich wie ein Luftballon. 133, 134, 135, 136 … Es ist furchtbar. Und das alles wegen ein paar Fotos. Dieser Aufstieg dauert schon eine Minute länger als der von eben, dann ist das Plateau abermals erreicht. Wäre toll, wenn die TL Savane eine Seilwinde hätte, aber sie ist kein Geländewagen, das wäre sie in etwa nur mit 4x4-Antrieb als sogenannte Sinpar-Ausführung, aber auch die hatte nie eine Seilwinde. Eine Vorrichtung für eine Anhängerkupplung, die hat unsere Quatrelle in der Tat, die Steckdose ist noch dran, aber wir haben uns eigentlich immer gefragt,

was man mit 34 PS wohl so alles hinter sich herziehen kann. Das reicht kaum für den berühmten toten Hering vom Teller. So viel Kraft hat das kleine, charmante Auto nicht, aber Kraft genug, die D-Straßen in einer Mélange aus Stolz und Unbeschwertheit zu ergründen. Spielt jetzt auch keine Rolle, ist nur so ein Gedanke. Tür auf. Schluck Wasser genommen, Strickjacke ausgezogen, Kamera gegriffen, zweimal kräftig nach der frischen Seeluft geschnappt, Tür wieder abgeschlossen. Es geht abwärts. Die Beine werden schwerer, die Knie schmerzen, doch das darf kein Grund sein, aufzugeben. 231 Stufen runter und 231 rauf und 231 wieder runter und 231 wieder hinauf und 231 jetzt noch einmal runter. Das macht zusammen 1155 Schritte berg- und talwärts. Nach diesem Auf und Ab wird klar, warum die Alabasterküste Alabasterküste heißt: weil man einen durchtrainierten Alabasterkörper bekommt und ebenso blass und fahl aussieht wie das Kreidegestein. Ziel erreicht. Gespräch zweier Reisender, Sotteville-sur-Mer, Meereskante am Fuße der Riesenstiege, Klappe, die Dritte:
Er: „Hh … hh … ier."
Sie: „Endlich. Mir wird hier unten langsam kühl. Schade, dass die Sonne jetzt von den Wolken verdeckt wird. Aber das ist auch nicht so schlimm. Es soll ja nur ein kleines Erinnerungsbild sein. Ist ja nicht so wichtig."
Er: „Hä …?"
Sie: „Aber weißt Du was? Wir könnten Tante Helga von hier aus anrufen. Das wäre doch toll. Sie hat heute Geburtstag. Gib mir doch mal das Handy, bitte."
Er, noch nach Luft schnappend: „Welches Handy. Das liegt doch oben im Auto."

Eine halbe Stunde später sitzen wir im Bistrot Cauchois, einer Bar-Brasserie an der Place de la Libération im Zentrum jener Ortschaft, deren steile Treppe das mächtigste Bauwerk des 400-Einwohner-Dorfes ist. Eine Treppe eben, ein Konstrukt, nicht schön, sondern zweckdienlich. Detailreicher stellen sich die Häuser Sottevilles dar. „Liberté, Égalité, Fraternité" steht in weißen Lettern auf der Fassade des Rathauses. Aus Backstein gebaut, was aber sicher schon einige Jahrzehnte her sein dürfte, und oben im Giebel, an den Außenwänden flankiert von zwei mächtigen Schornsteinen, zeigt die Uhr fünf vor zwölf, als wir davorstehen und ein Foto machen – endlich wieder eins, bei dem einem nicht die Puste ausgeht. Fünf vor zwölf – Freiheit, Gleichheit, Brüderlichkeit. Wir wollen nicht grüblerisch werden auf unserer Reise, aber dieses Motiv scheint mehr zu sein als nur ein Bild, es ist gewissermaßen ein Abbild der Entwicklung unserer Welt. Freiheit, Gleichheit, Brüderlichkeit sind nicht so schwer zu begreifen. Dass die französische Parole an dieser Mairie wie auch an vielen anderen Bürgermeisterämtern zu lesen steht, kann vielleicht wenigstens ein bisschen dazu beitragen, dass wir Menschen uns auf

Wie in den Sechzigern: R4 und Pâtissier in Sotteville-sur-Mer

Werte besinnen, die niemals aus der Mode kommen sollten, stammen sie auch aus einem anderen Jahrhundert.

Wie aus der Geschichte herübergerettet, wirkt auch die Bäckerei des Küstendorfes. In serifenreichen Buchstaben steht „Boulanger Pâtissier" an dem mit Schiefer geschmückten Eckhaus an der Place de la Libération; parkt ein R4 davor, noch dazu in klassischem Farbton, dann sieht das Stillleben schwer nach der Mitte des vergangenen Jahrhunderts aus. Überhaupt scheint dieser Küstenort ein Gutteil seines Reizes über seine leicht verschlafene Atmosphäre zu erlangen. Im Sommer sieht das natürlich ganz anders aus, aber in der Nebensaison ergibt sich ein stimmiges, dörfliches Bild, in dem es sich lohnt, seinen Platz zu finden, und sei es nur auf einen Drink in der Bar oder bei einem kurzen Spaziergang durch die wenigen Straßen, die es hier gibt. Nach und nach wird uns dabei klar, dass die Treppe, die wir vorhin noch hinunter gestiegen und hochgeschnauft sind, einst das Tor zur Welt der Fischer von Sotteville-sur-Mer gewesen sein muss. Es ist schon lange her, sehr lange, da sie diese fulminante Schlucht in die Kreidefelsenwand geschlagen hatten. Ohne Schwerlastkran und Presslufthammer. Sie bauten keine Treppe, sondern schafften einen wahnsinnig steilen, rutschigen Zugang aus Schotter und Stein zu ihren Hütten, die sich am Fuß der Felsen befanden, unten an den tosenden Fluten. Der Weg, damals mit Schienen versehen, auf denen Karren von Eseln hinaufgezogen wurden, war nichts weniger als die Lebensader des Dorfes. Heute ist sie der wahrscheinlich einzige touristische Anziehungspunkt. Fischerhütten gibt es am Meeressaum schon lange nicht mehr, und das Örtchen selbst hat zwar einige sehr hübsche und typische Häuser im normannischen Baustil, aber die Küste ist steinig, Sandstrand ist nicht zu sehen, und das Flanieren am Meeressaum ist auch nicht möglich. Wenn man aber keine touristischen Erwartungen hegt, sondern einfach nur entdecken will, dann sind diese kleinen Dörfer die Perlen in einer Kette von zufälligen Aneinanderreihungen touristischen Entdeckertums. Zu weit gesprungen? Woran erinnern wir uns denn, wenn wir schon lange wieder zu Hause sind? Wir erinnern uns vielleicht daran, wie wir in eben genau so einem Ort einfach mittags in die Bar gegangen sind, einen kleinen Weißwein und danach einen Kaffee bestellt haben und schließlich noch am Tresen saßen. Jeder, der neu hereinkommt, könnte uns theoretisch für Bewohner dieses Ortes oder zumindest für Franzosen halten. Für wenige Minuten – ungefähr so lange, wie wir nicht sprechen – können wir uns zugehörig fühlen, so als hätten wir hier ein Haus gekauft und würden

Traum-Kulisse: unterwegs im Pays de Caux

Die Seine verbindet

Die Seine teilt die Normandie in „Basse“ und „Haute“, in Unter- und Obernormandie. Oder besser: Sie teilte. Jetzt verbindet sie sie. Denn mit dem Jahr 2016 erfolgte, nach einem Regierungsbeschluss etwa zwei Jahre zuvor, die Wiedervereinigung zur Region Normandie. Die Seine befindet sich trotzdem noch dort, wo sie ist; wenigstens daran hat sich nichts geändert. Ihre Quelle entspringt in der Region Bourgogne-Franche-Comté. Der Fluss mäandert von dort über Paris und Rouen 777 Kilometer durch das Land bis ins Meer bei Le Havre, teils in breiten Schleifen. Als wichtigste Brücke gilt im Mündungsgebiet der Pont de Normandie – er ist allerdings Autobahn. Weniger aufregend, dafür aber sehr entspannt und ohne zusätzliche Gebühr, gelingt der Uferwechsel am Pont de Brotonne bei Caudebec-en-Caux.

hier wohnen und somit auch regelmäßige Besucher in dieser Bar sein, den Besitzer duzen und andere Einheimische mit den obligatorischen Küsschen begrüßen. Gäbe es für solche Träumereien nicht sehr viel schönere Orte? Sicherlich gibt es die, sie warten hinter jeder Biegung, und daher bleibt es auch nur bei diesen flüchtigen Empfindungen – obwohl! Es soll immer wieder Reisende geben, die angeblich nach dem ersten Bier beschlossen haben, in diesem oder jenem Dorf einfach zu bleiben. Die haben es getan und rennen keinem schwermütigen Gedanken hinterher. Weil wir aber niemanden persönlich kennen, können wir auch nicht fragen, wie es sich denn so lebt in Sotteville-sur-Mer. Wir beschließen, um die nächste Biegung zu fahren, um weitere Perlen zu suchen. Diese Küstengegend ist reich an solchen Schätzen.

Die Côte d'Albâtre, die Alabasterküste, ist gekennzeichnet von Kalkfelsen und milchig scheinendem Wasser. Sie reicht von Le Tréport bis Le Havre. Sotteville-sur-Mer liegt dazwischen, kaum zwanzig Kilometer von Dieppe entfernt. Von dort stammt der Schriftsteller Guy de Maupassant, der an den Klippen von Falaise d'Aval einen Elefanten zu erkennen vermochte, seinen Rüssel ins Wasser tauchend. Die urige Felsformation zählt deshalb zu den beliebtesten Zielen im Pays de Caux, so heißt der Abschnitt hier im Département Seine-Maritime. Die Küstenstraßen reichen von einem attraktiven Ort zum nächsten. Sie mit dem Renault 4 zu befahren, erfordert bisweilen mehr Konzentration als woanders, nicht weil die Strecken kurvenreicher und enger wären – aber wie fest der Fahrer das Steuer der nicht servounterstützten Lenkung auch in Händen hält: Seine Augen schweifen immer wieder gen Horizont auf das Meer, obwohl sein Blick doch dringend andernorts gebraucht wird: auf der Strecke! Wer die Hafenstimmung von Saint-Valéry-en-Caux atmet, wer die Lichter der Promenade von Veules-les-Roses wie Sternschnuppen wahrnimmt, braucht kein Nizza, braucht nicht Monaco. Wer vor den Villen von Veulettes-sur-Mer das architektonische Erbe entdeckt und dem Duft des Bénédictine-Likörs bis nach Fécamp folgt, wo im siebten Jahrhundert angeblich ein Baumstamm angespült worden sein soll, der einige Tropfen Blut Christi mit sich führte und nun als Reliquie am Eingang zur Kapelle Notre-Dame in der Abteikirche Trinité aufbewahrt wird, vermisst kein Cannes und Saint-Tropez. An der Mole zu sitzen in einem dieser unsagbar hübsch gelegenen Orte, dem Bénédictine eine Chance zu geben oder einem Pommeau, und den Booten überforderter Freizeitkapitäne bei ihren misslungenen Anlegemanövern zuzusehen, verlangt nach nichts Weiterem; diese Momente sind unbezahlbar, aber nicht zu teuer. Bei Cannes, Nizza und Saint-Tropez ist es genau das Gegenteil.

D75, D68, D79, D11, D940 – das sind die Straßen, die manchmal direkt, manchmal etwas abseits dieser spannenden Küstenlinie entlangführen. Dass hier die Sonne nicht gar so heiß brennt wie im Süden, dass hier mehr Regen fällt und mehr Wind bläst als am Mittelmeer, das ist nicht zu bestreiten. Aber kann eine maritim geprägte Region reizvoller sein? Freunde von uns, die auf Camping-Urlaub schwören, schätzen diese Ecke der Normandie besonders. Das Ehepaar fährt mit seinem schnittigen Wohnwagengespann gerne in Richtung Frankreich, und die Region um Fécamp gehört immer mal wieder dazu. In der dortigen Umgebung führt ein enger Weg hinunter zu einem Campingplatz, von denen es hier viele gibt. Der Zugang ist sehr steil und kurvig. Eines Tages passierte es: Unten angekommen, standen die beiden mit ihrem alles in allem sicher zehn Meter langen Gespann vor einem Zaun. Es ging nicht weiter, der Campingplatz hatte wohl eine andere Zufahrt. Der erfahrene Caravaner, den eigentlich nicht so viel aus der Ruhe bringt, musste in etwa eine so steile Strecke, wie wir sie zu Fuß über 231 Stufen gerade eben noch zurückgelegt haben, im Rückwärtsgang fahren, noch dazu die Kurven bewältigen. Das Auto zog folglich nicht den Wohnwagen, sondern es musste ihn schieben. Mit Ach und Krach hat es der Teufelskerl geschafft, wieder nach oben zu kommen. Es roch nach Gummi, die Kupplung glühte, er war fix und fertig. Andere Camper klatschten Beifall, und es hätte nicht viel gefehlt, dass France 3 mit einem Fernsehteam angerückt wäre, um das Manöver unter dem Titel „Ritt auf der Rasierklinge" als Topstory in den Nachrichten zu bringen. Wir sind bloß froh, nur eine Quatrelle zu haben. Enge Straßen mit Kurven mag sie besonders – wenn's sein muss, auch im Rückwärtsgang. Hängt ja kein Wohnwagen dran, obwohl, wie gesagt: Die technische Vorbereitung ist vorhanden, die Steckdose sitzt noch.

Aber das Pays de Caux ist mehr als Küste. Kleinteilig, lieblich präsentieren sich weite Teile des Hinterlandes. „Plaisirs des yeux“ heißt es hier. Gemeint ist das Zusammenspiel verschiedener Baustile. Backstein, Tuff und Fachwerk bilden eine architektonisch reichhaltige Mélange. Davon zeugen einerseits Schlösser und Herrenhäuser, andererseits die Gebäude des kleinen Mannes. Die D929 würden wir unumwunden als Super-D bezeichnen. Eine Straße, die alles vereint, was wir uns wünschen: Felder, Wälder, Ortschaften. In Longueil verlassen wir sie, biegen ab in ein reizvolles Dorf, durch das der Fluss Saâne fließt, bei dem das zweite a ein Dach trägt, von dem wir nicht wissen, was wir davon halten sollen. Wie wird es ausgesprochen? „Sa-an“ vielleicht, oder nur „San“? Jedenfalls nicht „Sahne“, obgleich der Platz an diesem kaum vierzig Kilometer langen Strom, dessen Quell am östlichen Ortsrand von Yerville entspringt, das wir vor einigen Minuten durchfahren haben, allererste Sahne ist. Brücke, Trauerweide, Rosenbogen, Bank. Den Zugang zum Ufer, eine Art Slipanlage für Kanuten und Paddler, funktionieren wir auf der Stelle in einen Parkplatz für die Quatrelle um. Aus dem Ort ist Hundegebell zu vernehmen, die Glocke der Kirche Saint-Pierre schlägt weiß Gott wie viel Uhr. Zeit spielt gerade überhaupt keine Rolle. Hin und wieder ist zum Glücklichsein nicht viel mehr vonnöten als ein leises Wellenspiel.

Was könnten wir nicht alles jetzt unternehmen? Château de Miromesnil ist keine Viertelstunde Fahrt entfernt. Elefantenrüsselentdecker Guy de Maupassant wurde dort übrigens geboren, denn dessen Eltern hatten den alten Kasten gemietet, der damals noch gar nicht so alt war. Ein Schloss mieten anstelle es zu besitzen – so etwas gibt es also auch. Müssen wir mal drüber nachdenken. Jedenfalls wäre dieser Herrschaftssitz für den Moment eine Option. Oder auch die Gärten von Varengeville-sur-Mer. Die Hortensiensammlung des Jardin Shamrock soll von erlauchter Schönheit sein, und das Herrenhaus Bois de Moutiers sowie den ihn umgebenden Garten hat kein Geringerer als Sir

Mittagspause an der Saâne im Hinterland der Côte d'Albâtre

Edwin Lutyens gestaltet, einer der wichtigsten britischen Architekten im 19. und 20. Jahrhundert. Der französische Bildhauer, Maler und Grafiker Georges Braque liegt in Varengeville-sur-Mer begraben, und Claude Monet hat dort viele Landschaftsbilder gemalt. Oder wir fahren zur Abtei von Valmont, die muss schön sein, so schön, dass der Maler Eugène Delacroix sie auf Leinwand gebannt hat. Das Bild „Ruines de l'abbaye de Valmont" befindet sich im Louvre. Nicht sehr weit entfernt liegt auch Caudebec-en-Caux. Die dortige Kirche Notre-Dame sticht aus den zahllosen Gotteshäusern, die wir auf unserer Frankreich-Tour schon betrachtet haben, als herausragende Besonderheit hervor. Kunstvolle Glasmalereien zeichnen sie aus, das Westportal ist phänomenal, und im Innern befindet sich einer der größten Abhänglinge. Seltsames Wort, oder? Abhängling bezeichnet aber keinen Pastor, der eine raucht und sich in der Sakristei am Bénédictine gütlich tut, während er die Füße auf den Tisch gelegt hat, sondern steht für einen hängenden Schlussstein, der im Scheitelpunkt eines Gewölbes eine abwärts gerichtete Kehrtwende einlegt und auf diese Weise fast zu schweben scheint. Wieder etwas dazu gelernt. Reisen bildet, echt wahr. Bei einem Abhängling handelt sich um eine Errungenschaft aus der Spätgotik.

Die Möglichkeiten sind vielzählig in diesem Bereich der oberen Normandie. Wir treffen auf bekannte Namen von Dichtern und Denkern, wir denken auch selbst ein bisschen nach, jetzt an diesem wunderschönen Platz an der Saâne, die wie ein Gedicht Ronsards zu fließen scheint und an deren Ufer wir mal locker mindestens eine Stunde im warmen Sonnenlicht faulenzen. Es ist, als wenn wir zu dritt in einen silbergrünen Quell hineinblickten, wir zwei beiden Glücklichen und der Renault mit seinen lieben, runden Augen, und was wir sehen, ist die Fülle der Möglichkeiten, die es im Pays de Caux gibt. Tipp: Man sollte unbedingt in eine Touristinfo gehen und dort nach Flyern und weiterem Informationsmaterial fragen. Es gibt gerade in dieser Region kostenlose Karten, die wie die berühmten Wimmelbilder besondere Orte im Stile eines Cartoons abbilden. Auf diese Weise macht es besonderen Spaß, sich eine Route zusammenzustellen. Nichts anderes haben wir heute getan, haben den Wimmelbildplan auf der warmen Motorhaube ausgebreitet und fahren mit den Fingern die verschiedensten Stationen an. Unglaublich, wie viel es hier noch zu entdecken gibt.

Mückonos liegt in Péronne. Die letzte Fritte war zu viel. Wir werden gerettet.

Zwischen Amiens und Vermand bei Saint-Quentin zieht sich die D1029 lang und schmutzig durch die Picardie. Über sechzig Kilometer ohne eine nennenswerte Kurve fühlen sich im Renault 4 an, als würde sich vor seinem Rhombus die Route 66 ausbreiten. Der legendäre Highway auf der anderen Seite des großen Teichs ist aber, so haben uns Bekannte gesagt, mehr Mythos als tatsächlicher Meilenstein des Rock 'n' Roll. Weite und Staub. So wie hier in der Picardie, nur ohne Musik. Die D1029 ist jetzt aber auch nicht gerade ein leuchtender Stern am Himmel französischer Straßenbaukunst. Pragmatisch angelegt, das können sie hier gut; wo es die Landschaft zulässt, werden notfalls auch Hügel geradewegs durchfräst, um das Werk bis zu einem Punkt X wie an der Schnur gezogen vor einer Ortschaft mit einem Kreisverkehr zu vollenden. Es ist die brachiale Logik der Sachlichkeit, die Ingenieure und Architekten zu dem Schluss kommen lässt, keinen Quadratzentimeter zu verschenken. Zwischen Amiens und Saint-Quentin hat das in Reinkultur funktioniert. Südlich dieser Trasse, die die Augenlider schwermacht, weil die Picardie in eben jenen Breiten nicht gerade charmant wie Lummerland aussieht, führt die A29, mit ein paar leichten Schlangenlinien versehen, relativ parallel an dieser Schnur-D entlang, ist aber noch eintöniger. Ehe wir augenblicklich in Morpheus Welten eintauchen, so etwa bei Tempo siebenundsechzig, was gefährlich werden könnte, nutzen wir lieber eine der nächsten Kreuzungen, um das Lenkrad nach einer gefühlten Ewigkeit bewegen zu dürfen – natürlich nur, falls es sich noch drehen lässt?!

Endlich sind sie wieder da, die verschwiegenen Wege, Dörfer und Weiler, deren Dasein sich gerade eben noch der Strenge der D1029 unterzuordnen hatte. Morcourt. Hamelet. Fontaine-lès-Cappy. Im Dunstkreis der kleinen Ortschaften befinden sich zahlreiche Friedhöfe. Bei Villers-Bretonneux, bei Brie am Canal de la Somme, bei Manicourt und rund um Bray, wo es gleich ein halbes Dutzend Kriegsäcker gibt. Jedes einzelne Kreuz eine Narbe im Vallée de Somme, dessen Hauptwunde 1916 Albert wurde, eine Stadt, die heute Ausgangspunkt ist, um die Schlachtfelder zu entdecken. Wer zur Spätfrühlings- und Sommerzeit in dieser Region unterwegs ist, dem blüht der rote Klatschmohn auf vielen dieser imponierenden Flächen der Stille. Er steht als Symbol des vergossenen Blutes. Wir erinnern uns an Verdun und seine Region, wo nicht weniger grausam und wahnsinnig gekämpft wurde und wo wir an den Kreuzen standen, tief beeindruckt und erschüttert von der schieren Masse der Opfer und der unvorstellbaren Gewalt. Bei Albert

Schneller als ein Ferrari

Hirson liegt an der belgischen Grenze, hat knapp 9000 Einwohner, Benediktinerabtei und Kirche. Aber vor allem hat Hirson eine originelle Filmvergangenheit. Hier wurde im Jahre 2010 die Komödie „Nichts zu verzollen" gedreht, in der neben Benoît Poelvoorde und Dany Boon ein getunter Renault 4 die Hauptrolle spielte. Breitreifen, aufgeblasene Schweller, Blaulicht, Sirene – und unter der Haube ein Aggregat, das den flotten Flitzer ganz locker auch an Ferrari und Mercedes Benz vorbeisausen lässt. Der 1983er GTL wird in dem Kultstreifen in einer Hinterhofwerkstatt auf Rennwagen umgebaut. Ein irrer Spaß und nicht nur für R4-Fans ein Grund, Hirson einen Besuch abzustatten.

wollten die Briten und Franzosen die deutschen Streitmächte zurückdrängen, um Verdun zu entlasten, aber es gelang ihnen nicht, diesen Korridor zu behaupten. Allein im zweiten Halbjahr des Jahres 1916 fiel mehr als eine Million Soldaten.

Da verschluckt sich selbst der Renault 4 vor Abscheu, so kommt es uns vor, denn sein Auspuffknattern klingt auf der weiteren Etappe Richtung Péronne nicht besonders gesund. Schlagen hinten schon Flammen heraus? Rechts ran, die Heckklappe geöffnet und im Servicekarton nach einer Art Asterixtrunk für röchelnde Verbrennungsmotoren gegriffen. Drei, vier Schlückchen Vergaserreiniger, die im Tank landen und dem Aggregat in etwa so wohltun, wie uns ein fünfzehn Jahre alter Calvados nach üppigem Mahl; schon nach wenigen Kilometern zeigt das Wundermittel seine Wirkung. Mancher Quatrelle-Fahrer lässt es auch aus der Literflasche direkt auf den Vergaser tröpfeln, aber der Aufwand ist uns zu hoch, und bislang hat es ja immer gereicht, einen Drittelliter dem Kraftstoff beizugeben. Auf diese Weise verschwindet zwar die sportlich-knisternde Attitüde am Heck, aber jetzt klingt der Bursche runder und bringt uns nach Péronne. Péronne, die Stadt der Mücken, auch Mückonos des Nordens genannt.

Vor einiger Zeit hatten wir Hunger und Durst. Das ist nicht wirklich eine Neuigkeit, aber damit fangen viele unserer Frankreichgeschichten an, auch diese. Wir waren schon Stunden unterwegs gewesen, und die Tagesetappe wollte einfach nicht enden, denn die Hotels waren entweder geschlossen oder ausgebucht, und kein Gîtes de France wollte sich andienen, uns ein gemütliches Zimmer zu gewähren. Es war wie verhext; die Zeit wurde am Ende des Tages so knapp, dass wir froh sein konnten, überhaupt noch eine Übernachtungsmöglichkeit gefunden zu haben, bevor die Bürgersteige hochgeklappt werden. Dann ist es mitunter auch egal, wenn das Doppelbett nur einer breiten Liege entspricht und die total durchgelegene Matratze in U-Form eine lausige Nacht befürchten lässt. Wenn man Glück hat, funktioniert das Badezimmerlicht, wenn nicht, putzt man sich im Dunkel die Zähne, legt sich zum Schlafe und hört beim tausendsten Schäfchen, das meckernd übers Bett springt, auf zu zählen. Morgens – man hat es noch irgendwie fertiggebracht, wenigstens ein paar Minuten am Stück zu ruhen –, hat man Rücken und sortiert unter der Dusche Marke Sommerregen, bei der es nicht möglich ist, heiß und kalt in einem wohldosierten Verhältnis miteinander zu mischen, seine Knochen. Ist das Shampoo schäumend ins Haar massiert worden, wird das Wasser schlagartig eiskalt, weil in der Zwischenzeit auch andere Hotelgäste auf die Idee gekommen sind, aufzustehen und diesen Tag mit einem ausgiebigen Körperreinigungsvorgang zu beginnen. Aus dem Sommerregen wird kühles Fisseln. Nach einer halben Ewigkeit hat man es endlich geschafft, den Schaum aus den Haaren zu spülen. Zitternd befreit man sich aus den Fängen des Duschvorhangs, dessen beste Zeiten lange vorüber sind, und freut sich auf einen heißen Kaffee. In diesem Hotel in Péronne, es war die Hostellerie des Remparts an der Rue Beaubois, hatten wir damals gerade noch Zimmer Nummer 18 ergattern können, das uns mit verspieltem Belle-Époque-Charme, Kronleuchter und royalblau gemustertem Teppich empfing. Die Brause war gar nicht übel, mehr als ein Sommerregen, sondern ein kräftiger Schauer, und selbst die Glühbirnen über dem Waschbecken und auf den Nachttischchen versahen ihren Dienst ohne Flimmern und Flackern. Aber das Bett quietschte, es quietschte die ganze Nacht, es quietschte sogar, wenn wir uns nicht bewegten. Ans Einschlafen war aber ohnehin kaum zu denken, denn es schwirrten riesige Stechmücken um uns herum. Sie waren unglaublich groß und viele. Vermutlich gibt es Nebenflüsse des Amazonas, an deren bewaldeten Ufern weniger Moskitos leben als im Chambre numéro dix-huit der Hostellerie des Remparts. Wir überlebten gerade so.

Beulig standen wir am nächsten Morgen zerstochen neben uns. Das Frühstück nicht der Rede wert, der Kellner muffig, zudem waren wir auch nicht gerade bester Laune. Wer will schon aufgebackene Schoko-Croissants von gestern? Wir packten unsere sieben Sachen und verfluchten unsere Höflichkeit, das Frühstück dennoch zu bezahlen. Die Mücken im Zimmer schienen während der vergangenen Nacht um das Doppelte gewachsen, weshalb wir sie eigentlich – kräftig, wie sie aussahen – fragen wollten, ob sie uns freundlicherweise das Gepäck zum Auto bringen könnten. Sozusagen ein Geschäft auf Gegenseitigkeit … Wir verließen Péronne und wollten nie wieder zurückkehren. Jetzt tun wir es doch, weil hier die Geschichte des Ersten Weltkriegs im Historial de la Grande Guerre auf sehr anschauliche

Weise komprimiert wird. Und weil die Narben der Kriege während unserer Frankreichschleife immer wieder auftauchten, vermag der Besuch dieser Ausstellung in gewisser Weise einen Schlussstrich ziehen zu können.

Das Museum dient als Schlüssel der Erinnerung und ist in einem modernen Anbau innerhalb der Schlossruine, von der nur noch die trutzige „Porte de Bretagne" erhalten geblieben ist, integriert worden. Architekt Edouard Henri Ciriani bezeichnete das Museum bei der Einweihung im Jahr 1992 als „symbolischen Parcours vom Krieg in den Frieden". Dass Péronne überhaupt noch steht, grenzt an ein Wunder. Bereits im Deutsch-Französischen Krieg 1870/1871 wurde die Stadt zwei Wochen lang bombardiert, währenddessen die Pocken unter der belagerten Bevölkerung ausbrachen. Im Ersten Weltkrieg war Péronne ebenso zwischen die Fronten geraten, und auch im Zweiten Weltkrieg wurde es von der deutschen Wehrmacht erheblich unter Beschuss genommen. So interessant das Museum auch ist, aber übernachten in Péronne, nein, das bringen wir hier nicht mehr fertig, wir haben ein Mückentrauma. Wir fahren lieber noch ein paar Dutzend Kilometer weiter, ziemlich nordostwärts, und landen über eine, nun ja, sehr interessante D-Straße schließlich in Artres. Genau genommen besteht die D59 aus Schlaglöchern und grobem Kopfsteinpflaster mit riesigen Fugen dazwischen. Erstaunlich allemal, dass dieser befestigte Feldweg überhaupt ein D im Namen trägt, und noch erstaunlicher, dass er Teil des Eintagesrennens Paris–Roubaix ist!

Die armen Radfahrer werden auf diesem Pfad vollkommen durchgerüttelt. Wir auch. Teufel noch eins, nach so vielen tausend Kilometern muss die arme Quatrelle doch nicht noch vor solch eine Probe gestellt werden! Das hatten wir uns nicht so gedacht, aber weil schon in den Sechzigern neben einigen anderen guten Gründen wie dem Raumangebot und dem soliden Fahrwerk vor allem die sechsundzwanzig Zentimeter Federweg im Fokus des Marketings standen, kann eigentlich nichts schiefgehen. R4-Vater Pierre Dreyfus, Visionär und lange Jahre Renault-Präsident, schickte einst zig Fahrzeuge in die Camargue und ließ sie auch auf andere Kontinente verschiffen, um Stabilität, Robustheit und Fahrverhalten unter widrigsten Straßenbedingungen sowie offroad testen zu lassen, als das Wort offroad im automobilen Wortschatz noch keine Bedeutung hatte. Bevor der erste Renault 3/ Renault 4 im Jahr 1961 aus dem Werk auf der Seine-Insel in Billancourt im Süden von Paris zu den Händlern rollte, waren folglich bereits Millionen von Kilometern zurückgelegt worden. Auf der ganzen Welt. Jetzt, da wir uns auf der Départementale 59 d-d-d-durchrüt-teln las-sen, d-d-die Ende d-er F-f-f-fünfzigerjahre g-g-g-g-garantiert genau so brutal k-k-k-knöchern war, fragen wir uns, ob Monsieur

Vor der Kirche in Plomion wirkt der R4 winzig.

Dreyfus eine Flotte an Testfahrzeugen nicht einfach die hundert und ein paar zerquetschten Kilometer von Paris bis hier in den Norden hätte schicken sollen. Wäre günstiger gewesen – und einen schlechteren Straßenzustand können sie in Mexiko, Simbabwe und Nepal niemals bieten.

Dabei macht der R4 seine Sache wirklich gut. Er schüttelt uns durch, aber das Federspiel des Oldtimers ist von ausgeglichenem Verhalten. Klar ist er laut; wir sitzen schließlich in einer weniger als siebenhundert Kilogramm leichten Dünnblechbüchse, bei deren Bau die praktischen Erwägungen für Bauern und Handwerker im Vordergrund standen. Ob die Ingenieure jemals von einer Schalldämmung sprachen, als sie das neue Modell, das dem Frontantrieb den Weg ebnete, zusammenschraubten, ist im Nachhinein schwer einzuschätzen. Als wir ein Schlagloch durchfahren, das so groß ist wie Brasilien, würden wir vermuten: nein. Aber die Dämpfer machen ihren Job. Käse und Kekse springen nicht aus dem Picknickkorb auf der Rücksitzbank, die Würste tanzen keinen Kasatschok, und unsere Köpfe sind auch nicht zusammengestoßen, als das Schlimmste der Strecke hinter uns liegt und sich die ersten Häuser von Artres zeigen. Gut gemacht, kleiner R4! Und so viel

Grün und blau: Fassade des Hotels Moulin d'Artres

besser, als auf einem Rennrad hier entlangzustrampeln, bis die Kimme Feuer fängt. Wobei die knallharten Zeitfahrer wohl wissen, worauf sie sich einlassen, denn der Klassiker Paris–Roubaix, der schon seit Langem gar nicht mehr in der Stadt der Liebe startet, sondern im achtzig Kilometer entfernten Compiègne, wird seit über einhundert Jahren durchgeführt – und es sind gerade die vielen Kopfsteinpflasterpassagen aus dem 19. Jahrhundert, die die Tort(o)ur so einzigartig machen. Pavés heißen sie im Französischen. Wieder 'ne Vokabel gelernt. Wir juckeln trotzdem nicht ein zweites Mal freiwillig darauf herum und denken, da wir die imaginäre Zwischenziellinie in Artres überqueren, wehmütig an die stinklangweilige D1029 zwischen Amiens und Vermand bei Saint-Quentin, die wir heute früh unter die Räder genommen hatten. War doch nicht so schlecht.

Säßen wir in einer Ente, wären wir jetzt seekrank. Aber auch der schlimmste Weg geht einmal zu Ende. In Artres angekommen, sind die Straßen wieder in einem guten Zustand. Belgien ist nicht weit entfernt, worauf nicht nur Architektur, Baustil und Backstein schließen lassen, sondern auch ein Schild mit dem Hinweis „Friterie" an der Rue du Marronnier. Als wir vor einigen Stunden im hiesigen Hôtel „Le Moulin d'Artres" angerufen hatten, um für die Nacht ein Zimmer zu reservieren, wies uns die freundliche Stimme am anderen Ende der Verbindung darauf hin, dass die Küche des Hauses heute jedoch leider geschlossen habe. Im Laufe dieses Tages hatten wir demzufolge quasi zwischendurch ein Drei-Gänge-Menü eingeworfen und wollen uns jetzt ganz den Fritten, heiß und fettig, mit kufladengroßem Erdnusshaufen obendrauf, hingeben. Keine lukullische Offenbarung, aber ganz okay. In die Eisen gegangen, Motor aus- und Fahrzeug abgestellt. Wir folgen dem Duft der dicksten Kartoffelstreifen und ordern nach der ersten Marge eine zweite Portion. Die kräftige Friterie-Lady betrachtet uns wohlwollend, wir gehören anscheinend auch zum Club der Kohlehydrat-Junkies. Wir beglückwünschen uns gegenseitig zu der spontanen Idee und folgen unseren Bäuchen hinterher zum Auto. So was von satt geworden. Nun freuen wir uns auf ein gemütliches Sofa, denn uns ist etwas flau im Magen, tatsächlich hätten wir auf die zweite Portion Frites verzichten sollen, aber die Gier … Egal, es sind nur noch wenige Minuten bis zum Hotel, und da werden wir es uns umgehend gemütlich machen.

Wir fahren mit unserer alten Mühle zur alten Mühle. Die Fassade ist komplett mit Efeu berankt und lächelt mit himmelblauen Fensterrahmen aus dem grünen Hauswanddschungel. Das Wasser der Rhonelle, übrigens nicht die kleine Schwester der Rhône, rauscht am Gebäudeensemble vorbei. Auf der Rückseite der Moulin befindet sich ein großer Garten. Fabienne, das ist die aparte Dame vom Telefon vorhin, empfängt uns mit einem offenen Lächeln, heißt uns willkommen in diesem alten, großen Gebäude, in dem es über Treppen und Ecken und verwinkelte Gänge zu den Zimmern geht, von denen keines dem anderen gleicht. Solche Hotels sind die schönsten von allen. Sie freue sich, uns mitteilen zu dürfen, dass sie heute Abend doch noch ein Drei-Gänge-Menü für uns vorbereitet hat.

„Sie waren doch den ganzen Tag lang unterwegs. Sie haben bestimmt großen Hunger", sagt sie.
„Oh, das ist aber … ja, das … also … sehr freundlich ..." – Wir sind völlig perplex, wollen uns aber nicht anmerken lassen, dass absolut nichts mehr reinpasst in die Luke.
„Ich habe mir gedacht, dass Ihnen das gefällt. Sehr gut!" Fabienne öffnet eine Flasche Weißwein und lässt uns auf der großen Loggia zurück, um in die Küche zu gehen. Wir wollen uns soeben halb ohnmächtig in die Sesselpolster fallen lassen und unser Unglück beklagen, da stößt im selben Moment ein holländisches Ehepaar hinzu. Fabienne dreht sich noch mal um, macht uns mit den Herrschaften bekannt und öffnet auch für sie eine Flasche Wein. „Sie schenken sich selbst nach, okay?" Klar ist das okay. Santé! Wir kommen ins Gespräch.
„Woher kommen Sie?", fragen die beiden.
„Heute aus der Picardie hierher angereist. Wir sind schon seit Wochen mit unserem R4 unterwegs", antworten wir und gießen nach – jetzt hilft vielleicht wirklich nur noch Alkohol.
„Wir haben Ihr Auto auf dem Hof gesehen. Tolle Sache. Wir sind heute aus der Provence zurückgereist und sind wirklich sehr hungrig. Stundenlang sind wir gefahren, es war fürchterlich auf den Autobahnen."
„Wir hatten es einfacher. Wir mussten nicht hungern …"
Nach einer Weile bittet Fabienne zu Tisch in den Salon. Die Holländer (ohne „Schlepphütchen" unterwegs und deshalb tatsächlich auf ein Hotel angewiesen) schauen erwartungsvoll dem ersten Gang entgegen. Lachsstreifen auf grünem Salat mit hausgemachtem Senfsahne-Dressing. Als wir unsere Teller nur mühsam halb geleert haben, schauen zwei Augenpaare fragend von gegenüber auf unser Porzellan.
Der Hauptgang kommt. Ente gebraten mit Rotkohl und einer gehörigen Portion Fritten. Wir atmen schwer. Es beginnt das große Essen-auf-dem-Teller-Hin-und-Herschiebespiel.
Wir: „Puh …"
Die Holländer: „Schmeckt ausgezeichnet. Aber Sie haben anscheinend keinen so großen Appetit."

Wir: „Erzählen Sie es nicht Fabienne, aber das kam so …“ Gebannt hören sich die Tischnachbarn unsere Leidensgeschichte an. „Wissen Sie, die Fritten waren so lecker, dass wir zwei Portionen bestellt hatten, und jetzt sitzen wir hier und sind satt. Das darf unsere Gastgeberin aber nicht mitbekommen, verstehen Sie? Das wäre gemein, die gibt sich doch so eine Mühe.“

Der niederländische Tischnachbar schiebt ohne Unterlass Gabel für Gabel in sich hinein, während er auch die Worte in sich aufsaugt, als hätten sie Kalorien. Seine Frau blickt fasziniert und etwas mitleidig auf unsere noch immer prall gefüllten Teller. Das bringt uns auf eine Idee.

„Könnten Sie sich vorstellen, unsere Portion noch mit zu verputzen, wenn Sie Ihre aufgegessen haben?“ Ja, das könnten sie …

Oh, schnell Thema wechseln, weil Fabienne elfengleich aus der Küche in den Saal einherschwebt und fragt, wie es denn schmeckt. Sehr gut, formidable, merveilleux – wir alle überschlagen uns mit lobenden Worten. Sie entschwindet mit einem zufriedenen Gesichtsausdruck. Kaum dass sie die Tür durchschritten und hinter sich geschlossen hat, reichen wir unsere vollen Teller zu den Tischnachbarn rüber und nehmen deren leeres Porzellan entgegen. Wir sind ziemlich froh, so unkomplizierte Tischgenossen zu haben, denn welchen Unbekannten dürfte man normalerweise sein Tellergericht anbieten? „Was gibt's denn als Nachtisch?“ Sie können wirklich viel verdrücken, die beiden Weitgereisten. Fabienne beantwortet die Frage, indem sie serviert.

„Voilà: Schokoladenkuchen mit Vanilleeis und Früchten.“

Die Holländer schauen uns verschwörerisch an und retten uns vorm Platzen. Als alle Teller leer sind, fragt Fabienne, ob es denn noch ein Café sein dürfe, ein Espresso. Wir nicken wie paralysiert, jetzt ist es auch wirklich egal. Sie liefert prompt. Den Keks dazu schieben wir dezent unseren neuen Bekannten rüber. Für die deutsch-niederländische Freundschaft hätten wir wirklich nicht mehr machen können.

Das Ende einer Reise ist der Anfang einer nächsten.

Nach vielen Wochen sind wir wieder zu Hause. Der Renault steht in der Garage, ruht sich aus von seiner Tausende Kilometer weiten Fahrt und träumt von französischem Asphalt. Das Wunderbare am Reisen ist die Erinnerung an das, was war – und gleichzeitig das Wissen um das, was wir nicht gesehen oder nur beiläufig am Straßenrand wahrgenommen haben. Jede Kreuzung, jedes verheißungsvolle Straßenschild, dem wir nicht gefolgt sind, jede Burgruine auf dem übernächsten Hügel, die wir nicht besuchten, sind das Versprechen für neue Abenteuer. Sie warten auf uns bei der nächsten großen Frankreich-Ausfahrt.

Interessanterweise sind wir weder erschöpft vom langen Fahren, noch hatten sich im Laufe der Zeit Schwielen an gewissen Körperstellen gebildet – obwohl eine Feder im Fahrersitz unbedingt zeigen wollte, dass es sie wirklich gibt. Es ist sogar ein Effekt aufgetreten, den die meisten Autofahrer nicht kennen. Kommt man nach einer längeren Reise wieder zurück, dann benötigt man durchaus zwei bis drei Tage, um sich wieder an die eigenen vier Wände und die Umgebung zu gewöhnen. Jahrelang brausten wir mit schnellen Autos los und nahmen nach einigen Wochen im europäischen Ausland mit Karacho Kurs Richtung Heimat. Gerade der Rückweg wollte besonders schnell geschafft werden. Übernachten? Gott bewahre, das war undenkbar! Der Urlaub war vorbei, also ab nach Hause. Kaum angekommen, waren sofort viele Dinge zu erledigen, alleine die Zeit, die es gebraucht hat, das Auto auszupacken und alles reinzubringen, dauerte zum Seufzen lang. Aber das haben wir hinter uns, nun ist alles anders. Weil es durch das langsame Vorankommen nicht möglich ist, sehr große Strecken an einem Tag zurückzulegen – und es ist auch nicht nötig. Wir mäanderten mit dem Renault 4 über die Grenze Frankreichs durch Belgien zurück, übernachteten noch mal irgendwo, und als wir zu Hause ankamen, waren wir die erholtesten Urlauber, die man sich vorstellen kann.

Wir sprangen aus dem Auto, begrüßten den Hausbaum und die Spatzenkolonie in der Clematis. Wir winkten den Nachbarn und stellten die Gartenmöbel auf die Terrasse. Das Auspacken währte kaum zwanzig Minuten. Hüte, Flaschen und vergessene Köstlichkeiten (weil: schon vor einigen Wochen gekauft) bedeckten den Boden im Wohnzimmer. Auch Karten, Schilder und Papiertüten vom Einkaufsbummel in unserer geliebten Meeresmetropole Lorient waren auf dem Teppich ausgebreitet. Waren diese drei dicken Dekokissen aus dem abgefahrenen Interieurladen an der Rue de l'Assemblée Nationale tatsächlich auch in unserem kleinen Renner? Unglaubliche Mengen hatten wir mitgeschleppt und untergebracht.

Stolz posierten wir zwischen den Schätzen und konnten es nicht glauben, dass das alles noch unter den Sitzen und in den Ecken dieses Superautos verstaut war. Am selben Tag um Viertel vor vier saßen wir im Schatten des Blätterdachs unseres Trompetenbaumes mit dem schier unaussprechlichen botanischen Namen Catalpa bignonioides im Garten, die Sonne schien, der Rasen war gemäht, im Glas ein guter Wein aus dem Gebiet der Loire. Und zwei kleine Käselaibe lagen genussbereit auf einem Holzbrettchen neben den Weingläsern. Wir hatten sie dereinst in Mézilles gekauft, diesem kleinen Dörfchen mit der Bar von Wirtin Geneviève. Zwei runde Laibe, ziemlich klein. Als Wegzehrung sollten sie uns dienen. Aber wir hatten sie so gut in den Tiefen der braven TL Savane versteckt, dass wir sie erst wiederfanden, als wir zu Hause die Schuhe ausschüttelten.

Dem Geschmack hat es anscheinend gedient, der Käse ist noch köstlicher als in unserer Erinnerung auf der Terrasse der Bar. Wieso, zum Teufel, hatten wir nicht gleich fünf oder gar zehn Stücke mitgenommen? So etwas bekommen wir hier doch gar nicht. Wir malten uns aus, bis zum nächsten Jahr nach diesem Käse lechzen zu müssen; wahrscheinlich war bis dahin aber der Schafzüchter pleite, Mézilles könnte von Außerirdischen dem Erdboden gleichgemacht oder Geneviève von einem arabischen Prinzen entführt werden. Wir mussten handeln – aber wie? Beim zweiten Glas reifte eine Idee heran, die wir im Überschwang zwischen genial, völkerverständigend und als Unterstützung des französischen Bruttosozialproduktes einordneten. Wir schickten also am nächsten Morgen Geneviève einen leeren Karton mit einem Aufkleber unserer Adresse. Darin enthalten viel Luft, fünfzig Euro Bares und ein Brief mit der Bitte, ein Käse-Carepaket zu schicken.

Madame hat Wort gehalten: Käse aus Mézilles

Wir gaben das sehr leichte Paket bei der Post ab. Nun lag die Sache nicht mehr in unseren Händen. Die Tage vergingen, die Freunde hatten sich ausgiebig darüber amüsiert, dass wir tatsächlich meinten, etwas zurückzuerhalten. Man wüsste doch, wie die Franzosen seien, auf E-Mails oder Briefe würde stets nur zögerlich geantwortet, und nun auf ein Päckchen zu warten, sei schlichtweg „totalement fou". Fast hätten wir die Angelegenheit vergessen, als plötzlich der Briefträger an der Haustür klingelte: „Post aus Frankreich!" Das Paket kam uns bekannt vor, es war der Karton, den wir vor einigen Wochen nach Mézilles geschickt hatten. Wir öffneten ihn. Und tatsächlich: Zehn eingeschweißte, geräucherte Käsetaler lachten uns an. Daneben lag ein charmanter Brief und auch noch Wechselgeld!

Was für eine Freude, wir stürzten uns auf die Taler, als seien es Golddukaten. Jeder, der es wissen wollte, und vor allem die, die es auf keinen Fall wissen wollten, bekamen in epischer Breite die Geschichte der wundersamen Käseverschickung zu hören. Im nächsten Jahr fahren wir auf jeden Fall nach Mézilles, setzen uns auf die bunten Stühle en terrasse der Bar Le Bacchus – und ordern Käse und Wein bis zum Abwinken. Mal sehen, ob Geneviève uns wiedererkennt. Wir hatten ihr allerdings ein Bild von uns und unserem R4 geschickt, und wenn das nicht reicht, ordern wir zehn „Geräucherte". Spätestens dann wird sie wissen, wer wir sind.

Bis dahin müssen wir ausharren. Nur ein kleiner Laib liegt jetzt noch im Kühlschrank und konnte sich bislang allen Fress-Attacken erwehren. Diesen Mézilles-Gedächtnis-Käse werden wir erst zu Silvester verspeisen und mit Crémant de Loire dann auf das kommende Jahr anstoßen, in dem wir erneut mit der Quatrelle, unserer charmanten Blechdose mit dem Nähmaschinenmotor, aufbrechen werden, um diese irre schönen Landschaften, die hübschen Städtchen, die netten Menschen und die schmalen Département-Straßen erneut zu entdecken.

Vive la France.
Vive la Quatrelle.
Nous reviendrons bientôt.
Wir kommen bald zurück.

Vielen Dank an Brigitte Mück-Moucheron für das kompetente Lektorat.